beck'sche reihe

bsr

Die immer wieder aufflammende Diskussion über die NS-Vergangenheit bekannter Journalisten endet häufig in vermeintlichen „Enthüllungen“, Anklagen und Rechtfertigungsversuchen, weil es an Kenntnissen über die komplizierte Wirklichkeit der journalistischen Arbeit im Dritten Reich mangelt. Dem will diese faktenreiche Darstellung, die zugleich ein erster Gesamtüberblick ist, abhelfen. Die Autoren schildern die Berichterstattung der Presse bei Hitlers Machtübernahme und die anschließende NS-Medienpolitik, porträtieren wichtige Zeitungen, informieren über die illustrierte Presse, über Rundfunk und Wochenschauen. In exemplarischen Biographien stellen sie „typische“ Journalisten vor und machen deutlich, wie breit, aber auch wie uneinheitlich das Lager derer war, die weitergeschrieben haben. Sie untersuchen den „Widerstand zwischen den Zeilen“ und fragen nach Kontinuitätslinien jenseits der „Stunde Null der deutschen Presse“.

Norbert Frei, geboren 1955, studierte nach seiner Redakteursausbildung an der Deutschen Journalistenschule Politikwissenschaft, Neuere Geschichte und Kommunikationswissenschaft in München (Promotion 1979 mit einer Arbeit zur NS-Pressepolitik). Von 1979 bis 1997 war er wissenschaftlicher Mitarbeiter am Institut für Zeitgeschichte; 1985/86 Research Fellow an der Harvard University; 1995/96 Fellow am Wissenschaftskolleg zu Berlin; seit 1997 Professor für Neuere und Neueste Geschichte an der Ruhr-Universität Bochum. Bücher und Aufsätze zur deutschen Geschichte des 20. Jahrhunderts, zuletzt: Vergangenheitspolitik. Die Anfänge der Bundesrepublik und die NS-Vergangenheit. München 1996, Taschenbuchausgabe 1999.

Johannes Schmitz, geboren 1956, studierte Kommunikationswissenschaft, Politikwissenschaft und Amerikanistik in München und besuchte die Deutsche Journalistenschule (Promotion 1988 mit einer Arbeit zur Journalismus-Geschichte der frühen Nachkriegsjahre). 1984/85 war er Redakteur im privaten Rundfunk und ist jetzt Leiter Öffentlichkeitsarbeit des Medienunternehmens Kirchgruppe.

Norbert Frei/Johannes Schmitz

Journalismus im Dritten Reich

Verlag C.H.Beck

Die Deutsche Bibliothek – CIP-Einheitsaufnahme

Frei, Norbert:
Journalismus im Dritten Reich / Norbert Frei /
Johannes Schmitz. – Orig. Ausg., 3., überarb. Aufl. –
München : Beck, 1999
(Beck'sche Reihe ; 376)
ISBN 3 406 45516 6

Originalausgabe
ISBN 3 406 45516 6

Dritte, überarbeitete Auflage. 1999
Umschlagentwurf: + malsy, Bremen
Umschlagbild: Werbeplakat für die NS-Zeitung „Bayerische Ostmark“,
Bayreuth (Privatbesitz N. Frei, München)

Satz: Freiburger Graphische Betriebe, Freiburg
Druck und Bindung: C. H. Beck'sche Buchdruckerei, Nördlingen
Printed in Germany

Inhalt

Vorwort

Im Sommer 1945, ein Vierteljahr nach Kriegsende, schrieb Thomas Mann an den amerikanischen Zeitungsverleger Joseph Pulitzer: „Sollte man ausschließlich die politisch und militärischen Vordergrundsfiguren des Regimes zur Rechenschaft ziehen, die jetzt in einem Hotel-Gefängnis versammelt sind? Was ist mit der über und über schuldigen intellektuellen Schicht, die zum National-Sozialismus stand und ihn bediente?" Dann zählte er auf: „Philosophaster", Geopolitiker, Kriegsgeographen, Rasse- und Wehrprofessoren, Richter, Ärzte, und schließlich galt sein rhetorisches Fragen den „Journalisten der Nazi-Presse, den Zeitschriften-Herausgebern, die zwölf Jahre lang das Volk mit den verderblichsten geistigen Drogen fütterten und verdarben? Sind sie keine Kriegsverbrecher? Sind sie nicht vielleicht die strafbarsten?"[1]

Thomas Mann schickte den Brief nicht ab; vielleicht meinte er, sich zu sehr in Rage geschrieben zu haben, vielleicht aber waren ihm auch tiefere Zweifel gekommen. Ahnte der Skeptiker bereits, wie schwierig und kompliziert die Probleme bei näherer Betrachtung sich ausnehmen würden?

Journalismus im Dritten Reich war eine weniger eindeutige Angelegenheit, als es in historisch-politischen Debatten mitunter den Anschein hat. Der rigorose Anspruch des Regimes auf die totale Kontrolle der öffentlichen Meinung ließ rasch keinen Raum mehr für unangepaßte Berichterstattung. Am schnellsten und brutalsten wurde die linke und linksliberale Publizistik ausgeschaltet, aber auch die „bürgerliche" Presse kam an die Kandare. Unterschiede gab es dennoch, fast bis zuletzt: Die *Frankfurter Zeitung* informierte anders als der *Völkische Beobachter,* und entsprechend unterschiedlich waren die Arbeitsbedingungen der Journalisten. Das heißt nicht, die nationalsozialistische Medienpolitik habe nicht funktioniert; es bedeutet nur, daß noch andere Elemente eine Rolle spielten als erzwungene Gleichschaltung und Druck von oben. Es gab auch Verführbarkeit, Selbstanpassung und begeistertes Mitmachen, ebenso wie bewußte Distanzierung und „Widerstand zwischen den Zeilen".

Von alledem wird im folgenden die Rede sein, und unsere Absicht dabei ist es, die Spannbreite der im Dritten Reich real existierenden Publizistik, die Bedingungen journalistischer Arbeit und die Verschiedenheit individuellen Verhaltens anschaulich werden zu lassen. Deshalb haben wir nicht nur Zeitungen und Zeitschriften beim Namen genannt, sondern auch Menschen. Doch geht es nicht um tatsächliche oder vermeintliche – und in jedem Fall verspätete – „Enthüllungen". In den Sachkapiteln und zumal in exemplarischen Kurzbiographien soll deutlich werden, wie breit das Lager derer war, die weitergeschrieben haben, aber auch, *wie* weitergeschrieben wurde – und wie unterschiedlich tief man sich verstricken konnte. Am Ende stellt sich die Frage nach Kontinuität und Neuanfang.

Bei aller Kürze versteht sich der Band auch als ein Gesamtüberblick. Er ist deshalb so angelegt, daß die einzelnen Kapitel für sich und in beliebiger Reihenfolge gelesen werden können. Die Abschnitte 2–5, 10, 12 und die Biographien Boveri, von Kardorff, Kircher, Wirsing hat Norbert Frei geschrieben, die Abschnitte 1, 6–9 und die Biographien Höfer, Knab, Petersen, Schwarz van Berk stammen von Johannes Schmitz.

Die positive Resonanz, die das Buch bei seinem ersten Erscheinen im Frühjahr 1989 fand, hat uns darin bestärkt, es nun noch einmal vorzulegen, zumal auch die zweite Auflage relativ rasch vergriffen war. Für die Neuausgabe wurde der Text an einigen Stellen ergänzt und – wo nötig – korrigiert, die Bibliographie erheblich erweitert und aktualisiert.

Bochum/München, im Frühjahr 1999 *Norbert Frei*
Johannes Schmitz

1. Die Medien und die „Machtergreifung“

Die liberale *Frankfurter Zeitung* verbreitete Optimismus. „Der gewaltige nationalsozialistische Angriff auf den demokratischen Staat ist abgeschlagen“, schrieb Rudolf Kircher in der Neujahrsausgabe. „Millionen von Anhängern sind dieser Bewegung verlorengegangen.“ Auf allen Gebieten, in der Wirtschaft, in der Innenpolitik, in der Außenpolitik, und vor allem auch in der „geistigen Gesamtlage der Nation“ seien zum ersten Mal „deutliche Symptome einer beginnenden Konsolidierung“ zu beobachten. Die politische Grundtendenz werde „durch die Tatsache der Entzauberung der NSDAP und durch die große staatspolitische Erkenntnis dieses Jahres bestimmt bleiben, daß es in Deutschland kein Diktieren gegen die öffentliche Meinung geben kann. Das Leben selbst hat uns gezwungen, zu dem zurückzukehren, was viele so leichten Herzens über Bord zu werfen bereit waren: zur Vernunft.“ Andere Blätter zeigten zu Jahresanfang 1933 noch deutlicher Zuversicht, und der satirische *Simplicissimus* höhnte gar in Versen: „Eins nur läßt sich sicher sagen, und das freut uns ringsherum: Hitlern geht es an den Kragen, dieses ‚Führers‘ Zeit ist um!“

Vier Wochen später war Hitler Reichskanzler. Die nationalsozialistische Propaganda überschlug sich, machte aus der Kabinettsneubildung ein historisches Ereignis. Das NS-Blatt *Angriff* kommentierte mit geradezu religiöser Inbrunst: „Die Größe des gegenwärtigen geschichtlichen Augenblicks kann vielleicht nur der voll begreifen, der sich bewußt ist, an dem überstürzten Gang der Dinge in den letzten 24 Stunden den Hauch der göttlichen Gerechtigkeit verspürt zu haben.“ Es sei „das Fundament gelegt für ein neues deutsches Reich der Kraft und Herrlichkeit“. Joseph Goebbels organisierte einen Fackelzug von 25 000 SA-Männern, die noch am Abend des

30. Januar an der Reichskanzlei vorbeimarschierten. Nicht nur die Berliner wurden Zeugen des Spektakels: Mit der Autorität der neuen Regierung sorgte Goebbels dafür, daß der Rundfunk eine große Live-Reportage brachte, die Schlußworte sprach er dann persönlich. Tags darauf jubelte der *Angriff:* „Der 30. Januar 1933 wurde vom nationalen Berlin unverlöschlich als Tag der nationalen Wiedergeburt des deutschen Volkes in das Buch der Geschichte eingeschrieben."

Die ersten Leitartikel erschienen wenige Stunden nach dem Machtwechsel in den Abendausgaben der großen Zeitungen. Unübersehbar war die politische Erregung. Tief enttäuscht über die Ernennung Hitlers, erinnerte die *Vossische Zeitung* an frühere Befürchtungen vor einer Parteidiktatur der Nationalsozialisten: „Die Zeichen stehen auf Sturm." Am nächsten Morgen wurde die Kritik der *Voss* konkreter: „Die Armut kann man nicht abschaffen, aber die Freiheit kann man abschaffen. Die Not läßt sich nicht verbieten, aber die Presse läßt sich verbieten. Der Hunger läßt sich nicht ausweisen, aber die Juden kann man ausweisen. Noch schützt vor dem ärgsten Mißbrauch der Gewalt die Verfassung, aber deren Bande sind, um einen Ausdruck von Goebbels zu gebrauchen, ‚hauchdünn' geworden."

Bitter klang der Leitartikel Theodor Wolffs im *Berliner Tageblatt:* Es sei ein „Kabinett, in dem die Leute sitzen, die seit Wochen und Monaten verkündet haben, alles Heil – gemeint war das ihrige – liege im Staatsstreich, im Verfassungsbruch, in der Beseitigung des Reichstages, in der Knebelung der Opposition, in der unbegrenzten diktatorischen Gewalt". Der eigenen Profession prophezeite Wolff, einer der bedeutendsten Journalisten der Weimarer Zeit, eine düstere Zukunft: „Um die Pressefreiheit, von der die Nationalsozialisten immer so kräftig Gebrauch gemacht haben, dürfte es wohl besonders übel stehen. Keine angenehme Zukunft breitet sich vor denjenigen aus, die leider nicht in der Lage sind, sich so zu äußern, wie es dem neuen Regime gefällt."

Solche Hellsicht war freilich die Ausnahme. Das *Berliner Tageblatt* und die *Vossische Zeitung* gehörten zu dem kleinen

Kreis liberaler Zeitungen, die den Nationalsozialismus immer abgelehnt hatten. Auch die *Frankfurter Zeitung* (FZ) war von jeher eine Gegnerin des Nationalsozialismus. Zugleich war ihr gelegentliches Zaudern symptomatisch für ein gewisses Unverständnis, mit dem viele Liberale den Aufstieg der NSDAP publizistisch begleiteten. Wiederholt hatte die FZ seit dem Sommer 1932 das sogenannte Zähmungskonzept propagiert, hatte ihr Berliner Korrespondent Kircher für die Einbindung der NSDAP in die Regierungsverantwortung plädiert: Eine „formelle Koalition alter Art (wäre) wohl die sicherste Form der Festlegung der Nationalsozialisten auf den Parlamentarismus und auch auf die Verfassung", schrieb Kircher im August 1932.[1] Aus den Kommentaren der FZ sprach die Erwartung, eine Regierungsbeteiligung werde die Unfähigkeit der NSDAP zum Mitregieren beweisen und so der Partei die politische Attraktivität beim Wähler entziehen.

Aber Ende Januar 1933 stand die grundsätzliche Ablehnung von Deutschnationalen und Nationalsozialisten wieder im Vordergrund: „Wer garantiert (...) die Einhaltung der Verfassung, wer garantiert, daß Herr Hitler wieder abgeht, wenn er gestürzt wird?", fragte die FZ am „Tag davor". Am „Tag danach" äußerte das Redaktionsmitglied Benno Reifenberg Zweifel an der charakterlichen Eignung Hitlers. „Wir haben in diesem Augenblick, in dem Herrn Hitler die Kanzlerschaft des Deutschen Reiches übertragen worden ist, offen auszusprechen, daß er bis zur Stunde den Beweis menschlicher Qualifikation für dieses hohe Amt der Nation schuldig geblieben ist." Und am 1. Februar zog die FZ den „Trennungsstrich": „Wir halten die nationalsozialistische Politik für ein unklares Gewirr von Dilettantismus und Leidenschaft. Wir können von dieser Politik nichts für Deutschlands Zukunft erhoffen." Doch das Blatt äußerte auch Zuversicht: „Es ist eine hoffnungslose Verkennung unserer Nation, zu glauben, man könne ihr ein diktatorisches Regime aufzwingen. Die Vielfältigkeit des deutschen Volkes verlangt die Demokratie." Fünf Tage später trug der Leitartikel Kirchers den Titel „Kampf dem Kampfkabinett". Kircher schrieb: „Jetzt ist der Augenblick gekommen, wo jeder, der noch einen Funken freiheitlicher Gesinnung in sich hat, darüber wachen muß, daß die mächtige Regierungsgruppe die Rechte derer nicht verletzt, die in die Minderheit zu geraten drohen oder die schon zur Minderheit geworden sind."

Daß im Kontrast dazu konservative Zeitungen und Zeitschriften den Machtwechsel begrüßten, war wenig verwunderlich – hatten doch viele längst vor dem Januar 1933 einen energischen Rechtsschwenk vollzogen. Erstaunen mochte allenfalls, wie deutlich die Zustimmung jetzt selbst bei renommierten bürgerlich-konservativen Blättern ausfiel und wie wenig Zweifel oder gar Opposition zu vernehmen war. Allzu billig sei es, meinten die *Münchner Neuesten Nachrichten* am 31. Januar, aus alter „Gegnerschaft Vorbehalte zu schöpfen, für die jetzt keine Stunde mehr sein darf, von Besorgnissen zu reden, deren Aussprache niemand nützt und deren Nichterfüllung der Wunsch aller Deutschen sein muß. (...) Wir haben eine so lange Spanne des führerlosen Intrigierens um die Macht hinter uns, daß wir uns selbst verleugnen würden, gäben wir nicht ehrlich der Hoffnung Ausdruck, daß diese Wendung von Dauer sei, und daß die Größe der Aufgabe die neuen Männer herausrisse aus der Enge und der Dumpfheit der Parteien in eine Welt, in der es nur mehr Deutsche gibt und ihre Feinde." Der Autor dieser Sätze, Erwein Freiherr von Aretin, wurde wenige Wochen später verhaftet und als überzeugter Monarchist mehrere Monate im Konzentrationslager Dachau festgehalten.

Die nationalkonservative *Deutsche Allgemeine Zeitung* gab sich staatsmännisch. Man sei nicht „zum Jubel geneigt" und auch nicht „in einen Rausch der Begeisterung" versetzt. Aber das Berliner Blatt beeilte sich hinzuzufügen, es habe „seit Jahren diesen Versuch, mit allen Bedenken, die er hat, empfohlen. (...) Einmal (...) mußte dieser Sprung ins Dunkle gewagt werden, weil das deutsche Volk in den Wahlen die Hitlerregierung zum bei weitem stärksten Faktor des politischen Lebens gemacht hatte. (...) (W)ir halten die Ernennung Hitlers unter den gegebenen Umständen für richtig. Der nationalsozialistische

Führer wird uns nun zu zeigen haben, ob er das Zeug zum Staatsmann besitzt."[2]

„Kühle Ruhe!", war der Leitartikel der *Berliner Morgenpost* am Tag nach der Machtergreifung betitelt. Das deutsche Volk werde, kommentierte das Blatt, selbst „soweit es im gegnerischen Lager steht, nicht die Nerven verlieren". *Germania*, das Organ des katholischen Zentrums, propagierte eine „eiskühle Haltung" und meinte ansonsten: „Herr Hitler selbst wird nun zeigen müssen, was er kann." Das war der Tenor zahlreicher Leitartikel in der bürgerlich-konservativen Presse. Wenn Zweifel bestanden, so überwog doch die Hoffnung, daß schon bald Widersprüche innerhalb der Regierung aufbrechen und dem „Versuch" ein Ende machen könnten. Im übrigen meinte ein Großteil der bürgerlichen Publizisten und Journalisten, die deutschnationalen Regierungsmitglieder würden die Nationalsozialisten schon zu „zähmen" wissen. Republikanische Standhaftigkeit war selten. Und was die Kommentare ebenfalls zeigten: Selbst professionell geübte Beobachter waren nicht gefeit vor Mißdeutung, Blickverengung und Irrtum. Die Journalisten waren nicht demokratisch-kämpferischer als die Gesellschaft, für die sie schrieben.

Viele Redakteure befürchteten schlimme Folgen, aber mochten gleichzeitig einfach nicht glauben, daß die Nationalsozialisten ihre radikalen Ankündigungen tatsächlich wahrmachen könnten. Diese Vorstellung war nicht nur in liberalen Blättern weit verbreitet, auch Redakteure der sozialistischen Presse teilten sie. Noch meinten viele, die neue Herrschaft werde nicht von Dauer sein. Die Situation sei „voller Gefahren", schrieb der *Vorwärts* in der Abendausgabe des 30. Januar, sie berge „aber auch die Möglichkeit einer überraschend günstigen Entwicklung in sich. Wir wissen, daß am Ende der Sieg der Arbeiterklasse, der Demokratie und des Sozialismus steht. Er ist vielleicht näher, als mancher denkt! Kaltblütig, zuversichtlich und, wenn es die Sache der Freiheit fordert, zu letzten Opfern bereit, gehen wir der Zukunft entgegen, die unser sein wird trotz alledem!" Am 31. Januar ging es weiter so: Die Sozialdemokratie werde „kaltblütig beobachten und sich zu entscheidendem Handeln bereithalten, sowie die Stunde es erfordert". Ein Bruch der Legalität werde der Regierung „verdammt schlecht bekommen". „Taktische Vernunft" rate aber, mit dem Mittel der Arbeitseinstellung „hauszuhalten, damit ein entscheidender Augenblick nicht eine abgekämpfte Arbeiterschaft findet. (...) Heute Generalstreik machen, hieße die Munition der Arbeiterklasse zwecklos in die Luft verschießen! Auf die Einigung aller Feinde der Arbeiterklasse gibt es nur eine Antwort: Einigung der Arbeiterklasse!"

Angesichts der fortdauernden Hetze der Rechten gegen die angebliche Bedrohung von „links", der tatsächlich aber passiven Haltung der Arbeiterschaft, meinte Carl von Ossietzky, Chef der *Weltbühne*, einige Tage später: „Es ist das Unglück unsrer Reaktionäre, daß sie den deutschen Arbeiter ebensowenig kennen wie das deutsche Volk überhaupt. Sie phantasieren zwar ständig von ‚Blutsverbundenheit', aber von dem deutschen Durchschnittsmenschen (...) wissen sie so wenig wie von einem Marsbewohner. Sie betrachten die Welt durch die Dachluke ihrer Ideologie, sie sehen nur den Rauch vom nächsten Schornstein. Sonst würden sie wissen, daß der Arbeiterschaft auch heute alles ferner liegt als ein wilder Radikalismus. Sie hat der Machtergreifung der Rechten jahrelang widerstanden und in ihr ein allgemeines Unglück erblickt. Heute, wo diese endlich vollzogene Tatsache ist, ballt sie nicht etwa die Fäuste in ohnmächtiger Verzweiflung, sie stellt sich einfach hin und wartet."[3]

Das KPD-Organ *Rote Fahne*, das zum Generalstreik aufgerufen hatte, war gleich am 31. Januar beschlagnahmt worden. Am 3. Februar wurde der *Vorwärts* für vier Tage verboten; er hatte unter anderem dazu aufgerufen: „Wehrt Euch! Schützt Euch Euer Selbstbestimmungsrecht als Staatsbürger!" Mit der Notverordnung vom 4. Februar war dann eine formalrechtliche Grundlage für weitere Einschränkungen der Pressefreiheit geschaffen. Ein Verbot war schon wegen „unrichtiger Nachrichten" möglich – und was „unrichtig" war, bestimmte der nationalsozialistische Reichsinnenminister Frick. Es gab jetzt praktisch keinen Tag mehr, an dem nicht Zeitungen über Verbote anderer Zeitungen berichteten. Die angeblich vorübergehend geltenden Maßnahmen trafen vor allem die sozialdemokratische und kommunistische Presse, aber auch bürgerliche Zeitungen und die Boulevardblätter *Tempo* (Ullstein) und *8 Uhr Abendblatt* (Mosse). Die *Neue Zürcher Zeitung* schrieb am 21. Februar: „Es hagelt Verbote, wobei die verfügenden Amtsstellen mit der Auslegung der Bestimmungen des neuen ‚Pressenotrechts' nicht zimperlich sind; die ebenfalls vorhandene Möglichkeit, in leichten Fällen es zunächst mit einer Verwarnung der Zeitung oder der Aufforderung zur Selbstberichtigung zu versuchen, ist bisher gänzlich außer Betracht gelassen worden. Die oppositionelle Presse hat es unter diesen Umständen nicht leicht, den Wahlkampf zu führen, während die Blätter der Regierungsparteien in der glücklichen Lage sind, sich in der Polemik gegen ihre Gegner keinen Zwang antun zu müssen – tatsächlich ist ja auch die Sprache der nationalsozialistischen Presse seit dem 30. Januar kaum eine maßvollere geworden."

Das war eine noch sehr zurückhaltende Beschreibung der NS-Propagandamaschinerie. In 45 Wahlsendungen, die die Rundfunkstationen übertrugen, kamen ausschließlich Regierungsvertreter zu Wort. Goebbels sprach nicht nur schier pausenlos auf Wahlkundgebungen der Partei, sondern gleichzeitig auch als „Reporter" der Live-Übertragungen im Rundfunk, wie er mit Genugtuung in seinem Tagebuch vermerkte.

„Mit Neid blicken Journalisten jetzt auf so gefahrlose Berufe, wie sie Seiltänzer oder Dachdecker ausüben", hieß es in der *Weltbühne* am 21. Februar angesichts der Pressionen. Doch in die Klage hätten keineswegs alle Journalisten eingestimmt, wie die Redakteure der *Weltbühne* nur zu gut wußten. Etliche konservative Journalisten nämlich sahen nicht – oder wollten nicht sehen –, daß die Nationalsozialisten zielstrebig auf eine Außerkraftsetzung sämtlicher demokratischen Rechte hinwirkten. Für diese Publizisten stand der Feind links. Besonders deutlich wurde das nach dem Reichstagsbrand am 27. Februar, in dem offensichtlich nicht nur die NS-Propagandisten sofort das Fanal für einen kommunistischen Aufstand erblickten. Der Chefredakteur der *Deutschen Allgemeinen Zeitung*, Fritz Klein, meinte am 28. Februar: „Die Kommunisten sind ‚keine landsmannschaftliche Presse' und der Staat muß mit ihnen rücksichtslos und ohne Gefühlsduselei verfahren." Einen Tag später setzte das Blatt noch einmal nach: „Das ganze rechtlich denkende deutsche Volk wird den drakonischen Maßregeln, die Reichsminister Göring gegen die Kommunisten eingeleitet hat, durchaus dankbar zustimmen." Drei Monate später wurde die DAZ selbst verboten, Chefredakteur Klein durch Karl Silex ersetzt.

Unterstützung durch konservative Journalisten nahm die NS-Wahlpropaganda gerne auf. Der Reichstagsbrand war für die Nationalsozialisten der ideale Gegenstand zur propagandistischen Totalmobilmachung und führte eine Woche vor den Wahlen zu einem ersten Höhepunkt der Welle brutaler Ausschaltungsmaßnahmen gegen mißliebige Publizisten. Wenige Stunden nach dem Brand wurde Carl von Ossietzky festgenommen, und mit ihm weitere Journalisten. Ossietzky sollte nie mehr etwas publizieren dürfen. Als zwei Monate später in deutschen Universitätsstädten unter dem Gejohle der Studenten Bücher verbrannt wurden, gehörten auch seine Schriften dazu – neben denen anderer bedeutender Publizisten der Weimarer Republik: so von Theodor Wolff, Georg Bernhard, Kurt Tucholsky und Alfred Kerr. Das Schicksal Ossietzkys zeigte, was ein Ausharren in Deutschland jetzt für politisch linksstehende (häufig jüdische) Publizisten und Journalisten bedeuten konnte: Ossietzky wurde ins Konzentrationslager gebracht und starb 1938, noch nicht fünfzig Jahre alt, in einem Berliner Krankenhaus an den Folgen der Haft.

Nach der Reichstagswahl vom 5. März, die angesichts der terroristischen Begleitumstände für die NSDAP mit 43,9 Prozent ein im Grunde enttäuschendes Ergebnis brachte, fielen die letzten Hemmungen. „Am besten wäre es ja, man ließe eine solche Schreiberkreatur von einem S.A.-Trupp aus der Redaktion herausholen und auf der Straße öffentlich verprügeln", hatte Goebbels 1932 einmal im Zorn über einen Zeitungsartikel in seinem Tagebuch gewütet.[4] Solche Rachegefühle hegten offensichtlich viele, nicht zuletzt die Radikalen an der Parteibasis und in der SA. Was in München vorging, ereignete sich ähnlich auch in vielen anderen Städten: Die Redaktionsräume der sozialdemokratischen *Münchener Post* wurden von der SA gestürmt und verwüstet. Viele Journalisten, die sich nicht rechtzeitig versteckt hatten oder geflohen waren, wurden inhaftiert; neben Sozialdemokraten und Kommunisten auch leitende Redakteure des Münchener Verlagshauses Knorr & Hirth. Manche hatte die Verhaftung vollkommen überrascht. „Seit sechs Tagen bin ich im Gefängnis. Warum? – Ich weiß es nicht. Wann werde ich freigelassen? – Ich weiß es nicht. Was wird mit mir geschehen? – Ich weiß es nicht", schrieb Stefan Lorant, Chefredakteur der liberalen Wochenzeitung *Münchner Illustrierte Presse*, in sein Gefängnis-Tagebuch.[5] Lorant hatte noch Glück, er kam nach sechs Monaten frei und konnte Deutschland verlassen. Fritz Gerlich, Herausgeber der katholischen Wochenzeitschrift *Der gerade Weg,* die leidenschaftlich gegen die Nationalsozialisten gekämpft hatte, gelangte nie mehr in Freiheit. Gerlich wurde bei seiner Verhaftung mißhandelt und 1934 im Konzentrationslager Dachau ermordet.

Mit Gewalt vollzogen die Nationalsozialisten den wohl größten personellen Einschnitt, den der deutsche Journalismus bis dahin erlebt hatte. Nicht nur die gesamte linke Publizistik wurde ausgeschaltet; es traf auch liberale, konservative und eher „unpolitische" Journalisten. Auch sie gerieten ab März 1933 zunehmend in Gefahr: aus „rassischen Gründen", allein deshalb, weil sie Juden waren. In den Wochen, Monaten und Jahren nach dem 30. Januar 1933 wurden etwa 2000 deutsche Publizisten und Schriftsteller ins Exil getrieben.[6] Viele kehrten nach dem Ende des Dritten Reichs nicht mehr nach Deutschland zurück.

Hinter Namen und Zahlen stehen oft bittere Schicksale. So hoch es moralisch veranschlagt werden muß, daß so viele durch Emigration ihre Absage an die neuen Machthaber demonstrierten: in der Situation von Heroen sahen sich die Emigranten deshalb nicht. Wer Deutschland verließ, der hatte meist allen Grund, sich vor Verfolgung in Sicherheit zu bringen. Die Situation im Exil war bedrückend. Die Hoffnung auf baldige Rückkehr sank angesichts des scheinbar unbegrenzten Siegeszuges der Nationalsozialisten schnell; die Einwanderungs- und Arbeitsbedingungen in den Fluchtländern waren restriktiv, Mittellosigkeit und Existenznöte die Folge. Und der Zufluchtsort war oft nur Übergangsstation: Hatten sich die Emigrierten mit großer Mühe eine neue Existenz aufgebaut, mußten sie wieder flüchten, weil die Verfolger auch das Exilland besetzt hatten. Dann hieß es wieder eine neue Sprache – möglichst perfekt – zu lernen, war sie doch das für Journalisten wichtigste Arbeitsmittel. Aufgrund des Vorrückens der deutschen Truppen gab es bald kaum ein Land mehr in Europa, wo die Verfolgten vor dem Zugriff der Verfolger sicher waren. 1943 wurde der mittlerweile 74jährige Theodor Wolff aus dem französischen Exil in Gefängnis- und Konzentrationslagerhaft verschleppt; er hatte zu lange gezögert, nach Amerika weiterzufliehen. Nach vier Monaten Haft starb er in einem Berliner Krankenhaus.

Viele Emigranten versuchten, an Traditionen ehemaliger deutscher Blätter anzuknüpfen und auch in den Exilländern deutschsprachige Zeitungen und Zeitschriften zu gründen oder an solchen mitzuarbeiten. Georg Bernhard, ehemaliger Chefredakteur der *Vossischen Zeitung*, gab das *Pariser Tageblatt* heraus; Willi Münzenberg, kommunistischer Verleger zahlreicher Blätter der Weimarer Zeit, begründete in Paris unter anderem den *Gegen-Angriff;* Leopold Schwarzschild setzte seine Zeitschrift *Tage-Buch* als *Neues Tage-Buch* in Paris und später dann in Amsterdam fort; und es entstanden die *Neue Weltbühne* und der *Neue Vorwärts.* Insgesamt erschienen rund vierhundert Exilperiodika, viele nur für kurze Zeit, unregelmäßig, in geringer Auflage und ohne dauerhafte Existenzbasis. Für die Emigranten waren sie wichtige Informations- und Arbeitsmöglichkeit; die Wirkung auf Deutschland aber war gering. Manches Mal, wie bei Carl von Ossietzky, der 1936 den Friedensnobelpreis erhielt, trug nicht zuletzt auch das

Wirken von Emigranten dazu bei, die internationale Öffentlichkeit auf Terror und politische Unterdrückung in Deutschland aufmerksam zu machen. Eine „Stimme des stummen Deutschland" konnten die Emigranten allerdings meist nur noch in den Grenzen sein, in denen, wie der Sozialdemokrat Heinz Kühn es formulierte, „ein liliputanischer David einem überdimensionierten Goliath entgegentreten kann".[7]

Die meisten Journalisten freilich verließen Deutschland nicht. Die Gewalt- und Racheaktionen der Nationalsozialisten richteten sich nicht gegen sie persönlich, und sie dachten nicht daran, zu emigrieren. Die große Mehrheit blieb im Journalismus. Die NS-Propagandisten hatten schon früh gemerkt, daß sie erfahrene Journalisten – auch „Bürgerliche" und Nicht-Nationalsozialisten – dringend benötigten, ebenso wie die „bürgerliche" Presse. So blieb sogar ein ihnen so wenig wohlgesonnenes Blatt wie die *Frankfurter Zeitung* bestehen. Ihr Berliner Büroleiter Rudolf Kircher war einer derjenigen, die im ersten Jahr der NS-Herrschaft wiederholt vorsichtig Kritik formulierten – und schließlich auch einmal kaum verhüllte Selbstkritik. In seinem Jahresrückblick schrieb er in der Silvesterausgabe 1933: „Es gibt eine Einrichtung, die mehr als jede andere den Journalisten zum Nachdenken bringen kann: das ist sein Archiv. (...) Wir würden Eulen nach Athen tragen, wenn wir unseren Lesern sagen wollten, daß heute alles, was die nationalsozialistische Presse seit Jahr und Tag prophezeite, fast restlos eingetreten ist, während unsere eigene Prognose, die zugleich unser Wunsch war, sich als Illusion erwiesen hat." Die nationalsozialistische Eroberung der deutschen Presse und des deutschen Journalismus aber war zu diesem Zeitpunkt noch längst nicht abgeschlossen.

2. Nationalsozialistische Medienpolitik

Niemand nannte es damals so, aber nationalsozialistische Medienpolitik gab es schon lange vor der „Machtergreifung". Konsequenter als jede andere politische Gruppierung in der Weimarer Republik kämpfte die NSDAP um Medienpräsenz, legte sie Wert auf effektvolle Selbstdarstellung und unverwechselbare Symbole. Hakenkreuzfahne, Braunhemden, Führer-Kult und Aufmärsche prägten nicht nur ihr Erscheinungsbild – Hitlers Antiparteien-Partei war im Kern eine Propagandabewegung. „Was durch Papierkugeln zu gewinnen ist", so der Chef-Trommler 1922 in einer Denkschrift, „braucht dereinst nicht durch stählerne gewonnen zu werden".[1]

Schon Mitte der zwanziger Jahre, kaum hervorgetreten aus dem Vielerlei völkischer Splittergruppen, verfügte die NSDAP über eine funktionierende „Reichspropagandaleitung"; als Stellvertreter Gregor Straßers bewies der junge Heinrich Himmler dort sein Organisationstalent. 1930 übernahm der Berliner Gauleiter Joseph Goebbels die Kompetenzen des „Reichspropagandaleiters I", in dessen Regie anläßlich der Reichsparteitage regelmäßig Sondertagungen über Propaganda stattfanden, während Abteilung II unter Gauleiter Fritz Reinhardt in Fernkursen systematisch Rednerschulung betrieb.

Wie grundlegend die NSDAP sich in ihrem öffentlichen Kommunikationsverhalten von den Weimarer „Systemparteien" unterschied, zeigte auch die Energie, mit der lokale und regionale Parteifunktionäre um publizistischen Einfluß kämpften. Goebbels, der die Presseszene der Reichshauptstadt 1927 um den *Angriff* bereicherte und beispielsweise mit einer gnadenlosen Kampagne gegen den jüdischen Vizepräsidenten der Berliner Polizei Dr. Bernhard („Isidor") Weiß vorführte, daß man Ereignisse mittels Medien einfach *machen* kann, war keine Ausnahme: Wo Gauleiter und NS-Aktivisten auf „bürgerliche“ Blätter keinen Einfluß gewinnen konnten und ihre braune Botschaft nicht hinreichend vermittelt glaubten, versuchten sie sich häufig selbst als Zeitungsherausgeber. Zwar hatte das gesprochene Wort, die gelungene Parteiversammlung und die öffentliche Kundgebung in den „Kampfjahren“ allemal Priorität, doch weit über 300 NS-Blätter sind nachgewiesen; etwa ein Drittel davon existierte allerdings nur für kurze Zeit.[2]

Nationalsozialistische Medienpolitik vor 1933 erstreckte sich auch bereits auf den Rundfunk. Durch gezielte Unterwanderung des Reichsverbands Deutscher Rundfunkteilnehmer, einer Hörerorganisation, und durch Infiltration der Programm-Überwachungsausschüsse brachte die Partei ihre Kommunikationsinteressen in dem noch neuen Medium zur Geltung.

Zum multimedialen Meisterstück der NSDAP wurde das Dauer-Wahlkampfjahr 1932. Vor den beiden Abstimmungen zur Wahl des Reichspräsidenten, zwei Reichstags- und mehreren Landtagswahlen diktierte die NS-Propagandamaschine Themen und Tempo der Auseinandersetzung. Modernität und Dynamik lautete das Signal, „Hitler über Deutschland“ die hintersinnige Parole: Während die Wahlkämpfer der anderen Parteien unprätentiös die Bahn benutzten, kam Hitler vom Himmel. Die spektakulären Deutschland-Flüge des „Führers“ waren meist so arrangiert, daß die Massenkundgebungen im Freien unmittelbar neben dem Landeplatz stattfinden konnten. Hitlers Wahlkampfmanager, voran Dr. Otto Dietrich, ein gelernter Journalist, kalkulierten bewußt mit diesem Schau-Effekt, der selbst gegnerische Zeitungen zur Berichterstattung zwang.

Nach dem 30. Januar 1933 nahm die propagandistische und medienpolitische Aktivität der NSDAP bis dahin unerreichte Ausmaße und neue institutionelle Formen an. Das zeigte sich auch im personellen Ausbau an der Spitze, wo Hitler nicht weniger als drei „Reichsleiter“ mit Medienkompetenzen installierte: Dietrich blieb „Reichspressechef der NSDAP“, Max

Amann, der Direktor des „Zentralverlags der NSDAP Franz Eher Nachf." in München und Verleger des *Völkischen Beobachters,* avancierte zum „Reichsleiter für die Presse", und Reichspropagandaleiter Goebbels durfte im März 1933 zusätzlich das neugeschaffene Reichsministerium für Volksaufklärung und Propaganda übernehmen. Ihnen allen sollten im Zuge der Gleichschaltung der Berufsverbände weitere Ämter und Titel zufallen, was die Konkurrenzkämpfe im Pressedreieck Amann-Dietrich-Goebbels aber nicht linderte.

So wenig wie aus ihrer Ablehnung des Parlamentarismus hatten die Nationalsozialisten jemals einen Hehl aus ihrer zynischen Einstellung gegenüber dem Prinzip der Pressefreiheit gemacht. In der *Kampfzeit* beriefen sie sich zwar darauf und forderten es ein, wenn den eigenen Blättern Beleidigungsklagen und Verbote drohten, tatsächlich aber hielten sie es für eine Ausgeburt des zu überwindenden „liberalistischen Zeitalters".

Die ersten nationalsozialistischen Eingriffe in die Freiheit der Presse stützten sich auf Notverordnungen nach Artikel 48 der Weimarer Verfassung. In politischen Krisenzeiten mit Zeitungsverboten zu operieren, hatte in Deutschland Tradition. Mit der Verordnung „Zum Schutze des deutschen Volkes" vom 4. Februar 1933 schlug Hitlers Koalitionskabinett deshalb scheinbar noch denselben Weg ein wie demokratische Regierungen in der Früh- und in der Endphase der Republik. Spätestens nach dem Reichstagsbrand wurde allerdings klar, daß es den Nationalsozialisten um mehr ging als um zeitweilige Erscheinungsverbote. Denn die Verordnung „Zum Schutz von Volk und Staat" vom 28. Februar setzte mit allen anderen suspendierbaren Grundrechten auch das der Meinungs- und Pressefreiheit außer Kraft.

Die kommunistischen und die sozialdemokratischen Zeitungen wurden jetzt pauschal verboten, und überall im Reich schickten lokale NS-Funktionäre ihre SA aus, die oft gutausgestatteten Druck- und Verlagshäuser der sogenannten marxistischen Presse zu besetzen. Insgesamt 200 SPD- und 35 KPD-Zeitungen mit einer Gesamtauflage von rund zwei Millionen Exemplaren fielen diesen Aktionen zum Opfer.

Häufig waren bis dahin unter kümmerlichen Bedingungen hergestellte NS-Blätter die unmittelbaren Nutznießer, aber ein Teil der Verlagsanstalten wurde auch aufgelöst und ihre Einrichtung verschleudert. Auf über 40 Millionen Mark schätzte die Exilführung der SPD später den Wert ihrer mehr als 100 enteigneten Druckereien.[3] Ein „Gesetz über die Einziehung kommunistischen Vermögens“ vom 26. Mai „legalisierte“ nachträglich die Beschlagnahmung der KPD-Organe, und in einer auf „volks- und staatsfeindliches Vermögen“ erweiterten Fassung vom 14. Juli 1933 fand es Anwendung auch auf die Presse der Sozialdemokratie, die inzwischen wie alle anderen Parteien verboten war.

Die Zerschlagung der linken Publizistik im Frühjahr 1933 bildete nur den Auftakt eines historisch beispiellosen Veränderungsprozesses. Binnen weniger Jahre krempelten die Nationalsozialisten die deutsche Zeitungslandschaft fast völlig um. Das politische Ziel war die Monopolisierung und totalitäre Beherrschung der öffentlichen Kommunikation. Der Weg dorthin aber führte nicht allein über Zensur und Repression, sondern auch über die Ermunterung karrierebewußter Parteigänger – und über ökonomische Konzentration und strukturelle Modernisierung. Denn Presse und graphisches Gewerbe befanden sich schon seit Jahren in einer schweren Krise.

Anfang 1933 gab es im Deutschen Reich rund 3400 verschiedene Zeitungen.[4] Viele davon waren weder rentabel noch in publizistischer Hinsicht konkurrenzfähig. Allein in Berlin erschienen etwa 140 Zeitungen, aber „hauptstädtisch“ war davon höchstens die Hälfte. Die andere Hälfte gehörte zur Kategorie der „Großberliner Heimatpresse“ mit Auflagen zwischen 1000 und 3000 Exemplaren.[5] Von den 479 Zeitungen, die beispielsweise in Bayern erschienen, blieben drei Viertel unter einer Auflage von 3000 Exemplaren, 30 Prozent kamen noch nicht einmal auf 900 Stück. Nur knapp fünf Prozent der bayerischen Blätter druckten eine Auflage von mehr als 15 000 Exemplaren. Solche Zahlen verwundern nicht, wenn man weiß, daß damals in jeder größeren Landgemeinde eine eigene Heimatzeitung erschien. Am Behördensitz konkurrierten meist sogar zwei Blätter, selbst wenn das Städtchen kaum 3000 Einwohner hatte. Konservativ waren in der Regel beide: bürgerlich-national oder bauernbündlerisch das eine, katholisch-volksparteilich das andere.

Trotz der Fülle von Zeitungstiteln und obwohl statistisch immerhin in etwa neun von zehn Haushalten eine Zeitung gehalten wurde, waren weite Teile des Reichs publizistische Wüste. Denn die redaktionelle Leistung der Heimatpresse, die zusammengenommen das Gros der Auflage produzierte, kam nicht einmal in die Nähe dessen, was heute selbst kleine Provinzzeitungen bieten. Von Forumszeitungen, die ihre Leser möglichst umfassend informieren und ein Spektrum von Meinungen präsentieren, konnte man in der Weimarer Presse-Provinz nur träumen. Kaum ein Heimatblatt, das sich nicht dezidiert einer Partei verschrieben hatte und dieser dann nicht auch durch dick und dünn folgte. Nachrichten über den politischen Gegner zu unterschlagen, zumal wenn diese ihn in positivem Licht gezeigt hätten, galt im Grunde als normal.

Viele dieser „Tageszeitungen" kamen nur dreimal pro Woche heraus – irgendwann im Laufe des Vormittags, weil der Verleger, der nicht selten sein eigener Drucker und oft auch noch Redakteur war, nicht rund um die Uhr arbeiten konnte. Vier Seiten schwach war sein Blatt unter der Woche; am Samstag gab es eine Handvoll Anzeigen und deshalb ein paar Seiten mehr. Die politischen Meldungen für Seite eins und zwei kamen mit entsprechender Verspätung meistens von sogenannten Materndiensten und mußten für den Bleiguß nur noch eingepaßt – sprich: zurechtgestutzt – werden. Vor allem der deutschnationale Hugenberg-Konzern, interessiert an der Verbreitung seiner tendenziösen Nachrichten, bot diesen Service an und nahm damit auf viele Kleinzeitungen indirekt politischen Einfluß. Aus der Sicht der Heimatzeitungs-Konsumenten am interessantesten war allerdings die Seite drei: Für Uneingeweihte kaum verständliche lokale und regionale Notizen, verfaßt von freien Mitarbeitern in ungelenkem Stil oder abgeschrieben aus den Blättern der umliegenden Gemeinden, standen hier neben dem billig angekauften Fortsetzungsroman. Gedruckt wurden diese Kleinstzeitungen noch im handwerklichen Verfahren auf der Flachpresse, denn moderne Rotationsmaschinen konnten sich die Familienbetriebe nicht leisten; für ihren Bedarf war die neue Technik auch nicht ausgelegt. Die deshalb verweigerte Modernisierung produzierte Überkapazitäten und Strukturprobleme im Druckgewerbe, die in der Wirtschaftskrise ab 1929 voll durchschlugen. Die Kombination aus chronischer publizistischer Leistungsschwäche und desolater wirtschaftlicher Lage bildete einen willkommenen Ansatzpunkt nationalsozialistischer Pressepolitik und trug zu ihren raschen Erfolgen entscheidend bei.

Während NS-Medienpolitik gegenüber der Linken im wesentlichen Ausschaltung bedeutete, bestand sie gegenüber der bürgerlichen Presse zunächst vor allem in einer sich schrittweise vollziehenden Formierung. Das galt institutionell wie personell. Sozialdemokratische und kommunistische Redakteure, die nach dem Reichstagsbrand nicht untertauchten oder flohen – zumal wenn sie zugleich auch ein politisches Mandat hielten –, kamen in sogenannte Schutzhaft. Nach Monaten, manchmal Jahren in Konzentrationslagern blieben viele auf Dauer arbeitslos. Eine Rückkehr selbst in Randbereiche des Journalismus, ohnehin für die wenigsten politisch akzeptabel, gelang nur in Ausnahmefällen.

Viel weniger dramatisch entwickelte sich die Situation der – wie es damals hieß – „bürgerlichen" Journalisten: Die meisten blieben in ihren Positionen. Das hatte zwar auch damit zu tun, daß irgendwer weiterhin die Zeitungen machen mußte, lag aber vor allem daran, daß sich die neuen Machthaber gegenüber dem Bürgertum ein so rabiates Vorgehen wie gegenüber der Linken kaum hätten erlauben können. Denn trotz fortschreitender Monopolisierung der staatlichen und politischen Macht waren sie auf das Bündnis mit den konservativen Eliten weiter angewiesen. Die nationalsozialistische Durchdringung der deutschen Gesellschaft stand erst noch bevor, und eine zentrale Aufgabe sollte dabei die bürgerliche Presse übernehmen, die zum überwiegenden Teil durch ihr Verhalten bereits hatte erkennen lassen, daß diese Rechnung aufgehen würde.

Die relative Zurückhaltung gegenüber dem bürgerlichen Journalismus und die weitgehende Achtung der Eigentumsrechte an den Privatzeitungen machte sich aus NS-Sicht schnell bezahlt. So leisteten die Standesorganisationen der Presse keinerlei Widerstand gegen ihre „Gleichschaltung". Ein Teil ihrer Mitglieder war erkennbar irritiert und eingeschüchtert durch das Vorgehen gegen die Linkspresse, ein Teil aber auch davon angetan. Gezielter Druck von seiten des Regimes und das Bedürfnis verunsicherter Leitungsgremien nach „Fühlungnahme" erzeugten jene charakteristische Mischung aus Selbstanpassung und erzwungener Umstellung, die im Frühsommer 1933 in vielen Organisationen und großen Teilen der deutschen Gesellschaft zu beobachten war.

Eilfertig bemühte sich der Vorstand des Vereins Deutscher Zeitungsverleger (VDZV), beim neuen Reichskanzler eine Ergebenheitsadresse abgeben zu dürfen.[6] Statt auch nur eines Wortes der Kritik an der Zerschlagung der SPD-Zeitungen (zu schweigen von den Blättern der KPD) bekundete das Verbandsorgan *Zeitungs-Verlag* Bereitschaft zu „nationaler Disziplin" und zur Kooperation mit der Regierung. Als diese wegen der antijüdischen Boykottaktion Anfang April 1933 massive Proteste des Auslands erntete, erklärte sich der VDZV solidarisch gegen die „Greuelhetze". Und nachdem Hitler der bürgerlichen Presse ihre Nützlichkeit bestätigt hatte, verhandelte der Vorstand im April und Mai mit Vertretern der NS-Zeitungen. Am 28. Juni übernahm Max Amann den Verbandsvorsitz, sechs weitere NS-Verlagsleiter zogen in das Präsidium ein. De-facto-Geschäftsführer des VDZV, der fortan als Reichsverband der deutschen Zeitungsverleger (RDZV) firmierte, wurde Rechtsanwalt Rolf Rienhardt, Amanns rechte Hand in der NS-Reichsleitung für die Presse.

Noch früher, in einer offensichtlich wohlvorbereiteten Delegiertenversammlung am 30. April 1933, vollzogen die im Reichsverband der Deutschen Presse organisierten Journalisten ihre „Anpassung (...) an das neue Wesen, das der deutschen Presse aufgeprägt worden ist durch den Durchbruch des nationalen Staates".[7] Nur vorsichtig benannte Wilhelm Ackermann, der scheidende Vorsitzende, die Konsequenzen: „Das bedeutet wie für alle Berufsstände auch für die deutschen Journalisten eine gewisse Verengung des Bettes, in dem bisher der Strom der journalistischen Arbeit geflossen ist, aber, so hoffe ich, auch gleichzeitig eine Vertiefung." Zu Ackermanns Nachfolger wählten die Delegierten einstimmig den – nicht einmal anwesenden – Reichspressechef Otto Dietrich; Leiter des wichtigen Berliner Bezirksverbands wurde der stellvertretende Hauptschriftleiter des *Völkischen Beobachters,* Wilhelm Weiß.

Die *Deutsche Presse* wußte dies dann in die Worte zu kleiden, „daß die erprobten Einrichtungen des Reichsverbandes und die vorwärtsstürmenden Elemente der nationalsozialistischen Bewegung eine Verbindung eingegangen sind, die für eine erfolgreiche Arbeit an den berufsständischen Aufgaben, vor allem aber an ganz neuen staatspolitischen Zielen der deutschen Presse die Gewähr bietet". Als Trost für weniger NS-begeisterte Mitglieder hielt das Vereinsblatt die Feststellung bereit, das „technisch-organisatorische Gerippe des alten Reichsverbandes" sei erhalten geblieben. Es war so ziemlich das einzige, was die Delegiertenversammlung überlebt hatte: die demokratische Satzung war aufgehoben und der neue Vorstand mit einer Neufassung beauftragt worden, die das angekündigte Schriftleitergesetz berücksichtigen würde. Diesem vorauseilend, hatte man „mit großer Mehrheit" – allerdings nicht einstimmig – beschlossen, „Juden und Marxisten" künftig nicht mehr aufzunehmen. Wer bereits RDP-Mitglied, aber „rassisch" oder politisch „unerwünscht" war, konnte ab jetzt durch den zuständigen Landesvorstand ausgeschlossen werden.

In den nächsten Monaten wurde der gesetzliche und organisatorische Rahmen gezimmert, innerhalb dessen sich eine systematische Personalkontrolle bewerkstelligen ließ. Goebbels' Juristen hatten sich dazu, teilweise im Rückgriff auf Entwürfe aus der Weimarer Zeit, ein Journalistengesetz und ein berufsständisches Kammersystem ausgedacht. Das am 4. Oktober 1933 vom Kabinett verabschiedete Schriftleitergesetz reglementierte die Zulassung zu den bisher völlig freien Presseberufen, entband den Journalisten vom politischen Weisungsrecht seines Verlegers und nahm ihn in die Pflicht des Staates. Schriftleiter durfte nur noch sein, wer deutscher Reichsangehöriger, mindestens 21 Jahre alt, „arischer“ Abstammung und nicht jüdisch verheiratet war. Mitgliedschaft in der NSDAP war nicht erforderlich. Die Durchführung dieser Vorschriften oblag der kurz darauf gegründeten Reichspressekammer, einer Untergliederung der als Körperschaft des öffentlichen Rechts errichteten Reichskulturkammer. Die bisher selbständigen Verleger- und Journalistenorganisationen wurden dieser Reichspressekammer nun einverleibt, und nur wer ihr beziehungsweise dem entsprechenden Reichsverband angehörte, konnte künftig als Redakteur oder als Verleger tätig sein.

Damit verbunden war die Eintragung in eine sogenannte Berufsliste, der ein bürokratisches Verfahren mit Antragstellung, Fragebogen und Zulassungsbescheid vorausging. Auf diese Weise wurde, wie RDP-Chef Wilhelm Weiß später stolz verkündete, die deutsche Presse im Lauf des Jahres 1934 „von mindestens 1300 jüdischen und marxistischen Journalisten befreit“. Das entspräche einer Ablehnungs- bzw. Ausgrenzungsquote von ungefähr zehn Prozent, denn die Gesamtzahl der eingetragenen Schriftleiter lag 1935 bei 13000, wovon 6025 an Tageszeitungen und politischen Zeitschriften beschäftigt waren.[8] Unklar ist allerdings, inwieweit diese Bilanz auch jene Journalisten berücksichtigt, die faktisch bereits durch die Zerschlagung der „marxistischen“ Presse im Frühjahr 1933 Berufsverbot erhalten hatten.

Eine weitere Folge des Schriftleitergesetzes war die Etablierung spezieller Berufsgerichte der Presse.[9] Natürlich sollte diese neuartige Standesgerichtsbarkeit zur politischen Einschüchterung und Formierung der Journalisten beitragen, aber Goebbels hoffte, damit auch ihr berufliches Selbstwertgefühl anzusprechen und den Eindruck zu vermitteln, für das Sozialprestige der Presseberufe werde etwas getan. Diese doppelte Zweckbestimmung eines letztlich mißlungenen Experiments – bald schon häuften sich die Klagen über mangelnde Kooperationsfähigkeit von ausgebildeten Richtern und beisitzenden Presseleuten – wirft ein Schlaglicht auf die Zwiespältigkeit der oft allzu einlinig interpretierten nationalsozialistischen Medienpolitik. Ein weiteres Beispiel für deren Zickzackkurs waren Goebbels' hochfliegende Pläne für ein umfassendes Pressegesetz, die sich 1936 am Widerstand der meisten anderen Ministerien zerschlugen.

Manches mochte wie der kalkulierte Einsatz von „Zuckerbrot und Peitsche" erscheinen und war doch nur unausgegorene Politik. Beileibe nicht alles, was im Nachhinein als Ausdruck besonderer Raffinesse oder Effizienz erscheinen konnte, hatte seine Ursache in einer reibungslos funktionierenden Maschinerie. Das *Ziel* nationalsozialistischer Medienpolitik war zweifellos ein perfektes totalitäres Kommunikationssystem. Doch dieses Ziel wurde, entgegen einer bis heute nachwirkenden Fama, nicht völlig erreicht – war vermutlich gar nicht zu erreichen. Die Ursachen dafür lagen nicht zuletzt in strukturellen Problemen der inhaltlichen Lenkung, die bald ganz auf dem Prinzip der indirekten Vor- und der direkten Nachzensur beruhte.

In den ersten Monaten nach der Märzwahl 1933 hatte das Regime gegenüber der bürgerlichen und konfessionellen Presse noch relativ häufig mit kruden Verbotsmaßnahmen operiert. Blätter, die irgendwelche mißliebigen Nachrichten oder Kommentare brachten, wurden kurzerhand beschlagnahmt oder vorübergehend verboten. In Bayern beispielsweise verhängte die dafür zuständige Staatskanzlei bis einschließlich Juli 1933 insgesamt 45 Erscheinungssperren, meist von einer Dauer zwischen zwei und 14 Tagen. Doch dann wurden solche Verbote zusehends seltener; seit 1935 gab es fast keine mehr.[10] Wirtschafts- und sozialpolitische Überlegungen – etwa der Deutschen Arbeitsfront, die Rücksicht auf die Arbeitsplätze in den Verlagsbetrieben forderte – sorgten für wachsende Umsicht, vor allem aber machten die Selbstanpassung der Journalisten und der Ausbau des inhaltlichen Lenkungssystems Zeitungsverbote entbehrlich.

Wichtigstes Instrument der nationalsozialistischen Vorzensur wurde die Reichspressekonferenz in Berlin. Am 15. März 1933, einen Tag nach seiner Vereidigung als Minister, erschien dort erstmals Joseph Goebbels. Im Hochgefühl seiner neuen Macht erklärte der 35jährige den versammelten Journalisten, die Aufgabe dieser Konferenz werde fortan „etwas anderes" sein: „Selbstverständlich sollen Sie hier Informationen bekommen, aber auch Instruktionen. Sie sollen nicht nur wissen, was geschieht, sondern sollen auch wissen, wie die Regierung darüber denkt und wie Sie das am zweckmäßigsten dem Volk klar machen können."[11] Welche weitergehenden Absichten Goebbels hegte, während er diese Worte sprach, konnten die Anwesenden – fast ausnahmslos routinierte Redakteure und Korrespondenten der großen deutschen Zeitungen und Nachrichtenagenturen – ein Jahr später dem veröffentlichten Tagebuch des Ministers entnehmen: „Viele von denen, die hier sitzen, um öffentliche Meinung zu machen, sind dazu gänzlich ungeeignet. Ich werde sie sehr bald ausmerzen."[12]

Die Notwendigkeit für solche Radikallösungen schwand freilich auch aus Goebbels' Sicht immer mehr. Ein paar Wochen nach seinem Debüt vor der Reichspressekonferenz übernahmen dort nationalsozialistische und deutschnationale Journalisten die Selbstverwaltung, und zum 1. Juli 1933 war es damit ganz vorbei; in „Übertragung des Führerprinzips auch in diese Institution" lag der Vorsitz fortan beim Leiter der Presseabteilung des Propagandaministeriums und stellvertretenden Pressechef der Reichsregierung, Dr. Kurt Jahncke (später Alfred-Ingemar Berndt). Wie bisher fand die Konferenz täglich kurz nach Mittag statt, aber die Regeln bestimmte jetzt die Regierung. Die Zeitungen mußten Zulassungsgesuche einreichen, die Journalisten Lebenslauf und polizeiliches Führungszeugnis. Teilnehmen durfte nur noch, wer einen entsprechenden Ausweis besaß.

Die im engeren Sinne politische Berichterstattung bekam das Regime auf diese Weise ziemlich rasch in den Griff. Tag für Tag gaben Vertreter der Regierung in der Reichspressekonferenz Anweisungen, ob und wie bestimmte Themen in den Zeitungen behandelt werden sollten. Selbstverständlich sollten diese Lenkungsmaßnahmen der Öffentlichkeit nicht bekannt werden; Walter Schwerdtfeger, ein junger Journalist, der seine Informationen eine Zeitlang an ausländische Korrespondenten weitergegeben hatte, wurde 1935 wegen Landesverrats angeklagt und zu einer lebenslänglichen Zuchthausstrafe verurteilt.[13] Je nach Sache und Situation hatten die Vorgaben unterschiedliche Verbindlichkeit; manches wurde eher als „Anregung" formuliert, für anderes wurde eine genaue Sprachregelung ausgegeben. Während des Krieges kamen zu den Instruktionen aus der Reichspressekonferenz, neben der sich inzwischen zusätzliche Zirkel wie die Kulturpolitische Pressekonferenz und die „Mittwochsrunde" des Auswärtigen Amts gebildet hatten, noch die „Tagesparolen" von Reichspressechef Dietrich hinzu. Ein paar Beispiele mögen die Breite der Anweisungspolitik illustrieren; sie sind überliefert, weil einige mutige Journalisten ihre Unterlagen aufbewahrten statt sie vorschriftsmäßig zu vernichten:[14]

Anweisung aus der Reichspressekonferenz vom 17. Juli 1933: „Das Propagandaministerium erwartet, daß es zeitlich irgend einzurichten ist, daß die Rede des Reichspropagandaministers, die er heute Abend im Rundfunk hält, im Wortlaut gebracht wird."

Anweisung vom 4. Mai 1936: „Über die Einfuhr von Vollblutpferden soll nichts berichtet werden."

Anweisung vom 26. Januar 1937: „Eine westdeutsche Zeitung hatte sich polemisch mit Thomas Mann befaßt. Dies wird als absolut unerwünscht bezeichnet. Thomas Mann soll ausgelöscht werden aus dem Gedächtnis aller Deutschen, da er nicht würdig ist, den Namen Deutscher zu tragen."

Anweisung vom 20. November 1937: „Über Greta Garbo darf freundlich berichtet werden."

Anweisung vom 25. November 1938: „Noch einmal wird an die Judenfrage erinnert, wie dies jetzt täglich geschehen wird. Das Thema darf nicht wieder fallengelassen werden, ehe die Frage nicht endgültig geregelt ist. Eine Reihe von Zeitungen habe sehr gute Beiträge gebracht, noch fehlt es aber bei der Durcharbeitung des aktuellen Materials. Wie kann man z. B. zum Antikominternpakt schreiben, ohne die Rolle des Juden im Bolschewismus überhaupt auch nur zu erwähnen?"

Anweisung vom 28. Februar 1939: „Ein Mittagsblatt habe die Meldung ‚Gebt den Juden Madagaskar!' mit der Unterüberschrift versehen: ‚Unser Standpunkt'. Wir hätten aber nur den Standpunkt, daß die Juden Deutschland verließen. Wohin sie gehen, sei uns verhältnismäßig gleichgültig."

Anweisung vom 17. Januar 1940: „Der Minister kritisiert auf das schärfste einen Artikel im Lokalteil der Börsenzeitung über die Kälte."

Anweisung vom 14. Mai 1940: „Die Berliner Presse ist heute scharf kritisiert worden (...) Von der ersten bis zur letzten Zeile müsse alles auf das große Erleben abgestellt werden. Täglich müsse eine Greuelspalte gebracht werden (...) Für ein Feuilleton ist nur Platz, wenn es sich auf den Krieg bezieht."

Anweisung vom 21. März 1941: „Die Vollkornbrot-Aktion soll in Zukunft wieder stärker gefördert werden."

Anweisung vom 24. Februar 1943: „Meinungsverschiedenheiten unter den Alliierten sollten nur mit Zurückhaltung gebracht werden. Weniger sei besser als mehr."

Anweisung vom 11. Januar 1944: „Da nicht feststeht, ob der Bandenhäuptling Tito noch lebt, wird gebeten, seinen Namen nicht mehr zu nennen."

Anweisung vom 7. April 1945: „Feindliche Meldungen über deutsche Friedensfühler oder Kompromißabsichten sind keine Themen für die deutsche Öffentlichkeit. Das Wort ‚Frieden' muß in diesen Tagen höchster Kraftanstrengung aus dem Vokabularium der deutschen Nachrichtenmittel gestrichen werden."

Wenngleich viele dieser vertraulichen Mitteilungen formal nur als Bitte oder Wunsch der Reichsregierung formuliert wurden, so war deren Bedeutung doch allen Beteiligten klar; Befehle erforderten keineswegs einen Kommandoton. Nach Bedarf wurden einzelne Journalisten und Zeitungen in den Konferenzen geschurigelt, aber auch umworben. Und für eine dem Regime besonders genehme Leistung gab es dort bisweilen demonstratives Lob.

Zumal auch die Systematik dieser Anweisungs-Politik erst nach und nach entwickelt und verfeinert wurde, hegten manche Konferenzteilnehmer eine Zeitlang noch die Hoffnung auf eine „Normalisierung". Aber spätestens die Maßnahmen aufgrund des Schriftleitergesetzes seit Anfang 1934 machten deutlich, daß eine Lockerung der Lenkungsansprüche des Regimes kaum mehr zu erwarten war. Zum definitiven Drehpunkt für die bürgerliche Presse – wie insgesamt für das bürgerliche Deutschland – wurden die Ereignisse des 30. Juni 1934: In einem Doppelschlag gegen die von Ernst Röhm geführte SA und gegen seine Widersacher im konservativen Lager schaltete Hitler alle ernsthafte Opposition aus und schuf damit die Voraussetzung für seine Übernahme der Machtbefugnisse des Reichspräsidenten nach dem Tod Hindenburgs wenige Wochen später. Im so entstandenen „Führerstaat" nationalsozialistischer Prägung schmolzen die Möglichkeiten politisch-publizistischer Dissidenz drastisch zusammen. „Die öffentliche Meinung des deutschen Volkes ist der Nationalsozialismus", erklärte Reichspressechef Dietrich 1935 im Verbandsorgan der Journalisten.[15] Dennoch verblieb auch weiterhin ein gewisser Spielraum zwischen totalitärem Anspruch und politischer Wirklichkeit.

Weil die meisten deutschen Zeitungen keinen eigenen Korrespondenten in Berlin besaßen, kam der inhaltlichen Steuerung der Nachrichtenagenturen, auf deren Informationen diese Blätter angewiesen waren, besondere Bedeutung zu. Das schon immer offiziöse Wolffsche Telegraphen-Büro wurde deshalb Ende 1933 mit der bis dahin zum Hugenberg-Konzern gehörenden Telegraphen-Union vereinigt. Die Meldungen des aus der Zwangsfusion entstandenen staatlichen Deutschen Nachrichtenbüros (DNB) waren maßgeblich für die Berichterstattung – und auf Anweisung unverändert als sogenannte Auflagenachrichten zu veröffentlichen. Solche Reglementierung blieb beim Publikum nicht unbemerkt: Im Volksmund stand das Kürzel DNB bald für „Darf Nichts Bringen".

Zur direkten Übermittlung von Anweisungen auch an die Zeitungen in der Provinz und zu deren Kontrolle ließ Goebbels seit Sommer 1933 Landesstellen seines Ministeriums einrichten, die später mit den Gaupropagandaämtern der Partei zu Reichspropagandaämtern zusammengefaßt – genauer: aufgebläht – wurden. Doch in Goebbels' unablässigem Kampf um eine vollständige Zentralisierung und Monopolisierung der Presselenkung konnte es allenfalls Etappensiege geben. Denn bis zuletzt lieferten sich Parteiinstanzen und staatliche Stellen Kompetenzgefechte, wollte jeder Propagandist in eigener Sache bleiben, mochte sich niemand, der ein Stückchen Macht besaß, den Zugang zur Öffentlichkeit versperren lassen. Obwohl die Zahl der Mitarbeiter des Propagandaministeriums von etwa 350 (1933) innerhalb von vier Jahren auf rund

1000 stieg, gelang es natürlich nicht, die in anderen Ämtern und Behörden mit Pressearbeit Beschäftigten in auch nur annäherndem Umfang abzubauen. Die offiziell stets hervorgehobene Einheitlichkeit des politischen Willens und die klare Organisation des „Führerstaates“ blieben auch im Blick auf die Medien großenteils Fiktion.

Zu den organisatorischen Schwierigkeiten und machtpolitischen Rivalitäten kamen strukturimmanente Probleme hinzu: In einem mit Sprachregelungen operierenden System der Presselenkung waren Pannen unvermeidlich, denn noch die umsichtigste Zensur vermag nicht allen „Lenkungsbedarf“ vorherzusehen. Bei schätzungsweise 80000 bis 100000 Anweisungen, die im Laufe der Jahre ausgegeben wurden, waren Widersprüche und Fehler programmiert, wodurch die Glaubwürdigkeit – und damit auch die indoktrinatorische Wirksamkeit – der Massenmedien Schaden nehmen mußte.

Eine andere wesentliche Beeinträchtigung der indoktrinatorischen Wirkung resultierte aus der wachsenden Einförmigkeit der Medien, die ihrerseits Ergebnis der intensiven Presselenkung war. Im politischen Stimmungstief des Frühjahrs 1934 wurde dieses Problem so offenkundig, daß vereinzelt sogar Zeitungen darüber schrieben. Goebbels selbst griff das Thema vor der Jahrestagung des Reichsverbands der Deutschen Presse auf. Seine Bilanz nach einem Jahr nationalsozialistischer Pressepolitik enthielt zwar auch nachdenkliche Passagen, doch die Schuld an der Uniformität der Presse versuchte er den Betroffenen anzulasten: „Ein- oder zweitönig ist der, der die Presse schreibt. Wenn also die Herren Journalisten sich heute in gelehrten Leitartikeln darüber unterhalten, woher es denn eigentlich komme, daß die Presse so eintönig ist, dann sollen sie doch nicht sagen, warum die Presse eintönig ist, sondern sie sollen sich die Frage vorlegen, warum *sie* so langweilig geworden sind.“ Das war typisch Goebbelsscher Zynismus, denn er wußte genau, „im Grunde genommen ist die Eintönigkeit das Ergebnis der Unsicherheit“. Insofern konnte auch sein Versprechen auf Nachsicht gegenüber jenen „alten Menschen“ wenig bewirken, auf deren Mitarbeit das neue Regime nicht hatte verzichten wollen: „Wenn wir den Eindruck haben, daß ein Schriftleiter es ehrlich meint, daß er wirklich aus reinstem Herzen diesen oder jenen Fehler öffentlich zur Darstellung gebracht hat, so würde kein Mensch unter uns daran denken, ihn irgendwie zur Rechenschaft zu ziehen."[16]

Welcher Journalist, mochte er auch inzwischen Parteimitglied geworden sein, sollte sich durch solche vagen Versprechungen ermutigt fühlen, bewußt ein Risiko einzugehen? Aber mehr als Appelle hatte der Propagandaminister, wollte er nicht das ganze System der Presselenkung gefährden, kaum zu bieten. Alle Korrektur- und Verbesserungsversuche, mit denen Goebbels in den nächsten Monaten und Jahren den Uniformierungstendenzen entgegenzuwirken suchte, mußten am unaufgebbaren Anspruch auf totalitäre Kontrolle der öffentlichen Kommunikation scheitern. Jedoch wäre es verfehlt anzunehmen, der nationalsozialistische Lenkungsapparat sei unfähig zu jeder Differenzierung gewesen. Von unterschiedlichen Zeitungen wurde ein durchaus unterschiedliches Maß an Anpassung erwartet bzw. verlangt. Einem Blatt wie der *Frankfurter Zeitung*, die auch als Aushängeschild gegenüber dem Ausland galt, mutete man weniger zu als einer – meist in direkter Konkurrenz mit einem regionalen Parteiorgan stehenden – katholischen Provinzzeitung oder einem bürgerlich-großstädtischen Generalanzeiger. „Die Presse soll monoform im Willen und polyform in der Ausgestaltung des Willens sein", lautete die Formel, auf die Goebbels diese Optimierungsbemühungen einmal brachte.[17]

Gravierende Probleme ergaben sich auch im Bereich des Rundfunks, dessen rasche Formierung mit dem ansonsten oft überstrapazierten Begriff der Gleichschaltung zutreffend beschrieben ist. Die extrem staatsnahe Organisation des neuen Mediums schon in der Weimarer Republik hatte 1933 Eingriffe von oben leichtgemacht. Durch Entlassung des alten Führungspersonals und Übertragung der Programmkontrolle vom Innen- auf das Propagandaministerium war das gesamte Rundfunksystem binnen kurzem fest in nationalsozialistischer Hand. Genau das aber führte zu einer so hemmungslosen

Ausnutzung für Propagandazwecke, daß Goebbels die Intendanten nach einem Jahr NS-Hörfunk vor zu „energischer Politisierung" warnte und ein attraktiveres Programm verlangte. Der Propagandaminister hatte die Suggestivität des Mediums erst verhältnismäßig spät entdeckt, aber umso schneller schätzen gelernt; Programm-Langeweile durfte sein ehrgeiziges Ziel einer baldigen Vollversorgung der Nation mit Radiogeräten keinesfalls gefährden. Mit Werbung für Billigkonstruktionen wie den Volksempfänger und den (noch billigeren) Deutschen Kleinempfänger erreichte Goebbels bis Kriegsbeginn – das war der entscheidende Termin – die Ausstattung von 70 Prozent aller Haushalte.

Dieser Siegeszug des Radios war vermutlich eine Teil-, aber gewiß nicht die Hauptursache jener Zeitungskrise, die Mitte der dreißiger Jahre die Fachleute beschäftigte. Ehe die Nationalsozialisten regelmäßige Meldungen zur Pflicht erklärten, existierten über die Auflage der deutschen Tagespresse nur Schätzungen, die auf unvollständigen und, weil nicht kontrollierten, häufig wohl auch überzogenen Angaben der Verlage basierten. Brauchbare Vergleichszahlen liegen somit nicht vor, doch ist für 1933 von einem erheblichen Auflagerückgang schon wegen des Verbots der SPD- und KPD-Presse auszugehen, deren Leser, wenn überhaupt, nur mit Verzögerung auf andere Zeitungen umstiegen. Zu Jahresanfang 1934 spielte solches allerdings keine Rolle mehr, und trotzdem sank die Gesamtauflage weiter: innerhalb der nächsten zwölf Monate von 20,3 auf 18,7 Millionen Exemplare. Nach Berechnungen der Exil-SPD, die dazu aufwendige Recherchen anstellte, war die Gesamtauflage damit seit 1932 um fast die Hälfte zurückgegangen.[18]

Die NS-Presseexperten zeigten sich von dieser Entwicklung zunehmend beunruhigt, wenngleich aus unterschiedlichen Motiven. Während Goebbels vor allem um die Massenwirksamkeit seiner Propaganda fürchtete, sorgte sich Amann besonders wegen der ökonomischen Auswirkungen des Auflagerückgangs. Zu Goebbels' Bemühungen um ein lebhafteres Erscheinungsbild trat deshalb verstärkte Reklame vor allem für die NS-Presse, die einmal jährlich in eine große Werbekampagne mündete. „Mit Angriff und V.B. für Hitlers Idee" und „Ohne Zeitung lebt man auf dem Mond", lauteten Plakat-Parolen, die abstinenten „Volksgenossen" ein Abonnement schmackhaft machen sollten. Kolonnen von Zeitungswerbern in SA-Uniform, oft nicht gerade zimperlich im Auftreten, zogen übers Land. Doch erst mit Kriegsbeginn zeigte die Zeitungsstatistik einen Aufwärtstrend.

Die entscheidende Ursache für die jahrelang anhaltende Rückläufigkeit beziehungsweise Stagnation der Gesamtauflage dürfte in dem dramatischen ökonomischen Strukturwandel gelegen haben, den der Reichsleiter für die Presse ab Frühjahr 1935 mit den sogenannten Amann-Anordnungen noch forcierte. Zu diesem Zeitpunkt war bereits etwa ein Viertel der ursprünglich rund 3400 Zeitungen weggefallen, vor allem aufgrund der massiven Expansionspolitik der NS-Gauverlage, die besonders die konkurrierenden kleinen Heimatblätter so lange unter wirtschaftlichen und politischen Druck setzten, bis deren Besitzer verkauften, aufgaben oder aber einer Kooperation im Rahmen eines Kopfblatt-Systems zustimmten. Amanns Anordnungen zur „Beseitigung der Skandalpresse", über die „Schließung von Zeitungsverlagen zwecks Beseitigung ungesunder Wettbewerbsverhältnisse" und zur „Wahrung der Unabhängigkeit des Zeitungsverlagswesens" boten mannigfache Handhabe für die Fortführung des Konzentrationsprozesses. Zwar spielten auch politisch-ideologische Überlegungen eine Rolle, wie insbesondere die Bestimmungen gegen die konfessionelle Tagespresse zeigten, der die Existenzberechtigung pauschal abgesprochen wurde. Hauptsächlich aber standen hinter den Amann-Anordnungen ökonomische Motive: Modernisierende Strukturbereinigung wurde auf diese Weise geschickt verknüpft mit widerrechtlicher Bereicherung der NSDAP, deren Parteiorgane bereits jener zentralen unternehmerischen Kontrolle durch den Reichsleiter für die Presse unterlagen, die nun sukzessive auch auf bisher private Verlage ausgedehnt wurde. Während bürgerliche Verlagsunternehmen mit dem Argument zum Verkauf gezwungen wurden, „anonyme“ Gesellschaften seien als Zeitungsherausgeber untragbar, galt dieses Prinzip für den Eher-Konzern selbstverständlich nicht. Innerhalb von eineinhalb Jahren verschwanden durch Schließungen, Notverkäufe und Zusammenschlüsse mindestens 500 Zeitungen; große Pressehäuser wechselten ihre Besitzer. 1939 kontrollierte der NSDAP-Zentralverlag über eine Handvoll Holdinggesellschaften rund 150 Verlage, beschäftigte schätzungsweise 35 000 Mitarbeiter und erzielte einen Reingewinn von mehr als 100 Millionen Reichsmark.[19]

Kriegswirtschaftlich begründete Stillegungsaktionen lichteten 1941, 1943 und 1944 die deutsche Presselandschaft weiter. Am Ende standen 350 parteieigenen Zeitungen noch 625 Privatblätter gegenüber, wobei letztere nur noch 17,5 Prozent der Gesamtauflage druckten. Bei einem Marktanteil von schließlich 82,5 Prozent verfügte die NSDAP unter dem Dach des Eher-Verlags über den größten Pressekonzern der Welt.

3. Die großen demokratischen Zeitungen

„Johannes Gutenbergs Erfindung hat sich bis auf den heutigen Tag bewährt. Nur waren damals mehr die Bücher im Druck und heute mehr die Autoren."

Werner Finck im *Berliner Tageblatt* vom 15. November 1936

Frankfurter Zeitung, Berliner Tageblatt, Vossische Zeitung – den einen waren diese drei Namen Inbegriff großstädtisch-glanzvoller, liberaler Zeitungstradition, den anderen Inkarnation „jüdischer Asphaltpresse". Von den Verteidigern der Republik gerühmt als standfeste Blätter von Weltrang, sah die Rechte in ihnen die Kräfte der „nationalen Zersetzung" am Werk. Hitler schrieb von „jüdischen Zeitungsvipern", deren Existenz ihm ein Beispiel war für „Halbheit und Schwäche in den wichtigsten Lebensfragen der Nation", vergleichbar der Syphilis: „Gerade für unsere geistige Halbwelt (...) schreibt der Jude seine sogenannte Intelligenzpresse. Für sie sind die ‚Frankfurter Zeitung' und das ‚Berliner Tageblatt' gemacht, für sie ist ihr Ton abgestimmt, und auf diese üben sie ihre Wirkung aus. Indem sie alle scheinbar äußerlich rohen Formen auf das sorgfältigste vermeiden, gießen sie das Gift aus anderen Gefäßen dennoch in die Herzen ihrer Leser."[1]

Woraus speiste sich so viel Haß und Wahn? Hitler war überzeugt von der Mitverantwortung der „bürgerlich-demokratischen Judenblätter" an Deutschlands Niederlage 1918, aber die seitenlange Tirade in „Mein Kampf" ist auch Reaktion auf die ostentative Nichtbeachtung, mit der die politisch bedeutendsten Zeitungen der Weimarer Republik ihm und seiner „Bewegung" seit Anbeginn begegnet waren. Tatsächlich hatten die Leitartikler von *Frankfurter Zeitung, Tageblatt* und

Voss den Nationalsozialisten über Jahre hinweg eine inhaltliche Auseinandersetzung weitgehend verweigert. Statt dessen sprach Herablassung, ja Verachtung aus ihren Kommentaren. Theodor Wolff zum Beispiel charakterisierte die Hitler-Partei im Sommer 1930 im BT als ein „Gemisch von neurasthenischem Worttalent, zugelaufenem Katilinariertum, verirrter Jugendeselei, rassenneidischem Minderwertigkeitsgefühl, wolkiger Ideologie, blöden Brutalitätsinstinkten und idealistischer Selbstbespiegelung" – und hatte lediglich ein verbales Kopfschütteln übrig für die Tatsache, daß dieses „heute für viele einen verlockenden Reiz hat".[2] Selbst noch nach dem Aufstieg der NSDAP zur Massenpartei, der spätestens in der Reichstagswahl vom 14. September 1930 offensichtlich geworden war, behandelten die liberalen Großstadtblätter die NSDAP eher als Phänomen denn als Faktor der Politik. Für einen Nationalsozialisten bestehe Politik, so die *Frankfurter Zeitung* am 16. November 1932, „zunächst einmal darin, einen Haufen unklarer Gefühle sein eigen zu nennen und dann jeden totzuschlagen, der es wagt, an die Klärung dieser Gefühle zu gehen". Vier Wochen später sekundierte Erich Krämer in der *Vossischen Zeitung:* „Wer nicht von dieser geistigen Erkrankung ergriffen ist, der kann die Verheerung, die sie in den Hirnen der von ihr Befallenen anrichtet, nur noch mit einer Art nüchterner wissenschaftlicher Neugierde betrachten."[3]

Das waren noch immer unmißverständliche Worte in einer schwierig gewordenen Situation, aber sie signalisierten auch Ratlosigkeit. Die Ereignisse der letzten Monate und Jahre – die Weltwirtschaftskrise, der Zerfall der Weimarer Koalition, die Etablierung des autoritären Präsidialsystems, der Wählerzustrom zur NSDAP, der Niedergang des Liberalismus – hatten Auswirkungen auch auf die großen demokratischen Zeitungen gehabt. Publizistisches Selbstbewußtsein und republikanische Prinzipienfestigkeit, die Fundamente ihrer entschiedenen Ablehnung der Hitler-Bewegung, waren nicht unbeeinträchtigt geblieben, und damit zusammen hing ihre vorwiegend phänomenologische Beschäftigung mit dem Nationalsozialismus. Hinzu traten ökonomische Schwierigkeiten, in denen sich Anfang der dreißiger Jahre alle drei Blätter befanden.

Sinkende Auflagen und schwindende Anzeigenaufträge hatten die *Frankfurter Zeitung* bereits 1926 zu einem Verlustgeschäft werden lassen.[4] Die Rettung für das jüdische Familienunternehmen kam im Frühjahr 1929 in Gestalt des Vorstandsvorsitzenden der IG Farben, Carl Bosch, der über einen Mittelsmann 48 Prozent der Verlagsanteile erwarb und in den nächsten Jahren die Verluste ausglich (bis 1937 etwa 4,5 Millionen Reichsmark). Mochten die Versuche direkter Einflußnahme auf die Berichterstattung auch begrenzt bleiben, so gab es im zeitlichen Zusammenhang mit der Sanierungsaktion doch ein Revirement in der Führung des Blattes, die traditionell gemeinsam durch den Vorsitzenden der Frankfurter Redaktionskonferenz und den Leiter des Berliner Büros wahrgenommen wurde. Während Heinrich Simon, ein Enkel des FZ-Gründers Leopold Sonnemann, blieb, trat an die Stelle des linksliberalen Bernhard Guttmann in Berlin der zum rechten Flügel der Redaktion zählende Rudolf Kircher. Andere personelle Veränderungen im politischen und im Wirtschaftsteil folgten; als Hitler an die Macht kam, war das politische Spektrum der Redaktion nach links hin längst spürbar verkürzt.

Ähnliches hatte sich beim *Berliner Tageblatt* zugetragen.[5] Zwar behielt Theodor Wolff als publizistische Leitfigur bis März 1933 nominell die Führung, aber sein Einfluß schwand im selben Maße, in dem der Verlag durch das Mißmanagement von Hans Lachmann-Mosse und die – auch mit antisemitischen Parolen operierende – Konkurrenz des Hugenbergschen Anzeigenvertriebs Ala in der Wirtschaftskrise Anfang der dreißiger Jahre in finanzielle Bedrängnis geriet. Von Lachmann-Mosse eingeleitete Sparmaßnahmen gingen zu Lasten der Redaktion und führten zu Kündigungen besonders von jüdischen und linksorientierten Mitarbeitern. Aber der Versuch, die Auflagenverluste durch Rechtsschwenk und „Popularisierung“ auszugleichen, schlug fehl. Die Spannungen innerhalb der Redaktion, unter Wolff immer schon eher eine Ansammlung von Individualisten denn ein funktionierendes

Team, verschärften sich, die Auflage ging weiter zurück. Im Herbst 1932 machten Gerüchte über eine Beteiligung der Reichsregierung am *Tageblatt* die Runde. Mosse dementierte zwar, doch jetzt war offensichtlich, daß der Konzern (besonders die Annoncen-Expedition) in Liquiditätsproblemen steckte. Im April 1933, nach Wolffs Flucht, einem vorübergehenden Verbot des *Tageblatts* und anhaltenden NS-Pressionen, wurde das Unternehmen in eine Stiftung umgewandelt; Lachmann-Mosse ging nach Paris. Am Ende einer unklaren Übergangszeit kam im Laufe des Jahres 1934 Max Winkler zum Zuge, Krisenmanager und graue Eminenz der deutschen Presse, den Nazis ebenso zu Diensten wie früheren Kabinetten. Winkler überführte das *Tageblatt* mit den Resten des Konzerns in eine Berliner Druck- und Zeitungsbetriebe AG; der jüdische Name Mosse war damit aus der Verlagslandschaft eliminiert.

Wenn sich seit 1930 neben *Tageblatt* und *Frankfurter* auch die *Vossische Zeitung* in einer Krise befand, so weniger wegen finanzieller Verluste, für die seit 1914 der Ullstein-Konzern aufkam, der das im Niedergang befindliche Traditionsblatt aus Gründen der Imagepflege übernommen hatte. Auslöser war vielmehr, im August 1930, die Entlassung ihres linksliberalen Chefredakteurs Georg Bernhard aufgrund seiner Verstrickung in eine Familienaffäre der Ullsteins. Mit Bernhard verlor die *Voss* erheblich an politischem Profil. Unter seinem schwachen Nachfolger Julius Elbau („Chefredakteur i. V.") verstärkte sich die Flügelbildung innerhalb der Redaktion, der bis 1931 mit Hans Zehrer, Ferdinand Friedrich Zimmermann und Friedrich Wilhelm von Oertzen ein Großteil des jungkonservativen „Tatkreises", aber auch Linke wie Carl Misch, Moritz Goldstein und Heinz Pol angehörten. Als die Ullsteins im Frühjahr 1933 versuchten, ihren Verlagsbesitz durch Einbindung „arischer" Kräfte vor dem Zugriff der Nationalsozialisten zu retten, kam es noch einmal zu einem Wechsel in der Redaktionsleitung der *Voss:* Julius Elbau und Carl Misch, der für den „Gesamtinhalt" verantwortlich zeichnete, wurden entlassen; an Mischs Stelle trat vorübergehend Gerhard Thimm. Ab 1. Juni fungierte Erich Welter als Chefredakteur, der 1932 von der *Frankfurter Zeitung* gekommen war. Dorthin ging Welter auch wieder zurück, nachdem die älteste Berliner Zeitung am 31. März 1934, ein Vierteljahr vor der getarnten Übernahme des Ullstein-Konzerns durch den Parteiverlag der NSDAP, ihr Erscheinen eingestellt hatte. Die selbstgesetzte Aufgabe, „unter charakterstarker Wahrung ehrwürdiger Überlieferungen aufgeschlossen und ohne Ressentiment eine Schicht anspruchvoller in- und ausländischer Leser mit den Problemen des neuen Deutschland bekanntzumachen und sie an unserem eigenen Ringen um den neuen Staat teilnehmen zu lassen", sei nicht erledigt, schrieb Welter im Abschiedsartikel. Und als besonders bedauerlich erschien ihm, „daß die Gruppe von Menschen, die sich um die Vossische Zeitung zusammenfand, zunächst Gefahr läuft, versprengt zu werden".

Welters angedeutete Befürchtung war alles andere als unbegründet, denn mit der *Voss,* deren Auflage zuletzt noch etwa 41 000 Exemplare betrug, war eine Nische linksliberaler Geistigkeit ausgeräumt worden, die unter den gegebenen Umständen weder die *Frankfurter Zeitung* noch das *Berliner Tageblatt* ausfüllen konnten. Gleichwohl wechselte offenbar ein Teil der Leser zu den beiden Blättern, deren Auflage sich inzwischen etwas erholte. Während die FZ Anfang 1934 rund 64 000 Exemplare druckte (gegenüber 55 000 im Jahr 1932), lag das BT, das im Frühjahr 1933 unter 30 000 Exemplare gesackt war, jetzt bei 71 000 Stück.[6] Damit druckte das *Tageblatt* gleichwohl nur noch einen Bruchteil dessen, was es in seiner Glanzzeit abgesetzt hatte, aber von journalistischem Glanz konnte ja auch keine Rede mehr sein.

Vielmehr wurden die ersten Monate nach der Machtübernahme beim BT zu einer Phase schlimmer Anpassung. Die Unsicherheit über den Fortbestand der Zeitung führten in Redaktion und Verlag zu geradezu chaotischen Zuständen. Neben den Bestrebungen von Verlagschef Karl Vetter, mit neuen Leuten in einigen Leitungsfunktionen aus dem *Tageblatt* eine politisch konforme Zeitung zu machen, gab es Bemühungen, verdiente Redakteure zu halten, darunter auch Juden und Linke. Und neben einzelnen respektablen Stimmen gab es Artikel, die ein Theodor Wolff, aber auch die vorwiegend jüdische Lesergemeinde geradezu als Schlag ins Gesicht empfinden mußte. Am 4. April 1933, der antijüdische Boykott war nach heftigen Protesten in der ausländischen Presse eben zu Ende gegangen, meldete sich mit einem programmatischen „Klarheit!" Vetter selbst zu Wort, um den Lesern „Grundsätzliches über die Haltung und die Linie des ‚Berliner Tageblatts'" mitzuteilen. „Mißgriffe", so der Mosse-Direktor, gebe es bei jeder Revolution, und „menschliche Einzeltragödien" seien unvermeidlich: „Über sie zu reden, steht uns heute nicht zu. Leute, die aus dem sicheren Hort des Auslandes glauben, unserem Volk und insbesondere den deutschen Juden einen Dienst zu erweisen, wenn sie wie alte Anklageweiber herumlaufen, irren sich, und wir lehnen es ab, uns mit ihren Jeremiaden zu identifizieren." Wenig später, am 20. April, schrieb der von Vetter geholte neue Leiter der Innenpolitik, Erich Haeuber, einen „Adolf Hitler" betitelten Geburtstagsgruß, der teilweise als Korrekturversuch gelesen werden konnte: „Eine harte Zeit verlangt harte Gesetze. Deshalb hat der einzelne aber noch lange kein Recht, kaltherzig über die zahlreichen seelischen und wirtschaftlichen Tragödien hinwegzusehen, die sich in seiner Umgebung vollziehen." Von einer klaren redaktionellen Linie, gar von systematischer publizistischer Opposition, konnte beim einstmals kämpferisch-liberalen *Tageblatt* keine Rede mehr sein. Verwirrung herrschte, wie fast überall in der deutschen bürgerlichen Gesellschaft.

Zur Sorge über die Zukunft der Zeitung kam die Unsicherheit beim täglichen Zeitungsmachen. In mancher Hinsicht hatten die großen, journalistisch anspruchsvollen Blätter dabei mit schwierigeren Problemen zu kämpfen als die Provinzpresse, die sich mehr oder weniger auf den Abdruck zensierter Agenturmeldungen beschränken konnte. *Berliner Tageblatt* und *Frankfurter Zeitung* hingegen waren mit eigenen Korrespondenten in der täglichen Reichspressekonferenz vertreten – und dort fast pausenlos der Kritik ausgesetzt. Bis einschließlich 1937 zog das *Tageblatt* mehr als hundert Monita auf sich, FZ und die nationalkonservative *Deutsche Allgemeine Zeitung* jeweils etwa die Hälfte. In den späteren Jahren führte die DAZ das Sündenregister an, was seine Ursache in ihrer extensiven Auslandsberichterstattung hatte, bei der die Journalisten nach Ansicht der Kontrolleure stets die meisten „Fehler" machten.[7] Die erhalten gebliebenen Mitschriften lassen erkennen, daß die Beanstandungen und Ermahnungen häufig gerade Meldungen galten, die auf Eigenrecherchen beruhten. Solche Informationen wurden offensichtlich mit besonderem Mißtrauen auf ihre Opportunität geprüft. Und immer wieder sperrten die Zensoren dann Berichte der ehemals liberalen „Judenblätter" für die Übernahme durch andere Zeitungen. Dies betraf politisch einigermaßen Bedeutsames ebenso wie Banalitäten. So durfte zum Beispiel aus dem BT am 24. September 1934 die Meldung „betr. Überführung der verstorbenen Gattin des Reichspräsidenten" nicht übernommen werden, am 1. Oktober wurde die Zitierung ihres außenpolitischen Sonntags-Leitartikels untersagt, am 7. November 1935 die Wiedergabe von Äußerungen des Hamburger Gauleiters über die Zukunft des „Stahlhelm", tags darauf die Aufmachung eines Rasseschande-Urteils, am 3. Dezember eine Notiz über die „bevorstehende Gründung eines neuen Seeamtes Kiel", und drei Tage später hielt ein Konferenzteilnehmer fest: „Bemängelt wurde eine Reportage im ‚Berliner Tageblatt' über Schönheitsinstitute, die man als unangebracht empfindet."[8]

Wenn Goebbels und andere Funktionäre wiederholt die „Eintönigkeit" der deutschen Presse beklagten, so bedeutete das doch keineswegs eine Ermutigung redaktioneller Initiative, wie sie inzwischen neben dem *Tageblatt* und der *Frankfurter Zeitung* nur noch die *Deutsche Allgemeine Zeitung* und, allerdings in sehr viel geringerem Maße, Großstadtblätter wie die *Kölnische Zeitung*, das *Hamburger Fremdenblatt* oder die *Münchner Neuesten Nachrichten* wagten. Auf schmerzvolle Weise sollte das auch Paul Scheffer erfahren, der sich im Frühjahr 1934 mit viel Energie und einigen neuen Leuten daranmachte, das BT vor dem völligen Absinken in die journalistische Bedeutungslosigkeit zu bewahren. Scheffer gehörte dem *Tageblatt* seit 1916 an; seit 1921 berichtete er als Korrespondent aus Moskau, später aus Washington, zuletzt aus London. Eher ein bewußter Patriot als ein klassischer Liberaler, war Scheffer im Herbst 1933 in die Berliner Redaktion zurückgekehrt. Vom folgenden April an fungierte der Fünfzigjährige auch offiziell als neuer Chefredakteur, wobei ihm ein zweifellos beträchtliches Selbstbewußtsein zustatten kam. (Als Scheffer nach einer verweigerten Wiedereinreise in die Sowjetunion 1930 zum scharfen Antikommunisten geworden war, schalt Ossietzky ihn eine „journalistische Primadonna, die gleich Zustände kriegt, wenn ihr nicht vor jeden Fuß ein Seidenkissen gelegt wird".)[9]

Scheffers Annahme, ein nochmaliger Anlauf zur Rettung des *Tageblatts* werde anerkannt, knüpfte sich an eine vage angebliche „Zusage", die Goebbels im September 1933 während seines Besuchs beim Völkerbund in Genf gemacht haben soll. Tatsächlich gab sich der Propagandaminister dort nach einem triumphalen Auftritt vor der Weltpresse, bei dem ihm sogar applaudiert wurde, ziemlich jovial: „Lange noch mit der deutschen Presse diskutiert und gelacht", schrieb er in sein Tagebuch,[10] doch jeder Hinweis auf ein Gespräch in Sachen *Tageblatt* fehlt. Mag eine Unterhaltung mit Kurt von Stutterheim, dem Abgesandten des BT, gleichwohl stattgefunden haben, so überschätzte Scheffer zweifellos deren Bedeutung – Indiz für bezeichnende Illusionen, die ein dem nationalsozialistischen „Experiment" nicht rundweg ablehnend gegenüberstehender Journalist hinsichtlich Goebbels' pressepolitischen Intentionen hegte. Margret Boveri, von Scheffer 1934 in die außenpolitische Redaktion geholt, meinte rückschauend, dieser habe die Behandlung, die er mitsamt dem *Tageblatt* seitens des Propagandaministers erfuhr, „geradezu als Wortbruch empfunden. Es gab (...) aber auch Augenblicke, in denen er den verhaßten Mann am Wilhelmsplatz mit freundlicheren Augen betrachtete. Auf Umwegen gelangte gelegentlich zu uns die Kunde, daß Goebbels, der ja ein gescheiter Mann war, in hohes Lob über Scheffers Berichterstattung ausgebrochen sei."[11]

Neben der promovierten Historikerin Boveri zog Scheffer 1934 mit Hans Gerth, Karl Korn und Sigurd Paulsen noch weitere jüngere Akademiker ans *Tageblatt*, deren Aussichten auf eine Hochschulkarriere sich mangels Parteizugehörigkeit verfinstert hatten. Ein anspruchsvolles redaktionelles Konzept sollte die Attraktivität der Zeitung wiederherstellen und den propagandistischen Einheitsbrei zurückdrängen. Besonderen Wert legte der neue Hauptschriftleiter auf eine sorgfältig redigierte außenpolitische Berichterstattung, wofür sich seine guten Beziehungen zum Auswärtigen Amt und zu den diplomatischen Kreisen der Reichshauptstadt als nützlich erwiesen. Im Feuilleton und auf den Seiten „Geistiges Leben" wurde versucht, die anspruchsvolle Tradition unter veränderten Umständen neu zu beleben. Insgesamt freilich zeigte sich schon bald, daß auch Scheffer auf keine Sonderkonditionen rechnen konnte, im Gegenteil: Wie alle noch verbliebenen „bürgerlichen" Organe mußte das *Tageblatt* die Auflagen der Lenkungsinstanzen erfüllen, wurde auf deren Einhaltung hin aber besonders streng kontrolliert. Ende 1936, nach zweieinhalb Jahren als Chefredakteur, schied Scheffer zermürbt aus und ging als Korrespondent in die USA. Ob der Rücktritt auf eigenem Entschluß beruhte oder auf Druck von oben, ist nicht ganz geklärt, aber sicher ist, daß er mit den dunklen Wolken zusammenhing, die sich im Oktober/November 1936 nicht nur über dem BT, sondern auch über FZ und DAZ zusammenzogen. Mehrfach hatte Hitler, mit dem Goebbels in diesen Wochen fast regelmäßig Pressefragen erörterte, seine Unzufriedenheit bekundet und Zeitungen verlangt, die „mehr nationalsozialistisch" seien. Unmittelbare Folgen zeitigte diese „Herbstkrise" jedoch nur für das *Tageblatt.* Am 15. Dezember notierte Goebbels: „Schwarzer als Chefredakteur im B.T. eingesetzt. Ihm seine Aufgaben klargemacht. Nicht allzu radikal, aber stärker für den neuen Staat eintreten. Er wird seine Aufgabe meistern. Jedenfalls hat er den starken Willen dazu. Er geht vollkommen aufgekratzt an die Arbeit."[12]

Auf die neuen Töne, die SS-Sturmführer Erich Schwarzer anschlug, reagierten die alten Redaktionsmitglieder teils mit Kündigung, teils mit einer Art Dienst nach Vorschrift. Die Leser reagierten mit Abbestellungen. Binnen kurzem, so erinnerte sich Karl Korn, seien 6000 Abonnements gekündigt worden; eine immer noch starke jüdische Lesergemeinde weigerte sich, antisemitische und propagandistische Artikel zur Kenntnis zu nehmen, von denen sie bisher verschont geblieben war. Im Mai 1938 ging die Ära Schwarzer erfolglos zu Ende; als Nachfolger kam Eugen Mündler von der industrienahen *Rheinisch-Westfälischen Zeitung* in Essen, der als Protegé von Reichspressechef Dietrich galt und mit dem Versprechen nach Berlin geholt wurde, aus dem *Tageblatt* eine „deutsche *Times*" machen zu können. Doch im Konkurrenzkampf zwischen Goebbels, Dietrich und Amann veränderten sich die Perspektiven schnell: Anfang Dezember stimmte Hitler dem vermutlich aus Amanns „Verwaltungsamt des Reichsleiters für die Presse" stammenden und von Goebbels mitgetragenen Vorschlag zu, das verlustreiche *Tageblatt* mit der DAZ zusammenzulegen,[13] die seit kurzem ebenfalls zum Eher-Konzern gehörte. Am 31. Januar 1939 stellte das BT sein Erscheinen ein; nüchterne betriebswirtschaftliche Kalkulationen, nicht politische Überlegungen, hatten den Ausschlag gegeben.

Goebbels' Aufzeichnungen zeigen, mit wieviel Zynismus innerhalb der NS-Führung über die noch verbliebenen „bürgerlichen" Organe gesprochen, mit welcher Willkür selbst über (einstmals) bedeutende Zeitungen verhandelt wurde. Galt im Gespräch mit dem „Führer" gerade als ausgemacht, ein Blatt werde geschlossen, so konnte wenig später die Parole lauten, es müsse fusioniert, fortgeführt oder sogar ausgebaut werden. Seitdem sich fast alle großen Tageszeitungen nur noch scheinbar in privater Hand, tatsächlich aber über komplizierte Schachtelunternehmen in Parteibesitz befanden, waren solche Entscheidungen nicht nur machtpolitisch, sondern auch organisatorisch jederzeit zu vollziehen. Das Schicksal einer Zeitung hing letztlich ab von dem aus ihr zu ziehenden politischen und materiellen Gewinn.

Unter diesem grundlegenden Vorbehalt einer zumindest partiellen Vereinnahmung für die Interessen des Regimes ist auch die Geschichte der *Frankfurter Zeitung* zu sehen, die Amann über eine der Eher-Holdinggesellschaften hatte erwerben lassen und seinem fünfzig gewordenen „Führer“ am 20. April 1939 als skurriles Geburtstagsgeschenk präsentierte, und deren Schließung in der Tat wiederholt bevorzustehen schien, bis 1943 aber aus übergeordneten Gründen immer wieder vertagt wurde. Das lange Zeit rettende Stichwort hieß „Auslandswirkung“.

Daß die Nationalsozialisten Deutschlands berühmteste Zeitung benutzten, um im Ausland Gehör zu finden, war ein offenes Geheimnis. Selbst in seinem Tagebuch nennt Goebbels mehrfach diesen Grund – wie um sich zu beruhigen angesichts der Fortexistenz ausgerechnet des von ihm und seinem „Chef“ am meisten verachteten jüdischen „Dreckblatts“: Hatte er eben noch erregt notiert, die *Frankfurter* „muß möglichst bald verschwinden“, so hieß es anderntags: „auflassen will ich sie noch nicht, da sie soviel in ausländischen Geschäftskreisen gelesen wird“.[14] Gerade deshalb mußte es der Zeitung aber auch erlaubt sein, über Dinge und in einer Form zu berichten, die der offizielle *Völkische Beobachter* oder andere (Partei-)Blätter nicht bieten konnten. Mit abnehmender Tendenz war das bis etwa 1938/39 durchaus der Fall, und gelegentlich wurde darauf sogar in der Reichspressekonferenz hingewiesen: „Man erwarte von der ganzen Presse eine ganz massive Abwehr, abgestuft nach der Stellung, die das einzelne Blatt im publizistischen Leben einnehme. Man brauche also z. B. von der Frankfurter Zeitung nicht dieselben Worte zu erwarten wie vom Angriff“, meldete FZ-Korrespondent Fritz Sänger beispielsweise im Frühjahr 1937 an die Zentrale, als es darum ging, eine Rede des New Yorker Bürgermeisters La Guardia zu kommentieren, der Hitler als eine Gefahr für den Weltfrieden bezeichnet hatte.[15] Natürlich machte die Redaktion von dem Zugeständnis Gebrauch und verzichtete in dem bestellten Kommentar auf vorgeschlagene Verbalinjurien wie „frecher Judenbengel“ (die begleitende DNB-Meldung allerdings sprach von einem „jüdischen Maulhelden“). Sie folgte damit ihrer grundsätzlichen Linie, nationalsozialistisches Vokabular möglichst aus dem Blatt herauszuhalten. Nachdem offene Distanzierung kaum noch möglich war, machte diese Verweigerung in der Sprache den – höchst unterschiedlich empfundenen – „Reiz“ der Zeitung aus: Was überzeugte Parteigänger erboste, bot einer nicht-nationalsozialistischen Lesergemeinde jahrelang eine gewisse intellektuelle Zuflucht. Und auch im Ausland schwankte die Einschätzung; viele hörten in der FZ eine leiser werdende Stimme des „anderen Deutschland“, manche erblickten in ihr aber auch eine besonders tückische, weil weniger penetrante und damit schwerer erkennbare Form gelenkter Publizistik.

Alle greifbare publizistische Dissidenz hatte Mitte der dreißiger Jahre aufgegeben werden müssen. Bereits im Frühjahr 1933, nach kurzen Wochen mutiger Kritik, die sich vor allem in den virtuosen Leitartikeln Rudolf Kirchers konzentrierte, war die *Frankfurter Zeitung* auf eine Haltung vorsichtiger Distanz zurückgewichen. Die Überraschung, daß die Nationalsozialisten aus ihrer jahrelangen Hetze gegen die „Judenpresse“ nicht sofort Konsequenzen gezogen hatten, setzte sich um in eine Selbstverpflichtung der Redaktion, die Chance des Weitermachens nicht zu gefährden. Das Risiko einer Beschlagnahme oder gar eines Verbots sollte nun niedrig gehalten werden. Gleichzeitig bemühte man sich um die Wiedergabe möglichst vieler unverfälschter, nichtzensierter Informationen. So wurde beispielsweise eine Rubrik „Kurze Meldungen“ eingeführt, für die Redakteur Hans Kallmann Provinzzeitungen nach lokalen Nachrichten absuchte, die nicht durch das zensierte DNB gegangen und gerade darum aufschlußreich waren. Freilich verstand auch die Gestapo, was die *Frankfurter Zeitung* damit bezweckte: „Man kann es Tendenz oder Kritik ohne Worte nennen. (...) Durch die geschickte Aufmachung von Meldungen, durch das Zusammentragen von solchen Ereignissen, die sich teilweise auch mit Juden befassen, ist sie vielleicht der größte Lieferant für Greuelmärchen ins Ausland.“[16]

Je dichter das Netz der Nachzensur wurde, desto geringer wurde die Chance, kritischen Lesern auf solche Weise Bausteine zu einer realistischen Lagebeurteilung zu liefern. Nach dem Kommentar verlor die politische Nachricht weitgehend ihre

Orientierungsfunktion – auch, weil innerhalb der Redaktion selbst Orientierung verlorenging und Zweifel und Meinungsunterschiede aufkamen über den einzuschlagenden Kurs. Die Praxis, Agenturberichte sprachlich zu reinigen, am Konjunktiv festzuhalten oder umgekehrt besonders widerwärtige sogenannte Auflagemeldungen des DNB demonstrativ in der Form eines Zitats zu veröffentlichen, vermochte diesen Prozeß nicht aufzuhalten. In einem Meer der publizistischen Indoktrination konnte die Insel der Objektivität, die täglich neu zu bilden man in Frankfurt sich bemühte, sogar die falsche Vorstellung von einem rettenden Ufer erzeugen, das nicht mehr existierte. Nonkonformität äußerte sich schließlich fast nur noch im Feuilleton, das zu einem geistigen Refugium geworden war – für die darin Schreibenden vielleicht mehr noch als für ihre Leser.

Wie in geringerem Maße beim *Berliner Tageblatt* unter Scheffer, fanden in der *Frankfurter Zeitung* nach 1933 etliche junge Leute Zuflucht, die teils aus der Universität, teils von anderen, stärker bedrängten oder bereits geschlossenen Blättern kamen.[17] Bis Kriegsbeginn stellte der Verlag, der im Mai 1934 nahezu vollständig in den Besitz der von Carl Bosch finanzierten Imprimatur GmbH übergegangen war, fast 40 neue Redakteure ein, danach nochmals etwa 30. Das war weniger Ergebnis einer auf Verjüngung abzielenden Personal-, als vielmehr Konsequenz nationalsozialistischer Pressepolitik, die eine sukzessive „Entjudung" der etwa 80köpfigen Redaktion und das Ausscheiden der jüdischen Gründerfamilie erzwang. Mit einer überaus bescheidenen Abfindung gingen die Brüder Simon ins Exil; Heinrich Simons Aufgabe als Verlagsleiter übernahm Wendelin Hecht, den Vorsitz in der Redaktionskonferenz Benno Reifenberg. Von den 27 jüdischen Redaktionsmitgliedern waren einige, darunter Siegfried Kracauer, bald nach der Machtübernahme emigriert, andere mußten 1934 aufgrund des Schriftleitergesetzes ausscheiden und kamen zum Teil vorübergehend in der kaufmännischen Abteilung des Verlags oder in der Korrektur unter. In manchen Fällen erreichte die Zeitung befristete Ausnahmegenehmigungen, und bis ins Frühjahr 1943 konnten die „Halbjuden" Reifenberg und Erich Lasswitz sowie die „jüdisch Versippten" (also mit jüdischen Frauen verheirateten) Redakteure Wilhelm Hausenstein, Dolf Sternberger und Otto Suhr bleiben. Länger als die Verlage Mosse und Ullstein, die früh in Parteibesitz übergegangen und einer entsprechenden Personalpolitik ausgesetzt waren, konnte die FZ – aufgrund der ihr gewährten Sonderstellung – ihren jüdischen Mitarbeitern Schutz bieten. Die Schreibtische derer, die gleichwohl gehen mußten, übernahmen Vertreter der Generation der Dreißigjährigen. In Ergänzung, bald aber auch zum Ausbau der Redaktion, kamen Sternberger, Herbert Küsel, Walter Dirks, Fritz Kraus, Max von Brück, Carl Linfert, Paul Sethe, Peter Waller, Erich Achterberg, Jürgen Tern, Fritz Sänger, Hans Huffzky, Rudolf Heizler, Wilhelm Rey, Franz Taucher sowie Robert Haerdter und Peter von Haselberg, die der vom *Berliner Tageblatt* zurückkehrende Oskar Stark mitbrachte. Mit dieser Vergrößerung ging eine Erweiterung des ursprünglichen sozialen und politischen Spektrums der *Frankfurter Zeitung* einher. Hatte früher liberaldemokratisches Denken im Geist der Demokratischen Partei die elitäre Männergesellschaft geprägt, so fanden unter dem Druck des Regimes dort Nichtnazis ganz unterschiedlicher Herkunft Aufnahme: Sozialdemokraten, Linke, Rechte, Katholiken.

Die Übereinstimmung in der grundsätzlichen Ablehnung, in der Resistenz gegenüber der nationalsozialistischen Ideologie, die bei der *Frankfurter Zeitung* in höherem Maße gewahrt blieb als bei bürgerlich-konservativen Blättern, konnte doch nicht verhindern, daß sich unter dem Eindruck besonders der außenpolitischen Erfolge Hitlers seit Mitte der dreißiger Jahre, und verstärkt dann während des Krieges, zwei Flügel bildeten. Den in nationalen Kategorien denkenden Befürwortern einer Revision von Versailles und eines starken Deutschland, zu denen etwa Erich Welter, Paul Sethe und Rudolf Kircher zählten, stand eine aus unterschiedlichen politischen, sozialen und religiösen Überzeugungen gespeiste Fundamentalopposition gegenüber, der sich viele der Jüngeren zugehörig fühlten.

Wenn aus dieser innerredaktionellen Spannung keine zusätzlichen Probleme erwuchsen, so zum einen, weil ein System des „Gegenlesens“ für die nötige Pragmatik und Vorsicht sorgte, zum anderen, weil unter dem Druck einer immer effektiver gewordenen Presselenkung und Propaganda zumindest in der unmittelbar politischen Berichterstattung ohnehin praktisch keinerlei „Spielraum“ mehr verblieb. Hinsichtlich der Darstellung der – schließlich alles andere an den Rand drängenden – Außen- und Kriegspolitik befand sich auch die FZ am äußerst kurzen Zügel des Regimes, und gleiches galt für die letzten Etappen der Judenpolitik.

In Anbetracht der Unmöglichkeit, bei diesen zentralen Themen noch nennenswert Distanz zu wahren, wirkte das Ende der *Frankfurter Zeitung* im Sommer 1943 im Grunde als Schutz vor tieferer Verstrickung. Was Erich Welter um einen hohen Preis zu verhindern suchte – durch das Angebot an den SS-Journalisten Hans Schwarz van Berk, die Hauptschriftleitung zu übernehmen –, empfanden viele seiner Redaktionskollegen als Erleichterung. Die letzte Entwürdigung zum Sprachrohr einer immer brutaleren Durchhalte-Propaganda blieb der FZ auf diese Weise erspart. Auch aus NS-Sicht entbehrte die Einstellungsverfügung, wie zufällig sie zustande gekommen sein mochte,[18] nicht einer gewissen Logik: In einer zum „totalen Krieg“ erklärten Situation, in der das Regime alle Brücken hinter sich abgebrochen hatte, bedurfte es keiner Rücksichtnahme mehr auf „Auslandswirkung“ von der Art der *Frankfurter Zeitung*.

4. Die bürgerlich-konservative Presse

In einem weiteren Sinne „bürgerlich-konservativ" war Anfang der dreißiger Jahre der ganz überwiegende Teil der deutschen Presse: die „unpolitischen" Generalanzeiger, die „seriösen" städtischen Tageszeitungen, deren inzwischen auch außerhalb Berlins üblich gewordene Boulevard-Ableger und nicht zuletzt die Vielzahl der mittleren und kleinen Provinzblätter. Klarer als das retrospektiv am häufigsten gebrauchte Etikett „bürgerlich-konservativ", seine schlichteren Varianten („bürgerlich" bzw. „konservativ") oder gar die zeitgenössisch komplizierteren („bürgerlich-national", „national-konservativ", „national", „vaterländisch" usw.) war im Grunde die negative Abgrenzung. Auf irgendeine Weise als „bürgerlich-konservativ" begriff sich in der Endphase der Republik praktisch alles, was nicht zur sozialdemokratischen und kommunistischen „Arbeiterpresse", zu den katholischen Zentrums- und BVP-Blättern oder zu den wenigen, überdies ökonomisch und politisch gefährdeten liberaldemokratischen Großstadtzeitungen von Reichsgeltung zählte. Gerade weil die bürgerlich-konservative Tagespresse die Zeitungslandschaft dominierte, kann anschaulich von ihr kaum unter dem Sammelbegriff, sondern nur anhand von Beispielen die Rede sein.

Der Name Alfred Hugenberg allerdings, der zuerst fallen muß, wenn es um die rechtskonservative Presse in Weimar geht, stand nicht für eine einzelne Zeitung, sondern für ein ganzes politisch-publizistisches Programm.[1] Seit 1914 hatte der Ruhr-Manager und zeitweilige Vorstandsvorsitzende der Friedrich Krupp AG, ausgehend vom Anzeigengeschäft, einen Pressetrust aufgebaut, der seinesgleichen suchte: Durch den Verlag August Scherl mit den Zeitungen *Berliner Lokal-Anzeiger* und *Berliner Nachtausgabe*, den Zeitschriften *Die Woche* und *Allgemeiner Wegweiser* sowie einen angeschlossenen

Adreßbuchverlag einer der großen Drei in Berlin (neben Mosse und Ullstein), gebot Hugenberg außerdem über rund 50 Provinzzeitungen, mehrere Materndienste, die Nachrichtenagentur Telegraphen-Union und die Universum Film AG (Ufa), die größte Spielfilm- und Wochenschau-Fabrik des Reichs. Was den Multimedia-Konzern so bedrohlich machte, war dessen hemmungslose politische Instrumentalisierung: Als Vorsitzender der Deutschnationalen Volkspartei stellte Hugenberg seine publizistischen Mittel seit 1928 voll in den Dienst der reaktionären, antirepublikanischen Propaganda. Anläßlich des von DNVP, Stahlhelm, NSDAP und anderen rechten Gruppen gemeinsam getragenen Volksbegehrens gegen die im sogenannten Young-Plan festgelegten Reparationszahlungen öffneten sich die Spalten der Hugenberg-Presse 1929 erstmals auch der Hitler-Bewegung. In der bald danach einsetzenden Wirtschaftskrise gerieten weitere Provinzverlage in die Abhängigkeit des verschachtelten Konzerns, der über die Telegraphen-Union und deren Tochterunternehmen etwa die Hälfte aller deutschen Zeitungen mit tendenziösem Nachrichtenmaterial belieferte – oft ohne daß die Empfänger eine rechte Vorstellung davon hatten, denn die verschiedenen Agenturdienste bedienten die Blätter ganz nach Gusto. So gab es unter dem Firmenschild Dammert Verlag etwa eine Korrespondenz-Ausgabe A für Zeitungen der Deutschen Volkspartei, B für „neutrale“ Generalanzeiger, C für nationale katholische und D für deutschnationale Presseorgane.

Die Tatsache, daß Hugenberg zu Hitlers entschlossensten Förderern gezählt und den 30. Januar 1933 mit ermöglicht hatte, wurde ihm vom einstigen „Juniorpartner“ persönlich wie politisch wenig gedankt. Noch vor Jahresende 1933 mußte der bereits im Juni geschaßte „Wirtschaftsdiktator“, dessen DNVP wie alle anderen Parteien der Auflösung verfallen war, zugunsten der Gründung des staatlichen Deutschen Nachrichtenbüros die TU abtreten, bald danach die Ala Anzeigen GmbH, 1935 seine in der Vera GmbH zusammengeschlossenen Provinzzeitungen und schließlich die Ufa. Lediglich den Scherl-Verlag durfte Hugenberg, zu diesem Zweck als Verleger in die Reichspressekammer aufgenommen, bis 1944 behalten, um ihn dann in der Situation drastischer Papierverknappung für 64 Millionen Reichsmark an Amann zu verkaufen (wobei es ihm gelang, für mehr als die Hälfte des Betrags kriegsüberdauernde Anteile der Vereinigten Stahlwerke und der Ilseder Hütte herauszuschlagen).

Zu Anfang des Dritten Reiches war Hugenberg nicht der einzige Wirtschaftsmagnat mit kapitalmäßigen Verbindungen zur Presse. In geringerem Umfang und nach außen oft kaum erkennbar, hatten sich beispielsweise Carl Bosch für die I. G. Farben bei der *Frankfurter Zeitung*, aber auch andere Vertreter der Ruhrindustrie seit längerem im Pressewesen engagiert, zum Teil bewußt abgesetzt von Hugenberg. So befand sich die Berliner *Deutsche Allgemeine Zeitung* im Besitz des Stinnes-Konzerns, die Essener *Rheinisch-Westfälische Zeitung* unter dem Einfluß des Bergbau-Vereins, der Knorr & Hirth Verlag mit den *Münchner Neuesten Nachrichten* im Mehrheitsbesitz der Familie Haniel (Gutehoffnungshütte). Paul Reusch, Vorstandsvorsitzender des Gutehoffnungshütte-Konzerns, hatte 1931/32 massiv versucht, die noch immer süddeutsch-liberal bis katholisch-monarchisch orientierte MNN auf einen Tolerierungskurs gegenüber der NSDAP zu bringen. Nachdem die Redaktion an der Unterstützung Brünings festhielt und unter den Angriffen des *Völkischen Beobachters* insbesondere zu keinem dauerhaften Wohlverhalten gegenüber Hitler bereit war, zog Reusch sich aus dem Verwaltungsausschuß des Verlags zurück. Dem in erster Linie wirtschaftspolitisch denkenden Kommerzienrat schienen inzwischen freilich auch Zweifel gekommen zu sein, ob es möglich sein würde, die Nationalsozialisten auf den von ihm für richtig erachteten Kurs zu bringen.[2]

Wie keine andere große bürgerliche Zeitung sahen sich die MNN sogleich nach der „Machtergreifung“ massiven NS-Übergriffen ausgesetzt. Noch auf einer Beiratssitzung am 11. Februar, als der katholisch-konservative Verlagschef Anton Betz und der süddeutsch-protestantische Chefredakteur Fritz Büchner ihre Befürchtungen anmeldeten, hatten sich die industriellen Anteilseigner optimistisch gegeben; gut vier Wochen später waren Büchner und der monarchistische Leiter der Innenpolitik, Erwein Freiherr von Aretin, in Haft, ab 26. März auch Betz. Reichsführer SS Heinrich Himmler, zu diesem Zeitpunkt Kommandeur der Bayerischen Politischen Polizei, sorgte dafür, daß mit Leo F. Hausleiter ein im Verlag angestellter SS-Sturmbannführer die Geschäftsleitung in die Hand bekam und aufgrund seiner Vorkenntnisse etwa 50 politisch „unzuverlässige" Betriebsangehörige entließ. Die großindustriellen Anteilseigner nahmen diese „Säuberung" ohne erkennbaren Widerspruch hin. Seit Inkrafttreten des Schriftleitergesetzes zu Jahresanfang 1934 firmierte Hausleiter auch als Hauptschriftleiter; Büchners Nachfolger J. B. Emanuel Müller erschien im Impressum jetzt als Stellvertreter. Wie es scheint, hatte Himmler die *Münchner Neuesten* via Hausleiter eine Zeitlang mehr oder weniger fest unter Kontrolle: Noch vor dem neuen Ressortleiter für Innenpolitik, Giselher Wirsing, der sich ausdrücklich auf eine Empfehlung des Reichsführers berief, war im Juli 1933 auf Himmlers Geheiß schon Ferdinand Fried (d.i. Friedrich Zimmermann) vom *Tat*-Kreis vorübergehend zur MNN gegangen,[3] und *Tat*-Autor Ernst Wilhelm Eschmann schrieb gelegentlich Leitartikel. Mitte Februar 1936 verschwand der radikale Dilettant Hausleiter aus dem Impressum und aus dem Verlag; an seine Stelle trat wieder Müller. Offensichtlich hatte Amann Druck gemacht, denn im Dezember 1935 war der Verlag Knorr & Hirth für 3,5 Millionen Mark in den Besitz des Eher-Verlags gelangt. Geschäftliche und politische Überlegungen waren in Amanns Verwaltungsamt für die Presse dabei Hand in Hand gegangen und blieben weiterhin bestimmend. Denn obwohl seitdem in München zwei potentiell konkurrierende Blätter unter Amanns unmittelbarer Kontrolle waren – MNN und die süddeutsche Ausgabe des *Völkischen Beobachters* –, wurde eine Fusion nicht einmal erwogen. Fest am Zügel der Partei, versorgten die MNN weiterhin jenen Teil des Münchner Bürgertums, der sich schlichtweg geweigert hätte, das NS-Organ zu abonnieren.

Wenn sich – in München wie in vielen anderen Orten – den

nüchternen Tatsachen zum Trotz bis in die Kriegsjahre hinein beim Publikum der Eindruck halten konnte, mit dem angestammten bürgerlich-konservativen Organ kein „Naziblatt" zu lesen, so vor allem deshalb, weil eine Großstadtzeitung auch unter der Fuchtel der Partei nicht schlagartig aller Attraktionen und Besonderheiten verlustig ging. Wie im Falle der *Münchner Neuesten Nachrichten* eine sorgfältige Wirtschafts-Berichterstattung, ein anspruchsvolles Feuilleton, die Reise-, Kunst-, Mode-, Alpinsport- und Lokalbeilagen, blieben auch bei anderen Zeitungen viele schätzenswerte Charakteristika erhalten und unterlagen, weil traditionell politikfern, auch nur begrenzt der „Nazifizierung". Im politischen Nachrichten- und Kommentarteil hingegen war die Ähnlichkeit mit der offiziellen Parteipresse schon bald groß: hier wie dort demagogische Schlagzeilen, seitenlange Abdrucke von „Führer"-Reden, offizielle Verlautbarungen, Berichte über Parteiveranstaltungen, antisemitische Kommentare. Die Möglichkeiten, durch eigene Korrespondenten für eine weniger uniforme Berichterstattung zu sorgen, nahmen ab. Das galt selbst für die MNN, die in Wirsing einen außenpolitisch besonders interessierten Chefredakteur hatten, der auf Originalbeiträge beispielsweise aus der Sowjetunion (Klaus Mehnert) und den USA (Paul Scheffer vom *Berliner Tageblatt,* ab 1938) besonderes Gewicht legte.

Trotz unterschiedlicher politischer Akzentsetzungen den *Münchner Neuesten Nachrichten* im Grundcharakter vergleichbare ehemals bürgerliche, inzwischen meistenteils dem NS-Trust angegliederte Großstadtzeitungen waren u.a. *Bremer Nachrichten, Hamburger Fremdenblatt, Hannoverscher Kurier, Kölnische Zeitung, Leipziger Neueste Nachrichten, Magdeburgische Zeitung, Fränkischer Kurier* (Nürnberg), *Schlesische Zeitung* (Breslau) und *Stuttgarter Neues Tagblatt.* Daneben gab es in vielen größeren Städten noch ein Blatt vom Typus Generalanzeiger, das weniger auf politische Informationsgebung ausgerichtet war und in erster Linie den Interessen der regionalen Geschäftswelt diente. Zu den bedeutenderen Zeitungen dieser Art gehörten *Düsseldorfer Nachrichten, Dresdner Neueste Nach-*

richten, Frankfurter General-Anzeiger, Hamburger Anzeiger, Hannoverscher Anzeiger, Lübecker Generalanzeiger, Münchener Zeitung, Würzburger Generalanzeiger und *Rostocker Anzeiger.* Auch an solchen Blättern erwarb der Eher-Verlag über die von Hugenberg übernommene Holdinggesellschaft Vera 1935/36 die Mehrheitsanteile. Wie schon in etlichen anderen Fällen war es Max Winkler, der diese Transaktionen im Auftrag Amanns durchführte; finanziert wurden die Aufkäufe über eine 30-Millionen-Mark-Anleihe aus dem ehemaligen Gewerkschaftsvermögen bei der nun nationalsozialistisch kontrollierten Bank der Deutschen Arbeit.[4]

Dem ökonomischen Zugriff des NSDAP-Reichsleiters für die Presse entging auf die Dauer im Grunde keine Zeitung von Bedeutung. Wie das Beispiel der *Münchner Neuesten Nachrichten* belegt, vermochte daran selbst die Tatsache nichts zu ändern, daß es sich bei den Eigentümern um einflußreiche Großindustrielle handelte. Im Gegenteil, die 1935 verabschiedeten Amann-Anordnungen ließen sich gerade auf Verlagsgesellschaften mit „pressefremden" Beteiligungen besonders trefflich anwenden. So konnte es nicht überraschen, daß 1938 schließlich auch der Ruhrindustrielle Hugo Stinnes jr. aus dem Zeitungsgeschäft ausscheiden und seine *Deutsche Allgemeine Zeitung* an den parteieigenen Deutschen Verlag (früher Ullstein) abtreten mußte.

Die nationalkonservative DAZ war in den zwanziger Jahren eine Zeitlang vom Auswärtigen Amt mitfinanziert worden und galt wegen ihrer außenpolitischen Berichterstattung als eine der wichtigsten, auch international beachteten Zeitungen Berlins. In der Ära Brüning unterstützte sie innenpolitisch einen autoritären, antiparlamentarischen Kurs, befürwortete ab Sommer 1932 jedoch vehement eine Regierungsbeteiligung Hitlers. Kennzeichnend für die DAZ war eine aus grundkonservativem Selbstverständnis resultierende Unbeeindruckbarkeit, die auch vor den Nationalsozialisten nicht haltmachte und der Ende Mai 1933 Chefredakteur Fritz Klein zum Opfer fiel. Klein hatte einen kühnen Kommentar zum „Bruderzwist" zwischen dem deutschen Reichs- und dem österreichischen

Bundeskanzler (Dollfuß) geschrieben, was ein offenbar von Hitler selbst verfügtes dreimonatiges Verbot der Zeitung nach sich zog. Als daraufhin eingeleitete Sondierungen der Familie Stinnes ergaben, daß Hitlers Zorn auf die Person des Chefredakteurs zu konzentrieren war, holte man kurzfristig den Londoner Korrespondenten des Blattes, Karl Silex, nach Berlin. Unter seiner Leitung durfte die *Deutsche Allgemeine Zeitung* bereits ab 18. Juni wieder erscheinen.

Zweifellos hing diese „Konzilianz" auch mit dem Umstand zusammen, daß ein längerfristiges Verbot und eine daraus möglicherweise erwachsende Einstellung der Zeitung den neuen Herren in Berlin nicht gelegen sein konnte. Goebbels und vermutlich auch Hitler wußte, was die DAZ für das Ausland bedeutete. In seinen Erinnerungen schildert Silex, wie Goebbels diese Sprachrohr-Funktion ihm gegenüber (vermutlich 1934) einmal unmißverständlich angesprochen habe; der Wortwechsel, zu dem es dabei kam, habe sich ihm, Silex, unauslöschlich ins Gedächtnis eingeprägt: „Goebbels: ‚Was ich vor einigen Tagen zu Rudolf Kircher (von der Frankfurter Zeitung) gesagt habe, das müssen auch Sie wissen. Sie müssen beide wissen, daß wir Kircher und Silex für unsere Zwecke gebrauchen, genau so lange, wie wir das für nützlich halten.' Silex: ‚In demselben Augenblick, wo ich den Eindruck haben sollte, mißbraucht zu werden, höre ich auf, Journalist zu sein.' Goebbels: ‚Was wollen Sie denn dann tun?' Silex: ‚Dann fahre ich wieder zur See.' Goebbels: ‚Die erste Antwort eines bürgerlichen Journalisten, die mir imponiert.'"[5]

1943 meldete sich Silex tatsächlich zur Marine, aber dazwischen lag ein Jahrzehnt journalistischer Arbeit, die sich selbst als – in Maßen – dissident verstand, de facto freilich dem Regime durchaus zugute kam. Wie ansonsten nur noch die *Frankfurter Zeitung* befand sich die DAZ unter Goebbels' höchstpersönlicher Aufsicht. Silex wußte, daß alle von ihm praktizierte Distanzierung gleichsam mit offizieller Duldung geschah: Die DAZ durfte, ja sollte, was anderen bürgerlichen Blättern in diesem Umfang längst nicht mehr gestattet wurde: eigene journalistische Initiative entfalten, um dadurch vor allem nach außen den Eindruck einer gewissen Pluralität aufrechtzuerhalten. Im März 1937 machte sich der Propagandaminister bezeichnende Notizen nach einem Gespräch mit „Chefredakteur Silex von der D.A.Z. Ich halte ihm den falschen Kurs seiner Zeitung vor. Sie macht mir zuviel Opposition. Und ist zu kühl den neuen Dingen gegenüber. Aber die Journalisten haben es auch nicht leicht. Er schildert mir seine Schwierigkeiten. Ich werde nun seine weitere Arbeit beobachten."[6]

Die Beobachtung fiel, wie kaum anders zu erwarten, insgesamt positiv aus: Als Amann im Herbst 1938 eine Bereinigung des inzwischen praktisch vollständig unter seiner Kontrolle befindlichen Berliner Zeitungsmarktes plante, wurde der Gedanke, die DAZ einzustellen, zwar erwogen, dann aber verworfen. Statt dessen schlug nach der *Voss* nun auch dem *Berliner Tageblatt* die Stunde. Die „lokale" Bedeutung der ursprünglich vor allem überregional verbreiteten *Deutschen Allgemeinen Zeitung* stieg dadurch sogar. Verglichen mit den Auflagenhöhen der Parteipresse *(Angriff, Völkischer Beobachter)* und der nach wie vor im ehemaligen Ullstein-Verlag erscheinenden Massenblätter *(B. Z. am Mittag, Berliner Morgenpost)* spielte die DAZ zwar weiterhin nur eine geringe Rolle (noch im Herbst 1935 wurden kaum zwei Drittel der gedruckten 60000 Exemplare verkauft),[7] aber inzwischen wurde sie nicht mehr nur in Diplomaten- und Wirtschaftskreisen, sondern auch von bürgerlichen Intellektuellen gelesen. Ein Abonnement der DAZ galt der jungen Ursula von Kardorff, die dort 1938 ein Volontariat begonnen hatte, während des Krieges ebenso als Zeichen nicht-nationalsozialistischer Überzeugung wie die Lektüre der FZ: „Ich finde, man kann das Klima eines Gleichgesinnten schnell erspüren. Er sagt nicht ‚der Führer', sondern Hitler, er sieht die Lage im Osten skeptisch an, er liest die Frankfurter Zeitung oder die DAZ, er geht lieber in französische Filme als in die Monstrefilme der Ufa, er verachtet das ‚Haus der deutschen Kunst' und seine Kunst."[8]

Freilich beruhte diese Einschätzung vor allem auf der genauen Kenntnis der Redaktion, unter deren etwa 45 Mitgliedern tatsächlich wohl nur wenige Parteigenossen, jedoch einige bemerkenswerte jüngere Journalisten waren (u.a. Heinz Barth, Herbert von Borch, Hans E. Friedrich, Elisabeth Noelle, Jürgen Petersen, Hans Schwab-Felisch, Jürgen Schüddekopf, Walter Schürenberg, Fritz G. Starke, Hans Zielinski). Aber Ursula von Kardorffs Worte sind auch Indiz für eine inzwischen erheblich veränderte Auffassung von publizistischer Opposition: Unter den Bedingungen kriegsverschärfter Zensur und propagandistischer Ausrichtung der Presse mochte als solche bereits die „zivile", mit professioneller Sorgfalt betriebene Informationsgebung eines Blattes erscheinen, das keineswegs eine Haltung konsequenter Distanz für sich in Anspruch nehmen konnte.

Mit Silex an ihrer Spitze verkörperte die DAZ, ungeachtet ihrer herausgehobenen Position und Funktion, letztlich das Grundproblem der bürgerlich-konservativen Presse im Dritten Reich: Man wollte weitermachen, ohne mitzumachen. Es war geradezu symptomatisch für die daraus resultierende kollektive Schizophrenie, wenn Silex sich noch 1943 imstande sah, seine Demission mit verletzter Berufsehre zu begründen. Zum Abschied reichte er Goebbels eine Denkschrift ein, die den entwürdigenden Befehlston in der Reichspressekonferenz kritisierte. Silex' (nicht überliefertes) Papier ließ sogar den abgebrühten Propagandisten staunen: „dieses Memorandum ist zwar in der Tonart sehr frech, es trifft aber den Nagel auf den Kopf. Ein anständiger Journalist, der noch ein Ehrgefühl im Leibe hat, kann sich unmöglich mit den Praktiken der Presseabteilung der Reichsregierung einverstanden erklären. Der Journalismus wird hier geschurigelt, als wenn er sich noch in der Volksschule befände. Selbstverständlich wird das auf die Dauer sehr üble Folgen für den journalistischen Nachwuchs haben; denn ein Mann, der noch ein bißchen Ehrgefühl besitzt, wird sich in Zukunft schwer hüten, Journalist zu werden."[9]

Diese scheinheiligen Befürchtungen Goebbels' erwiesen sich als wenig relevant: Bis zuletzt fanden sich genügend Journalisten, die weitermachen wollten. Die Alternative des Kriegseinsatzes vor Augen, quittierte – verständlicherweise – kaum einer noch den Dienst; Silex war insoweit eine Ausnahmeerscheinung. Jahrelang freilich hatte auch er seinen Teil dazu beigetragen, die Nationalsozialisten, wie er es selbst nannte, „salonfähig" zu machen. In seinen Erinnerungen kam Silex ein Vierteljahrhundert später darauf noch einmal zu sprechen: „Wie war dem Vorwurf zu begegnen, daß angesehene Journalisten oder Künstler einfach durch die Fortsetzung ihrer Tätigkeit dazu beitrugen, die neuen Machthaber international salonfähig zu machen? Dem Vorwurf auch, daß wir mit dieser unserer Tätigkeit den Bemühungen des Hitlerregimes, sein wahres Wesen oder Unwesen zu tarnen, Vorschub leisteten? Oder schließlich dem Vorwurf, daß wir (...) das deutsche Volk über das hinwegtäuschten, was mit ihm geschah? Solche und ähnliche Einwendungen bekam ich nach 1945 reichlich zu hören. (...) Gab es damals für den Einzelnen einen Maßstab, an dem er für sich das Gesetz des Handelns ablesen, an dem er sein Handeln orientieren konnte? Ich glaube schon. Es kam darauf an, vor sich selbst zu bestehen. Diese Maxime des Handelns ist die einzige Lebensregel, der ich Anspruch auf Allgemeingültigkeit zubillige. Es ist mir nicht immer gelungen, vor mir selbst zu bestehen."[10]

Als der Bombenkrieg die Reichshauptstadt Monat für Monat mehr in Trümmer legte, erlebte die DAZ, inzwischen eines der wenigen noch nicht eingestellten Blätter, ihre größte Blüte. Im März 1944 wurden täglich 375 000 Exemplare gedruckt. Die letzte Ausgabe der *Deutschen Allgemeinen Zeitung* kam am 24. April 1945 heraus. Drei Tage länger gab es noch den *Völkischen Beobachter*, fünf Tage länger den *Panzerbär*, das „Kampfblatt für die Verteidiger Groß-Berlins". Am 3. Mai erschien das erste Nachrichtenblatt der sowjetischen Militäradministration.

5. Konfessionelle Zeitungen und Zeitschriften

Energie, Perfidie und Ausdauer waren Grundstoff in Joseph Goebbels' Propagandaküche. Auf ihrer richtigen Mischung beruhten die größten Erfolge des kleinen Doktors, aber ihrer Überdosierung verdankte er auch seinen vielleicht schwersten Mißerfolg: den Feldzug gegen katholische Priester und Mönche, den er Ende 1935 eröffnete und mit einer durch nichts und niemanden zu dämpfenden Unerbittlichkeit im Frühjahr und Sommer 1937 für die gesamte Presse zum innenpolitischen Pflichtthema erklärte. An mehreren Orten im Reich standen damals Geistliche und Laienbrüder wegen homosexueller Vergehen vor Gericht. Zwar kamen rechtlich korrekte Urteile zustande, aber die äußeren Umstände erinnerten an Schauprozesse. Auf Weisung von Goebbels, der die Verhandlungen über Monate mit unverminderter Sensationsgier verfolgte, mußten die Zeitungen immer abgeschmacktere DNB-Berichte veröffentlichen. Am 28. Mai 1937 schließlich schlug der Propagandaminister selbst zu. Ausgestattet mit „Tips" seines „Führers" und nach eigener Einschätzung „in Glanzform", schilderte Goebbels in der Berliner Deutschlandhalle zwei Stunden lang die „herdenmäßige Unzucht" der „Sexualpest im Priesterrock", vor der es die „unschuldigen Kinder" zu bewahren gelte. Anderntags zog er Bilanz: „Die Attacke gegen die Klerisei hat ungeheuren Erfolg. Das Publikum rast. Es hagelt nur so Zwischenrufe. Wie wird das erst sein, wenn zum Kampfe aufgerufen wird. Eine richtige Versammlung wie in der alten Zeit. Am Schluß tiefe Ergriffenheit."[1]

Aber ergriffen war vor allem Goebbels selbst. Blind vor Begeisterung über die eigenen Fähigkeiten und die „unbeschreibliche Wirkung" seiner Rede, übersah er, daß die „empörten und durchschlagenden Kommentare" in der Presse hauptsächlich die Effektivität seines Lenkungsapparates anzeigten – und keineswegs Indiz dafür waren, „wie ich allen aus dem Herzen gesprochen habe". Denn tatsächlich machte sich zuhauf Mißtrauen breit. Zweifel an der Glaubwürdigkeit der Zeitungsberichte äußerten nicht nur katholische Kirchgänger, die entsprechende Gegeninformationen von ihren Ortsgeistlichen bekamen.[2] „Was noch schöner ist, auch der Protestant glaubt einfach nicht an die Echtheit der Klosterprozesse", meldete der NSDAP-Stützpunktleiter einer überwiegend evangelischen 200-Seelen-Gemeinde in Oberfranken. Goebbels' Medienkrieg gegen die Kirche war zum Bumerang für die Medien geworden. Fatale Konsequenzen mußte die Prozeß-Propaganda dort entwickeln, wo die Bevölkerung die Möglichkeit hatte, die Zeitungsmeldungen aus eigener Kenntnis des Sachverhalts zu überprüfen. Als beispielsweise die SS-Zeitung *Das Schwarze Korps* über einen angeblichen „Fall" in Unterfranken berichtete und ein Widerruf ausblieb, folgerten die Einheimischen, „daß nicht alles wahr sein könne, was in den Zeitungen stehe und daß (...) es wohl auch mit den übrigen Pressenachrichten so sei". Hiobsbotschaften dieser Art sowie die Erkenntnis, daß die Attacken statt der gewünschten Entfremdung eine Solidarisierung der katholischen Laien mit dem Klerus erzeugten, vermochte selbst Goebbels auf Dauer nicht zu ignorieren. Ende Juli 1937, als Hitler außenpolitischer Pläne wegen innenpolitisch Ruhe brauchte, wurde die Kampagne abgebrochen.

Vermutlich hatte Goebbels gehofft, mit seinem Krieg gegen den Klerus auch ein Scherflein zur „Entkonfessionalisierung" der Presse beitragen zu können, die weniger lautstark, aber gerade deshalb wirkungsvoll, seit Jahren aus dem Verwaltungsamt des Reichsleiters für die Presse heraus betrieben wurde. Dort saß mit Rolf Rienhardt ein ebenso umsichtiger wie effizienter Manager, der nach Inkrafttreten der sogenannten Amann-Anordnungen im Sommer 1935 mit der Zerschlagung jenes Geflechts konfessioneller Tageszeitungen begonnen hatte, das in den katholischen Regionen des Reichs als Antwort auf Bismarcks Kulturkampf entstanden war. (Schon weil die historisch-politischen Voraussetzungen fehlten, existierte Vergleichbares auf evangelischer Seite nicht.)

Die oberste Ebene in der publizistischen Infrastruktur des politischen Katholizismus hatten bis zur Auflösung der Parteien im Sommer 1933 die Pressedienste („Korrespondenzen") von Zentrum und Bayerischer Volkspartei gebildet sowie die zwar nicht besonders auflagestarken, aber „richtungweisenden" Hauptorgane *Kölnische Volkszeitung, Bayerischer Kurier* und die *Germania* in Berlin, die 1935 freilich nur noch knapp 4000 Exemplare verkaufte[3] und Ende 1938 ihr Erscheinen einstellte. Unterhalb dieser Führungsebene gab es vor allem in Westfalen, im Rheinland, in Baden, im Saarland, in Schlesien und in den katholischen Teilen Bayerns Verlagsketten und Arbeitsgemeinschaften von ganz oder teilweise in kirchlichem Besitz befindlichen Provinzzeitungen, die bis 1933 zugleich wichtige publizistische Bastionen des politischen Katholizismus gewesen waren. Diese Blätter fest unter Kontrolle zu bekommen, nicht ihre Schließung, war Amanns und Rienhardts Ziel. Die in den Amann-Anordnungen gegebene Möglichkeit des völligen Verbots diente in erster Linie als Druckmittel.

Mit inquisitorischen Methoden, darunter ein kriminalistisch anmutender Kontrollbogen zur „Prüfung konfessionell eingestellter Zeitungen", gelang es tatsächlich schon im Laufe der nächsten Monate, sämtliche größeren ehemals katholisch-konservativen Blätter der eigens zu diesem Zweck gegründeten Holdinggesellschaft Phönix GmbH einzuverleiben, die ihrerseits zwei Tochtergesellschaften des parteieigenen Eher-Verlags gehörte. Neben Zeitungen in Köln, Münster, Mainz, Paderborn, Würzburg und Worms erwarb die Phönix GmbH alle konfessionellen Zeitungsketten und, soweit diese nicht ohnehin schon mit dem jeweiligen regionalen Parteiorgan zwangsvereinigt worden waren, eine Vielzahl kleinerer Provinzblätter.

Auf unauffällige Weise geriet damit – nach den großen jüdischen Verlagskonzernen und noch vor dem Gros der bürgerlich-konservativen Generalanzeiger – die ehemals „schwarze" Presse in den Besitz der braunen Herren. Mitunter ahnten nicht einmal die Parteigenossen vor Ort, was vor sich ging – und protestierten gegen die Rettung der verhaßten Konkurrenz des lokalen NS-Organs. Reinen Wein schenkten die Berliner Pressestrategen – nachträglich – nur ranghohen Funktionären ein. Anfang 1938, die meisten Transaktionen waren abgeschlossen, belehrte Rienhardt die Gauleiter in einem vertraulichen Rundschreiben, Aufgabe der Phönix-Zeitungen sei „die propagandistische Beeinflussung der Volkskreise, die durch die Parteipresse nicht erfaßt werden". Und weiter: „Der gesamten Presse ist die nationalsozialistische Erziehungsaufgabe gestellt. Die Art ihrer Erfüllung ist jedoch eine völlig verschiedene; denn jede Zeitung muß zur Erzielung einer Wirkung auf die Leserschaft die Methoden anwenden, mit denen gerade ihre Leser erfolgreich beeinflußt werden können. Die Zeitungen der Vera (eine ehemalige Hugenberg-Holding, in der Rienhardt die Generalanzeigerpresse zusammengefaßt hatte) und der Phönix würden daher ihre Aufgabe nicht erfüllen, wenn sie in Erfüllung der allgemeinen Aufgaben der Presse die gleichen Methoden anwenden würden wie die Parteipresse. Die staatspolitische Bedeutung dieser Zeitung ergibt sich besonders aus dem Hinweis, daß die früher katholische Presse als ein Werkzeug katholischer Politik einen hohen Prozentsatz des katholischen Volksteils monopolartig beeinflußt hat. Heute besitzt nun die Partei den maßgebenden Einfluß auch auf diese Presse. Es gilt nun, auch diese Zeitungen wirksam einzusetzen und zu verhindern, daß weiteste katholische Kreise sich mit dem Lesen der katholischen Kirchenpresse begnügen."[4]

Rienhardts Ausführungen mochten in den Ohren „alter Kämpfer" emotionslos-technokratisch klingen, unbegründet waren sie nicht: Nach einer Anfangsphase standhafter Solidarität ihrer Leser hatten viele ehemals konfessionelle Blätter durch die andauernden Pressionen lokaler NS-Größen, äußerliche Anpassungszwänge (etwa das Verbot, im Zeitungskopf die täglichen Kalenderheiligen zu nennen) und inhaltlichen Lenkungsdruck (einschließlich der Pflicht, über die Priesterprozesse zu berichten) Abonnenten verloren. Mitunter hatten Geistliche ihre Gemeinde sogar vor der weiteren Lektüre der früher von ihnen geförderten Zeitung gewarnt und statt dessen das Abonnement einer kirchlichen Zeitschrift empfohlen – oder gleich die Bibel. („Wenn jemand eine Viertelstunde die hl. Schrift liest, so ist es besser, als wenn er das verdrehte und verlogene Zeug in den Zeitungen zur Kenntnis nimmt!“, rief der Augsburger Stadtpfarrer im Advent 1936 seinen Gläubigen zu.)[5] Tatsächlich stieg die Auflage der 416 katholischen Zeitschriften zwischen Mitte 1933 und Mitte 1935 um etwa ein Fünftel auf 11,4 Millionen Exemplare.[6]

Neben vielen im engeren Sinne unpolitischen Verbands- und Missionsblättern gehörten zu dieser kirchlichen Zeitschriftenpresse auch einige intellektuell anspruchsvolle Periodika wie *Gral*, *Stimmen der Zeit* und *Hochland*, dessen Auflage von 5000 Exemplaren zu Anfang der NS-Zeit sich bis 1939 mehr als verdoppelte. Mit historischen Analogien, „passenden“ Zitaten, apokalyptischen Warnungen und anderen Formen der Andeutung bezog *Hochland* gegenüber dem Nationalsozialismus eine für Eingeweihte erkennbar ablehnende Position. Wenn solche vorsichtig regimekritischen Äußerungen noch bis 1941 publiziert werden konnten (seit 1939 wurden die kirchlichen Zeitschriften unter Berufung auf die Papierknappheit sukzessive eingeschränkt bzw. verboten), so nicht etwa, weil sie auf seiten des Regimes unbemerkt blieben. Viel eher hat es den Anschein, als sei dieser – in der späteren Historiographie oft überbewertete – „geistige Widerstand“ bewußt belassen worden: Eine kleine Gruppe religiöser Blätter und einige dissidente kulturpolitische Zeitschriften wie die *Deutsche Rundschau* beizubehalten, bedeutete gleichsam die Kanalisierung eines als nicht allzu gefährlich erachteten oppositionellen Potentials in polizeilich leicht kontrollierbare und sorgsam überwachte „Stauräume“. Solange keine Gefahr bestand, daß solche Zeitschriften aus ihrem konfessionellen oder bildungsbürgerlichen Ghetto ausbrechen würden, bedurfte es nicht nur keines Verbots, sondern erwiesen sie sich im Sinne einer „Ventilfunktion“ sogar als nützlich. In seltener Klarheit und ziemlicher Unschuld hatte darüber schon im Dezember

1933, nach einem Dreivierteljahr nationalsozialistischer Zensurpraxis, ein altgedienter Ministerialbeamter der Bayerischen Staatskanzlei nachgedacht und an Goebbels geschrieben: „Es fragt sich, ob an (Zeitschriften) durchwegs der Maßstab angelegt werden soll, mit dem die in die breiten Massen des Volkes dringende Tagespresse behandelt wird. Selbstverständlich ist gegen staats- und volksfeindliche Zeitschriften mit allen Mitteln vorzugehen. Es ist aber schwierig, die Grenze des Einschreitens zu finden, wenn sich in den Zeitschriften, deren Leserkreis wegen ihrer Eigenart eng und geschlossen ist, einzelne Ausführungen finden, die für sich allein in Zeitungen nicht unbeanstandet bleiben könnten."[7]

Solche diffizilen Abgrenzungsprobleme hatten die Nationalsozialisten mit der evangelischen Zeitschriftenpresse zumindest anfangs nicht. Dort stieß der „nationale Aufbruch", den die Hitler-Bewegung verhieß, nahezu auf einhellige Begeisterung.[8] Kaum eine unter den rund 1500 evangelischen Zeitschriften (Gesamtauflage: 12 Millionen Exemplare), die sich nicht bemüßigt fühlte, eine Ergebenheitsadresse zu formulieren: „Ein Frühlingserwachen geht durch unser Volk. (...) Der deutsche Protestantismus und der deutsche Nationalismus waren gespalten und zerbrochen. Und nun soll die alte Zwietracht begraben sein. (...) Wir rufen Deutschland! Deutschland! Heil!", jubelte im Februar 1933 beispielsweise die *Kirchliche Rundschau für Rheinland und Westfalen.* Waren solche Haltungen aus der traditionellen Orientierung an der Obrigkeit und der Zersplitterung des deutschen Protestantismus in Landeskirchen zu erklären, so doch nicht der massive Antisemitismus, den vor allem die evangelischen Sonntagsblätter propagierten, die bei einer wöchentlichen Auflage von 1,8 Millionen Exemplaren mindestens ebenso viele Gläubige erreichten wie die Sonntagspredigten.[9] Der dort propagierte Antisemitismus reichte von der Rechtfertigung des NS-Judenboykotts am 1. April 1933 bis zur Behauptung einer „rassischen Überlegenheit" der Deutschen gegenüber den Juden; daraus folgte die Notwendigkeit einer „ernsthaften" Auseinandersetzung mit der „Judenfrage". Wenn solche Töne nicht zur Dauermelodie der evangelischen Zeitschriften wurden, so vor allem wegen der schon bald anhebenden schweren innerkirchlichen Auseinandersetzung zwischen den NS-nahen, auf eine geeinte „Reichskirche“ abzielenden „Deutschen Christen“ und den konservativen Vertretern der Landeskirchen, die in einen jahrelangen Kirchenkampf mündete.

6. Die illustrierte Massenpresse

Es sei immer noch möglich, „in Frauen- und Monatsschriften, Unterhaltungszeitschriften überhaupt, Bilder zu finden von Köpfen und Menschen, die mit dem rassischen Empfinden des neuen Deutschlands nichts zu tun haben, (...) Frauen mit Schlitzaugen oder dekadente, undeutsche Mädchenbilder", empörte sich Alfred Hoffmann, Verleger der *Ärztlichen Mitteilungen* und stellvertretender Leiter des Reichsverbandes Deutscher Zeitschriften-Verleger, im Juni 1935 im Verbandsorgan. Im April 1937 wetterte ein anderer Autor dagegen, daß in Frauenblättern „Altes und Überholtes" weiter sein Leben friste. Vor allem sollten die Zeitschriften die Frauen nicht länger als „Luxusgeschöpfchen und Flapper darstellen, die bonbonknabbernd auf der Couch liegen, Launen haben wie die schlimmste der Filmdiven, nebensächlichste Dinge zu Alternativfragen machen, mit freudschen Komplexen behaftet sind, suffragettenhafte Töne anschlagen – und alles andere sind als die vielen tüchtigen, liebenswürdigen und zuverlässigen Frauen und Mädchen, mit denen wir es bei unseren Gattinnen und Müttern, bei unseren Arbeitskameraden und Mitarbeiterinnen zu tun haben, und die wir hochachten und lieben." Einige Frauenzeitschriften, schimpfte der Autor, würden immer „noch so aussehen, wie sie auch schon vor zehn oder zwanzig Jahren hätten aussehen können".[1]

In einem hatte der Kritiker recht: Im Bereich der unterhaltenden Publikumszeitschriften hatte die „Machtergreifung" zunächst keinen radikalen Einschnitt zur Folge gehabt. Während Parteiorgane wie das *Schwarze Korps* und die *NS-Frauenwarte* puristisch rückwärtsgewandt über geschminkte Frauen herzogen und eine „natürliche Weiblichkeit" propagierten, präsentierten Zeitschriften wie *Die Dame*, die *Elegante Welt* und *die neue linie* weiterhin Kosmetik-Tips und elegante Mode. In den Frauenzeitschriften spiegelte sich, wie wenig die Propaganda einer unterschiedslosen Volksgemeinschaft der Wirklichkeit entsprach. Die Leseinteressen der finanziell Bessergestellten sowie teilweise auch der erst in den Jahren der NS-Herrschaft sozial Aufgestiegenen ließen sich – wie Modernisierungstendenzen überhaupt – weder einfach ignorieren noch gar abschaffen. Und ebensowenig ließen sich die Leseinteressen eines breiten Frauenpublikums kurzerhand auf den Propaganda-Nenner der NS-Frauenschaft reduzieren. Die ideologisch weniger verbohrten Parteigenossen und die NSDAP-Propagandaverantwortlichen wußten das zu akzeptieren.

Daß Gewohntes und Althergebrachtes nicht gleich beseitigt wurde, galt fast für den gesamten Markt der Frauenzeitschriften. Die Zahl der Frauen-, Haushalts- und Modeblätter sank zwar von 234 (1932) auf 192 (1939), aber die bei Kriegsbeginn bestehenden Frauenzeitschriften stammten fast alle noch aus der Zeit vor der Machtübernahme. Neugründungen durch die Nationalsozialisten waren rar. Die *NS-Frauenwarte* steigerte mit Hilfe niedriger Heftpreise und massiver Abonnentenwerbung ihre Auflage gewaltig, von knapp 300 000 (1934) auf über 1,4 Millionen (1939). Aber das brachte ihr trotz der Vorrangstellung des mit Abstand auflagenstärksten Frauenblatts keineswegs ein Monopol. Denn in den großen Zeitschriftenverlagen in Berlin und Leipzig, bei Otto Beyer, im Deutschen Verlag (ehemals Ullstein) und im Universalverlag W. Vobach & Co, erschienen Ende 1938 Zeitschriften für Frauen in einer Gesamtauflage von über 2,3 Millionen. Die Auflage der einzelnen Blätter war allerdings in der Regel weit niedriger als die der *Frauenwarte.* Rund die Hälfte der Frauen- und Modezeitschriften in Deutschland wurde in weniger als 50 000 Exemplaren gedruckt.

Die junge Dame war mit etwa 60 000 Exemplaren eine der kleineren Zeitschriften, auf die stramme Parteigenossen oder -genossinnen vermutlich schimpften. Während nämlich die *NS-Frauenwarte* die Rolle der Frau als Mutter verherrlichte – „ihre Welt ist ihr Mann, ihre Familie, ihre Kinder und ihr

Haus, (...) in ewig geduldiger Hingabe" (Hitler) – und ihren Leserinnen bis zum Krieg einhämmerte, daß Frauen – wenn überhaupt, dann nur bis zur Eheschließung – „weibliche" Berufe mit pflegerischen, dienenden und erzieherischen Aufgaben ergreifen sollten, wandte sich die *Junge Dame* eher an den Typ der lebenslustigen, unverheirateten Büroangestellten. Besonders couragiert oder gehaltvoll waren die Artikel der *Jungen Dame* nicht: eine fast durchweg heile Welt, im Plauderton dargeboten, immer unkompliziert-heiter und manchmal naiv. Die Gedanken des *Junge Dame*-Typs kreisten vornehmlich um Privatvergnügen, Liebe und Eifersucht – kaum je um Kinder und Küche. Und noch weniger kümmerte sich die Zeitschrift um „rassische Pflichterfüllung", ausgenommen einige Beiträge zu „Führers" Geburtstag, Muttertag und Heldengedenktag. Das Blatt zeigt, daß die Entwicklung einzelner Zeitschriften keineswegs linear verlaufen mußte. Als die *Junge Dame* vorübergehend etwas stärker in nationalsozialistisches Fahrwasser geriet und die Auflage sank, konnte eine neue Leitung das Blatt übernehmen – und es verkaufte sich bald wieder besser. 1937 erwarb der Verlag Dr. Arnim & Co die *Junge Dame.* Verleger war der 37jährige John Jahr, und dieser engagierte den 26jährigen Hans Huffzky als Chefredakteur.

Jahr und Huffzky, die nach dem Krieg die *Constanze* gründeten, sammelten in der *Jungen Dame* ihre ersten Erfahrungen im Frauenzeitschriften-Geschäft. Und das taten auch andere junge Mitarbeiter. Das Durchschnittsalter der Redakteure lag 1939 bei lediglich 27 Jahren. Zahlreiche feste und freie Mitarbeiter(innen) der *Jungen Dame* sollten nach dem Krieg wieder für Frauenzeitschriften arbeiten: So zum Beispiel Jahrs „rechte Hand" Günter Schnick, die Journalisten Ruth Andreas-Friedrich, Werner Eggert, Willi Karsch und Friedrich Morgenroth, die Fotografen Hubs Flöter, Barbara Lüdecke und Ursula Oppermann. Aber da stellte die *Junge Dame* keine Ausnahme dar. Viele Redakteure und Mitarbeiter von Frauenzeitschriften in der Bundesrepublik der fünfziger Jahre erlernten ihr Handwerk vermutlich in den dreißiger, wenn nicht schon in den zwanziger Jahren.

Personell wie inhaltlich gab es schon in den zwanziger und dreißiger Jahren erhebliche Kontinuitäten. Beiträge zur Emanzipation in Familie oder Beruf gehörten kaum je zum Inhalt der Frauenzeitschriften, und politische Themen ebenfalls nicht. So hatte der Marktführer, das *Blatt der Hausfrau* (Ullstein), vor 1933 nicht vor den Nationalsozialisten gewarnt. Zum einen wollte die Zeitschrift keine Leser verlieren, zum anderen entsprach dieser Kurs dem schon immer „unpolitischen" Selbstverständnis. Die Nationalsozialisten konnten nahtlos anknüpfen: Auf den politischen Durchblick weiblicher Bürger legten sie ebenfalls wenig Wert, und so blieb das offen Politische in Frauenzeitschriften auch nach 1933 rar. Das *Blatt der Hausfrau*, jetzt mit einer Auflage von rund 575 000 Exemplaren die nach der *NS-Frauenwarte* größte Frauenzeitschrift, verbreitete weiter die bewährte Mischung: Eine gefühlsbetonte Ansprache „von Frau zu Frau", praktische Ratschläge für die Haushaltsführung, Handarbeiten, Mode, etwas Belletristik, ein Rätsel und bunte Bildberichte. Weniger schwülstig und ideologisiert als die *Frauenwarte*, präsentierte das *Blatt der Hausfrau* im Grunde doch einen ähnlichen Frauentyp: Die Frau in erster Linie als Mutter und Heimchen am Herd. Daß in Wirklichkeit schon 1933 über elf Millionen Frauen erwerbstätig waren und die Frauenarbeit zunahm, schlug sich in der Zeitschrift kaum nieder. Dennoch spiegelten sich auch neue Entwicklungen: Die Zeitschrift präsentierte deutsche Urlaubsgebiete im Zusammenhang mit den KdF-Fahrten, durch die viele Durchschnittsbürger ihren ersten Urlaub erlebten. Als der Wirtschaftsaufschwung 1936/37 für mittelständische Bürger den Traum vom Eigenheim näher rücken ließ, informierte sie über Hausbau und Gartengestaltung. Artikel in lärmendem Parteijargon aber wurden zunächst im *Blatt der Hausfrau* kaum veröffentlicht.

Ähnlich wie bei den Frauenzeitschriften verlief die Entwicklung bei fast der gesamten illustrierten Presse. Die erfolgreiche kommunistische *Arbeiter-Illustrierte Zeitung* Willi Münzenbergs war zwar sofort verboten worden, aber die übrigen großen Blätter (darunter die *Münchner Illustrierte Presse*, *Das Illu-*

strierte Blatt, Kölnische Illustrierte Zeitung, Hamburger Illustrierte und *Stuttgarter Illustrierte*) blieben auch weiterhin auf dem Markt. Kommerziell Erfolgreiches veränderten die Nationalsozialisten vorsichtig; die tiefgehenden strukturellen Eingriffe blieben der Öffentlichkeit verborgen. So ging beispielsweise der Ullstein-Verlag, damals der größte in Europa, 1934 für nur rund ein Zehntel seines Wertes an die NS-Treuhandgesellschaft Cautio GmbH über; der Verlag jedoch hieß weiter Ullstein, erst Ende 1937 erfolgte die Umbenennung in Deutscher Verlag. Für das ehemalige Ullstein-Publikum blieb fast alles wie gehabt. Aus den bekannten Schnittmustern („Sei sparsam Brigitte, nimm Ullstein-Schnitte") wurden jetzt „Ultra-Schnitte". Ebenso wie *Die Dame* und das *Blatt der Hausfrau* erschienen auch die Erfolgsblätter *Die Grüne Post* und die *Berliner Illustrirte Zeitung* weiter unter dem gewohnten Titel und in kaum veränderter Aufmachung.

Die *Berliner Illustrirte Zeitung* (BIZ) blieb die mit Abstand auflagenstärkste Illustrierte und steigerte ihre Auflage bis Kriegsbeginn von 1,1 Millionen (1933) auf 1,5 Millionen Exemplare; sie druckte damit fast doppelt so viele Exemplare wie das Parteiblatt *Illustrierter Beobachter*, und deutlich höher noch lag sie mit ihrer Auflage über der aller übrigen Illustrierten.[2] Die herausragende Stellung wurde auch während des Krieges deutlich. In enger Anlehnung an die BIZ (zunächst als deren Sonderausgabe) entstand 1940 die Auslandsillustrierte *Signal*, die schließlich in zwanzig verschiedenen Sprachen und 2,5 Millionen Exemplaren Auflage erschien. BIZ-Chefredakteur Harald Lechenperg war 1940/41 in Personalunion auch Hauptschriftleiter von *Signal*. Und gegen Kriegsende 1944 lieferte die BIZ ihre Matern an alle übrigen noch bestehenden Illustrierten; nur der parteieigene *Illustrierte Beobachter* war von dieser Regelung ausgenommen.

Die Geschichte der BIZ bis 1933 bestimmte wesentlich auch ihr späteres Wirken. Die *Berliner Illustrirte* war von jeher mehr eine „optische Zeitchronik" denn ein ausführlich informierendes Blatt gewesen; Photos und Illustrationen dominierten, politisch hielt sich die Zeitschrift zurück.[3] Die Nationalsozialisten änderten an diesem Paradestück unter den eher „unpolitischen“ Massenillustrierten fast nichts. Photos, Illustrationen und Kurztexte widmeten sich auch weiterhin den großen Stars von Musik und Film, den Erfindern und Erfindungen, Katastrophen, Naturidyllen, dem Sport und der Mode; Herzstück war weiterhin der Fortsetzungsroman. Die BIZ berichtete auch in den Jahren nach 1933 ausführlicher und vor allem in sachlicherem Ton als die Parteiorgane über das Ausland, insbesondere die westlichen Länder. Gegen den Stachel löckte die Zeitschrift damit nicht. Sie baute auf die Faszination des vermeintlich Außergewöhnlichen, ohne durch Texte viel zu erklären oder Zusammenhänge aufzuzeigen: Ein Bilderblatt, das etwas zum Schauen gab, ohne daß man danach wirklich im Bilde war. Die Wirkung war wohl dennoch beträchtlich. In der Zeit ohne Fernsehen vermittelten neben den Wochenschauen vor allem die Illustrierten das „Bild“ von Menschen und Ereignissen. Die *Berliner Illustrirte* suchte in fast jedem Bereich auch das Persönliche einzubeziehen, den *human touch:* Sie zeigte nicht nur den hochrangigen Politiker aus dem Ausland, sondern auch dessen Ehefrau. Die internationalen Ereignisse erschienen als eine stetige Wiederkehr von Schönheit, Prominenz und großer Festlichkeit. Fotos von Filmstars und aus den europäischen Königshäusern suggerierten bis in den Krieg hinein Weltläufigkeit. Gleichzeitig wurde die BIZ, obwohl sie relativ selten über Politik berichtete, auch für die Nationalsozialisten zu einem erstrangigen Sympathieträger, und das scheinbar nebenbei: indem sie auch diese und deren Politik besonders freundlich und persönlich wirkend ins Bild brachte.

In der BIZ erschienen die NS-Größen sympathisch und häufig „privat“ oder in halböffentlicher Funktion: So Goebbels mit Töchterchen Helga am Ostseestrand, Göring mit Braut nach der kirchlichen Trauung und Hitler im Frack beim „Künstlerempfang“. Natürlich sahen die Leser den „Führer“ auch bei anderen repräsentativen Angelegenheiten: im Gespräch mit Politikern des Auslandes, bei den großen Veranstaltungen der Partei, bei der Automobilausstellung, der Eröffnung der Reichsautobahn und sogar am Telefon, wie er lachend – und wieder einmal in Zivil – Gauleiter Bürckel zur siegreichen Abstimmung im Saarland gratuliert. Im Gegensatz zum ständigen politisierenden *Illustrierten Beobachter* propagierte die *Berliner Illustrirte* nicht lautstark die „Volksgemeinschaft", sondern vermittelte das leise Wohlgefühl, es gehe harmonisch zu im Land. Regelmäßig war eine gehörige Portion Optimismus beigemischt. Gesellschaftliche Veränderungen wurden anschaulich: Statt einer anonymen Schar zeigte das Blatt ein einzelnes BDM-Mädchen erst in Uniform beim Aufziehen der Hakenkreuzfahne, dann als elegante Tänzerin im Ballettsaal des Deutschen Opernhauses. Der Text dazu: „Die kleine Marianne Simson (...) gibt für ihre Person ein besonders reizvolles Beispiel des neuen Erziehungsideals ‚Glaube und Schönheit'."

Auf diese Weise wurde auch die *Berliner Illustrirte* ein Propaganda-Vehikel ersten Ranges. Bei soviel Leichtigkeit und Gespür für die Interessen einer großen Leserschaft war sie nämlich gelegentlich auch vorzüglich für die Verschleierung des Terrors einsetzbar. Ende April 1933 kamen sogar die Konzentrationslager als eine Oase der Ruhe und Ordnung ins Bild: Häftlinge beim Sport, beim Zeitungslesen und beim gemütlichen Kaffee in der Stube; „In der Arbeitspause – Unterhaltungen sind gestattet", lautete die Bildunterzeile, ohne jeden polemischen Beiklang. Etwas weniger dezent ging das Blatt 1936 in seiner Bildreportage „Not und Elend" vor. Die Vergangenheit einer „Jugend ohne Glück" war präsent im Photo eines armselig bekleideten Jungen, der sehnsüchtig aus dem Fenster schaut: „Not und Hunger verdüsterten die Jugend von Millionen", ergänzte der Text. Das zweite Photo zeigte drei behinderte, bucklige Kinder. Die Unterzeile propagierte unterschwellig, ohne daß die Worte Sterilisierung oder Euthanasie fielen: „Elend, das es nicht mehr geben wird. Kinder erbkranker Eltern verdämmern ihr trostloses Leben in Heimen, sich selbst und der Gemeinschaft eine schwere Last." Das dritte Bild zeigte kraftstrotzende Jungen, die „neue deutsche Jugend": „In der großen Schule des Dritten Reiches zu

Selbstzucht und Verantwortungsfreudigkeit geführt, betreut von Eltern, die wieder Arbeit und Heim haben, beschützt von Gesetzen, die ihre Gesundheit an Leib und Seele sichern, blickt die deutsche Jugend mit hellen Augen in eine bessere Zukunft."

Der knappe Text war charakteristisch für viele Bildreportagen – und er war manchmal schon in den dreißiger Jahren die reine Lüge. Ein Photo aus dem zerstörten Guernica wurde mit den Worten präsentiert: „Als die Bolschewisten sahen, daß sie die Stadt nicht mehr halten konnten, begossen sie die fast unversehrten Häuser mit Benzin und steckten sie in Brand. Die Stadt wurde ausgeplündert und vollständig zerstört." Die Beteiligung deutscher Kampfflieger am spanischen Bürgerkrieg aber wurde wie in der gesamten Presse verschwiegen.

In der zweiten Hälfte der dreißiger Jahre schlich zunehmend auch Antisemitisches ins Blatt, zum Beispiel in Berichten über Palästina, die die Juden als Unterdrücker der Araber hinstellten. 1938 war dann vom „Welt-Problem: Die Juden" die Rede. Gezeigt wurden angeblich geheime Bilder von einem Galaabend der Familie Rothschild, unter anderem ein „Gast, der kein Gast ist", wie die Unterzeile behauptete: „Einer der Privat-Detektive, die die goldenen Eßbestecke, die Juwelen, Bilder (...) und die schwergoldenen Bürsten und Kämme in den Schlafzimmern bewachen, wenn die Rothschilds Gäste im Hause haben." Juden erschienen jetzt öfters als reich, raffgierig oder stehlend.

Während des Krieges wurde auch die *Berliner Illustrirte* zum grobschlächtigeren Propagandainstrument. Das Blatt druckte zuhauf große Bildreportagen von vorwärtsstürmenden oder siegreich heimkehrenden Soldaten. Gleichzeitig wußte man auch jetzt noch gelegentlich die menschlich-persönlichen Resultate der Feldzüge hervorzuheben: Kurz nach dem Sieg in Frankreich zeigte das Titelblatt Hitler als Tierliebhaber, der ein „krankes französisches Armeepferd" fütterte. Die späteren Niederlagen kamen in der BIZ hingegen nicht vor. Über die deutschen Verluste bei Stalingrad fiel kein Wort, und von den Schrecken des Krieges war wenig zu sehen. Es sei nicht nötig, „dem einzelnen das Herz durch Berichte dieser Art unnötig schwer zu machen“, hatte Goebbels kurz vor der Kapitulation der deutschen Truppen vor Stalingrad in der Ministerkonferenz die Richtung gewiesen: Nötig aber sei es, „jeden einzelnen zu zwingen, daß er sich die Frage vorlegt, ob und wie er noch mehr zur Kriegsführung beitragen kann“. Die gesamte deutsche Propaganda müsse aus dem Heldentum von Stalingrad einen Mythos entstehen lassen.[4] Natürlich diente auch die BIZ jetzt der Heroisierung deutscher Opferbereitschaft und der lautstarken Propagierung des Durchhaltewillens. Gelegentlich allerdings entfalteten die Bilder eine ganz eigene Aussagekraft. Wer aufmerksam hinsah, konnte auch Zeugnisse des Rückzuges erkennen, und manchmal war von der im Text verkündeten „fanatischen Entschlossenheit“ in den Gesichtern nichts mehr zu entdecken.

Für eine enge Einbindung der Illustrierten und der Zeitschriften in die Kriegspropaganda sorgten nicht zuletzt der 1939 gegründete Zeitschriften-Dienst und der diesem beigefügte Deutsche Wochendienst. Detaillierte Anweisungen sprachregelten nicht nur die „großen“ Themen, sondern auch banal erscheinende Alltagsfragen. Das Hosentragen von Frauen werde geduldet, hieß es beispielsweise am 7. Oktober 1940, und am 25. Juli 1941 wurde vorgeschrieben, eine Diskussion über die Frage „Rauchen oder Nichtrauchen“ zu unterlassen.

Während des Krieges wurde auch die Frauenpresse systematischer als in den Friedensjahren für die Propaganda eingesetzt. Jetzt polemisierte selbst ein Blatt wie die *Junge Dame* in Beiträgen über Frauen in fremden Ländern gegen „Plutokratie“ und „Bolschewismus“. Die Grausamkeiten des Krieges verschwiegen natürlich auch die Frauenzeitschriften. Die Kriegsberichte zeichneten neben heroisierenden Schlachtgemälden männlicher deutscher Tapferkeit im Kampfgeschehen vor allem Bilder von den eher angenehmen Seiten des Soldatenlebens. Nicht immer ging es so launig zu wie bei Hans Huffzky, der zwischen Betten und Spinden Männer „herumturnen“ sah, die Skatkarten droschen, Briefe an die Herzallerliebste schrieben, Strümpfe stopften oder auf dem Akkordeon in Lautstärke zwölf ‚Leise flehen meine Lieder' spielten. Und Huffzky endete: „dann bleibt noch einer übrig. Das bin ich. Der hämmert auf seiner [Schreibmaschine] Erika und bittet seine jungen Damen, daß sie ihre zarten Däumchen drükken".[5] Aber Berichte von den „kleinen" Sorgen, den Pausen und Ablenkungen im Kriegsalltag waren Bestandteil aller Frauenzeitschriften, gezielt eingesetzt, um die Leserinnen zu beruhigen und Entspannung zu bieten. Die von Goebbels für „kriegswichtig" erklärte „gute Laune" behielt die *Junge Dame* selbst dann noch, als die schnellen Siege an der Front ausblieben. Im Mai 1942 präsentierte sie in einem „Feldpostbrief in Bildern" muntere Soldaten an der Ostfront, die sich die Zeit mit Skifahren und Schneeballschlachten vertrieben; im Juni startete sie eine Serie „Frohes von der Front".

Die mit Kriegsbeginn einsetzenden Forderungen zu beruflicher „Pflichterfüllung" der Frauen an der „Heimatfront" fielen je nach der Zielgruppe eines Blattes noch recht unterschiedlich aus: Die elegante *Dame* präsentierte standesgemäß ein Bild von Damen des Diplomatischen Korps, die – teilweise sogar im Stehen – Strümpfe für deutsche Frontkämpfer strickten; die *Junge Dame* propagierte unter der Überschrift „Packt an, wo Männer fehlen" den Arbeitseinsatz in der Fabrik: „selbst für das Kino ist man abends oft zu müde, aber dafür hat man das Gefühl, ‚dabei' zu sein, ein Soldat Unbekannt der Heimatfront. (Und seien wir ehrlich: ein bißchen freut man sich auch echt weiblich auf den neuen Frühjahrshut vom selbstverdienten Geld.)" Der Einsatz in Männerberufen galt nun keineswegs mehr als unweiblich.

Auch den zunehmenden Entbehrungen im Alltag sollten die Leserinnen positive Seiten abgewinnen. Die *Junge Dame* erklärte launig-tröstend, wie Privatfahrzeuge abgemeldet werden: Eine Bilderfolge zeigte, wie sich ein junger Mann und eine junge Frau, die zur gleichen Zeit ihr Auto abmeldeten, verliebten. Betont unbekümmert kamen auch andere Sparmaßnahmen daher: Zu Abendeinladungen sollte jetzt jeder Gast eine Kleinigkeit mitbringen. „Daraus wird noch ein Göttermahl entstehen. Paßt nur auf." Vom Kleiderkauf riet das

Blatt ab: „Gut getauscht ist besser angezogen! Was der einen nicht nützt, nützt der anderen – und umgekehrt." – „Wenig Stoff, aber ein guter Schnitt – darauf kommt es heute an!"

Sparplädoyers, Verbrauchslenkung und moralische Stärkung waren inzwischen die wichtigsten Aufgaben der Frauenzeitschriften: „Wenn Vater fort ist", „Wie sparen wir", „Vom Kriegshaushalt", „Verdunkelt und doch gemütlich!", „Kleider umändern", „Neues aus Altem", „Erste Hilfe", „Luftschutzkeller" – so lauteten einige der Kriegsthemen im *Blatt der Hausfrau.* Sparen mußten die Frauenzeitschriften schließlich auch selbst: Der Umfang des *Blatts der Hausfrau* sank zwischen 1938 und 1942 von 32 auf 20 Seiten; 1943 waren es nur noch 14 Seiten. Im März 1943 verschwanden die letzten Sachwalter des Luxusgeschmacks endgültig vom Markt: die *Dame,* die *Elegante Welt* und die *neue linie* wurden eingestellt. Auch die *Junge Dame* wurde jetzt endgültig zum „Kameraden" umfunktioniert, im wahren Sinne des Wortes: Ab April 1943 vereinigt mit den Blättern *Die Hanseatin* und *Wir Hausfrauen,* hieß sie fortan *Kamerad Frau.*

Alle Zeitschriften waren nun verpflichtet, deutlicher und häufiger antijüdische und antibolschewistische Themen zu behandeln, um „Widerstandswille" und „Leistungskraft" des deutschen Volkes zu steigern. Judentum und Bolschewismus sollten stärker denn je als Sündenböcke für das Scheitern der Weltmachtpläne gebrandmarkt werden. In jeder Nummer müsse irgendwie darauf eingegangen werden, was es bedeute, wenn ein Volk in bolschewistisches Fahrwasser gerate, wies der Deutsche Wochendienst am 12. März 1943 die Chefredakteure an. Bei der Darstellung brauche man sich nicht zu scheuen, der „Neigung breiter Leserschichten zu Sentimentalitäten" nachzugeben. Das einzige Ziel müsse es sein, den Leser richtig zu packen und ihm die Gefahr des Bolschewismus so zu schildern, daß er auch nicht einen einzigen Moment auf den Gedanken komme, seine Arbeit und sein Kampf seien nutzlos und unnötig.[6] Und wiederholt wurde nun dazu aufgefordert, die Geschichte der Juden als eine Geschichte des Verbrechens darzustellen. „Die gesamte deutsche Presse muß eine antijüdische Presse werden", hieß es im Deutschen Wochendienst vom 4. Juni 1943. „Diese Anweisung ist nicht nur für einige Wochen und Monate gedacht, sondern sie ist die grundlegende Basis für einen großen Teil der Pressearbeit überhaupt. Wenn jede Zeitschrift immer wieder den Juden und seine zerstörende Tätigkeit auf allen Lebensgebieten aufgreift, dann wird die antijüdische Einstellung für jeden einzelnen schließlich eine Selbstverständlichkeit, nicht nur in unserm eigenen Volk, sondern in ganz Europa und darüber hinaus. Wer also durch seine Zeitschrift dazu mithilft, eine antijüdische Presse auf den Plan zu bringen, der hat Teil an einem geschichtlichen Meinungsumschwung der zivilisierten Völker." Immerhin sprach daraus auch das Eingeständnis, daß die Zeitschriftenpresse zuvor noch nicht durchgängig auf Antisemitismus abonniert gewesen war. Jetzt konnte sich allerdings praktisch kein Blatt mehr der Verpflichtung zur Hetze entziehen. Aber nicht jeder Journalist trug mit eigenen Artikeln dazu bei, und nicht jeder, der antijüdische Artikel verfaßte oder verantwortete, war Antisemit. Ruth Andreas-Friedrich war von Juni 1943 an Hauptschriftleiterin von *Kamerad Frau.* Während sie unter großem persönlichen Einsatz politisch Verfolgten half, erschienen in ihrer Zeitschrift schlimme antisemitische Hetzartikel.[7]

Durch die Kriegseinwirkungen blieben zahlreiche Zeitschriften wenigstens davor bewahrt, bis Kriegsende Hetz- und Durchhalteparolen zu verbreiten. Der Zwang zum Papiersparen und die weitere Konzentration lichteten den Zeitschriftenmarkt immer mehr. Das *Blatt der Hausfrau* wurde im Herbst 1944 eingestellt. Jetzt existierte überhaupt nur noch jede zehnte der 1939 registrierten Zeitschriften; und die Gesamtauflage war auf etwa ein Fünftel geschrumpft. Der Zeitschriften-Dienst gab nicht auf. „Widerstand leisten! Angreifen!", lautete am 9. März 1945 das Motto seines Hauptthemas. Gleichzeitig wurde mitgeteilt, die Exemplare der vorhergehenden Ausgabe seien bei einem „Terrorangriff" auf Berlin verbrannt.

7. Rundfunk und Wochenschau

Überall im Reich heulten die Fabriksirenen, dann ruhte die Arbeit. Am Mittag des 10. November 1933 mußten in allen deutschen Betrieben die Radios eingeschaltet werden, für eine Übertragung aus der Werkshalle von Siemens in Berlin. Die Sendung begann mit langsam abklingendem Maschinenlärm, den Siemens-Sirenen, einführenden Worten von Goebbels; danach sprach der „Führer". Die Übertragung markierte eine neue Etappe der Rundfunkpropaganda: „Gemeinschaftsempfang" jetzt auch am Arbeitsplatz. „DAF 1011" hieß bald ein Radiogerät; die Zahl erinnerte an den Tag des Hitler-Auftritts bei Siemens. Andere Geräte waren bereits mit Parteigeschichte aufgeladen: Seit Sommer 1933 gab es den Volksempfänger „VE 301", 301 in Erinnerung an den Tag der „Machtergreifung". Bis in Details drückte der Nationalsozialismus dem noch jungen Medium Hörfunk seinen Stempel auf.

Er halte den Rundfunk „für das allermodernste und für das allerwichtigste Massenbeeinflussungsinstrument, das es überhaupt gibt", hatte Goebbels schon im März, kaum zwei Wochen nach seiner Ernennung zum Propagandaminister, vor den Intendanten gesagt: Es dürfe in Zukunft in Deutschland kein Ereignis von politisch-historischer Tragweite geben, an dem das Volk nicht über Rundfunk teilnehme. „Der Rundfunk muß der Regierung die fehlenden 48 Prozent zusammentrommeln, und haben wir sie dann, muß der Rundfunk die 100 Prozent halten, muß sie verteidigen, muß sie so innerlich durchtränken mit den geistigen Inhalten unserer Zeit, daß niemand mehr ausbrechen kann."[1]

Binnen kurzem nahm das NS-Regime den Rundfunk organisatorisch und inhaltlich fest unter Kontrolle. Nachdem die Regierung Papen den Rundfunk 1932 verstaatlicht hatte, war es ein leichtes, die Reichsrundfunkgesellschaft (RRG) zum Instrument des neuen Propagandaministeriums zu machen. Die Zuständigkeit für Programmüberwachung und Personalpolitik der RRG hatte der Reichsinnenminister am 16. März an Goebbels abgetreten, kurz darauf der Postminister die wirtschaftliche Kontrolle und die Rechte an den Hörergebühren, die nun zum Teil auch zur Finanzierung des Propagandaministeriums dienten. Ab Ende März 1933 schieden in rascher Folge fast sämtliche Intendanten aus: Bis Anfang August waren zehn von elf Intendanten durch Gewährsleute von Goebbels ersetzt. Bereits im Juli 1933 hatte der Propagandaminister die bis dahin selbständigen regionalen Rundfunkgesellschaften seiner zentralen Regie unterstellt, und am 1. April 1934 waren die regionalen Gesellschaften auch juristisch liquidiert, herabgestuft zu „Reichssendern" der Berliner Zentrale. Von dort kamen neben Anweisungen aller Art auch essentielle Sendeteile. Die Nachrichten lieferte der von Hans Fritzsche geleitete „Drahtlose Dienst" – direkt aus der Presseabteilung des Propagandaministeriums.

Erheblich länger dauerte es, bis die Mehrzahl der Privathaushalte überhaupt via Radio erreicht werden konnte. Anfang 1933 hatte es nur knapp über vier Millionen Empfangsgeräte gegeben. Daß von da an jährlich etwa eine Million neu hinzukamen, lag nicht allein an dem seit Frühjahr 1933 massenhaft und vergleichsweise günstig angebotenen, nur 76 Mark teueren „VE 301". Die Möglichkeiten zur Ratenzahlung, der wirtschaftliche Aufschwung sowie die großen Werbeaktionen von Staat und Industrie taten ein übriges, neben dem Verkauf des „Volksempfängers" auch den Absatz der Markengeräte zu steigern.[2] 1938 gab es neun Millionen Rundfunkteilnehmer. Damit lag Deutschland in der Rundfunkdichte der europäischen Länder allerdings erst an fünfter Stelle. Der im selben Jahr auf den Markt gebrachte „Deutsche Kleinempfänger" (Preis: 35 Mark), vom Volksmund „Goebbels-Schnauze" getauft, trieb die Anmeldungen schließlich noch einmal sprunghaft in die Höhe: auf fast 16 Millionen Rundfunkteilnehmer 1941.

Wie „total" Goebbels die Hörer über Funk erfassen wollte,

zeigte sich, als er 1938 daran ging, die letzten Lücken zu schließen: Die ersten „Lautsprechersäulen" wurden aufgestellt, die den Anfang eines Netzes von 6000 im Freien postierten Apparaten bilden sollten. Der Rundfunk war ein geradezu ideales Instrument zur Herstellung einer Identität von Führung und Gefolgschaft gemäß der Parole „Ein Volk, ein Reich, ein Führer". Besonders anläßlich wichtiger außenpolitischer Entscheidungen – etwa beim Saar-Referendum 1935 und dem „Anschluß" Österreichs 1938 –, bei Volksabstimmungen und Wahlen sowie bei den Reichsparteitagen in Nürnberg diente das neue Medium der Erzeugung massenhafter Anteilnahme. Der energisch propagierte „Gemeinschaftsempfang" in Betrieben, Gaststätten, kommunalen Gebäuden und auf öffentlichen Plätzen verstärkte den gewünschten Effekt noch. Im Kontext der permanenten Volksgemeinschafts-Propaganda war es für den einzelnen Teilnehmer solcher Rundfunkdarbietungen wohl schwer, nicht der Versuchung zu unterliegen, sich als Teil eines übergeordneten großen Ganzen zu fühlen, als Mitglied einer großen Gemeinschaft, in der das Volk alles, der einzelne nichts zu gelten hatte. Aber die politische Zwangsberieselung stieß auch auf Grenzen. Zuhörer hätten „heftig gegen Hitler" geredet, berichtete die Exil-SPD beispielsweise im Sommer 1934 über Begleiterscheinungen des Gemeinschaftsempfangs, und im Dezember 1938 hieß es, die Hörer gewöhnten sich an die Radiopropaganda und ließen die „Reden der Führer und Unterführer" mehr oder weniger gleichgültig über sich ergehen. Die Wirkung jedenfalls sei „zweifelhaft", denn „Übersättigung" führe zur Abstumpfung, auch fehle das „Vertrauen in die Glaubwürdigkeit".[3]

Die NS-Propagandisten hatten sich dem Problem der „Übersättigung" immer wieder aufs neue zu stellen, wollten sie die Wirksamkeit ihrer Propaganda und das Ziel der „Vollversorgung" mit Radiogeräten nicht gefährden. „Nur nicht langweilig werden. Nur keine Öde. Nur nicht die Gesinnung auf den Präsentierteller legen", hatte Goebbels schon 1933 gefordert,[4] aber als Konsequenz seiner raschen Gleichschaltungspolitik verbreitete der Rundfunk zunächst schier unentwegt Gesinnung. Die „Stunde der Nation" kam mit Themen wie „Horst Wessel", „Blut und Scholle", „Ein Trupp SA", „Deutsche Passion 1933", „Erbkrank – erbgesund" und ähnlichem über den Sender. Die nationalsozialistischen Feiertage wurden mit der Übertragung von Marschkolonnen und Reden begleitet; der „Tag der nationalen Arbeit" am 1. Mai 1934 brachte allein 17 Stunden Maifeiern. In Erlebnisberichten, in den Nachrichten, in Vorträgen, Liedern der „Bewegung", Marschmusik und anderem manifestierte sich der alltägliche Polit-Funk.

Im Juli 1934 rügte Goebbels vor den Intendanten die zu „energische Politisierung" und forderte eine „Auflockerung der Programme".[5] Natürlich war keine grundsätzliche Entpolitisierung beabsichtigt, sondern die Modifizierung einzelner Sendeteile. Der Wortpropaganda folgte die Kulturpropaganda. Der konzentrische Einsatz klassischen „Kulturguts" – Schiller-Zyklus, Beethoven-Zyklus, ähnliches mit Werken von Wagner, Bach, Mozart und Bruckner – bewies eine gewisse Anpassungsfähigkeit an „bürgerliche" Hörerinteressen, wie überhaupt die Nationalsozialisten wenig eigene kulturelle Prägekraft entfalteten, sondern sich vielmehr die Klassiker zu eigen machten. Experimentelle und moderne (atonale) Musik wurden nicht zugelassen. 1935 verfügte Reichssendeleiter Eugen Hadamovsky per Anordung ein „endgültiges Verbot des Niggerjazz für den gesamten deutschen Rundfunk".[6] Ob mit „Jazz" auch „Swing" oder gar der „Foxtrott" gemeint war, wurde aber noch diskutiert. Seit Mitte der dreißiger Jahre nämlich entwickelten die Rundfunkpropagandisten in Goebbels' Ministerium und in der Reichsrundfunkgesellschaft zunehmend ein Gespür für die Wünsche des breiten Publikums. Die anfangs verpönte Unterhaltungs- und Tanzmusik galt nun als unentbehrlich. Die Begriffe „Entspannung" und „Unterhaltung" gehörten zum festen Bestandteil Goebbelsscher Reden zum Hörfunk. „Das ist keine Aufgabe zweiter, sondern allererster Klasse. Denn es ist ein Unterschied, ob ein Volk mit Freude und Optimismus seiner schweren Lebensaufgabe dient, oder ob es kopfhängerisch und pessimistisch den Sorgen des Alltags entgegentritt."[7]

Natürlich bedeutete dies kein Ende der, wie Goebbels es nannte, „Belehrung" und „Anregung" im Programm; politisch-propagandistische Vorträge, Übertragungen der Feiertags- und Großveranstaltungen von Staat und Partei gab es auch weiterhin. Aber insgesamt zeigte sich eine klare Tendenz: Die Wortsendungen nahmen ab, die Musik zu.[8] 1939 waren die Sendestunden für „Literatur" und „Vorträge" gegenüber 1933/34 (und auch gegenüber der Weimarer Zeit) um jeweils mehr als die Hälfte reduziert, ihr Anteil am Gesamtprogramm von rund 17 auf etwa sieben Prozent gesunken. Hingegen machte die Musik Ende der dreißiger Jahre zwei Drittel des Programms aus. Nachrichten, „Zeitfunk" und „Verschiedenes" blieben in etwa konstant, und innerhalb dieser Bereiche spielten eher unpolitische Sendeteile wie Sport und „Gymnastik" auch 1939 noch eine erhebliche Rolle.

Innerhalb des Musikprogramms dominierten „Unterhaltung", „Kleine Orchesterkonzerte", „Blasmusik", „Volksmusik", „Heitere Stunden" u. ä. mit weitem Abstand vor der ernsten Musik, den Opern, Oratorien, Chor- und Solokonzerten, und selbst noch vor der Symphonie; nur noch gut eine von 13 Musikstunden war der ernsten Musik vorbehalten. Politik sollte auf wiederholte Einwirkung von Goebbels hin aus den Unterhaltungssendungen verbannt sein – es sei denn, sie konnte unauffällig plaziert werden. Höhepunkt familienfreundlicher Massenunterhaltung wurde das sonntägliche „Wunschkonzert", das in variiertem Aufbau alle Teile des populären Musikprogramms vereinigte: Zu Beginn der „Badenweiler", der Lieblingsmarsch des „Führers", dann Chöre, Kammermusiksätze, Opernarien, populärklassische Stücke und Ouvertüren, Volkslieder, Tanzschlager, Walzer und zum Abschluß Beethovens „Die Himmel rühmen des Ewigen Ehre". Beigemischt war eine winzige Dosis Politik, scheinbar völlig auf den sozialen Aspekt reduziert: die Finanzierung des Winterhilfs- bzw. Kriegswinterhilfswerkes. Das wurde von den Hörern hingenommen; und auch die spätere politische

Absicht, die Erzeugung einer engen, sentimentalen Verbindung zwischen Front und Heimat beim „Wunschkonzert der Wehrmacht" wurde als solche wohl nicht verstanden – und war darum umso wirksamer.

Auch während des Krieges blieb das Programm eher heiter. Den Schwerpunkt bildeten weiterhin Musik und Unterhaltung. Der Anteil politisch-propagandistischer Sendungen lag bei 16 Prozent. Innerhalb der Musiksendungen nahm die ernste Musik zu; eine von sechs Musikstunden war jetzt „gehobener" Musik vorbehalten. Daß mindestens zwei Drittel der Sendestunden auch während des Krieges die Unterhaltung bestritt, war weder Zufall noch allein darin begründet, daß viele „Wortberichter" und andere Rundfunkmitarbeiter an die Front mußten und deshalb Schallplatten die journalistischen Wortsendungen ersetzten. Vielmehr dynamisierte Goebbels die Unterhaltung gerade mit Fortdauer des Krieges – besonders, nachdem der erhoffte „Blitzsieg" in der Sowjetunion ausgeblieben war: Mit dem Ziel, die Programme bunter und volkstümlicher zu machen, wurde im Winter 1941/42 der Unterhaltungsbereich organisatorisch und personell umgestaltet.[9] Goebbels ließ ein neues Reichsorchester, das „Deutsche Tanz- und Unterhaltungsorchester", gründen und schuf damit eigentlich schon das Modell für die Rundfunkorchester der Nachkriegszeit. Zwar wurden überwiegend Walzer, Operetten, Revue- und Filmmusiken gespielt, aber bis zuletzt hagelte es aus den Reihen der Partei Beschwerden über „amerikanische Negermusik" und „undeutsche" Töne. Doch die Tanzmusik blieb, der Foxtrott war auch im Sommer 1944 noch im Programm.

Bis in Einzelheiten hinein war der Unterhaltungsauftrag des Rundfunks festgelegt. Militärmärsche sollten den zivilen Charakter von Musiksendungen nicht in Frage stellen, längere „Redereien" im Musikprogramm unterbleiben. Problematische Bezüge durften nicht auftauchen: Kein U-Boot-Lied wegen der Verluste der U-Boote, keine fröhlichen Rheinlieder wegen der Luftangriffe auf die Städte am Rhein, keine „Jägerlieder", weil die Bevölkerung kein Verständnis mehr für den

Jagdsport habe; sonst aber blieb alles wie gehabt. Der Ablaufplan der Sendung „Lieder von A–Z" zu Goebbels' Geburtstag im Oktober 1942 liest sich heute zum Teil wie böse Ironie, war aber damals typisch für viele volkstümlich-populäre Reihen: „Freunde, das Leben ist lebenswert", „O sole mio", „Glücklich am Morgen, glücklich am Abend", „Ich bin ja heute so verliebt", „Nur nicht nervös werden", „Ich weiß, es wird einmal ein Wunder geschehn" und schließlich „Jeder Spatz pfeift es vom Dach".

Als vier Monate später die 6. deutsche Armee vor Stalingrad kapitulierte, spielte der Rundfunk einige Tage ernste Musik. Aber ansonsten blieb der unterhaltsam-lockere Grundcharakter des Programms fast immer erhalten. Alles Auffällige war auf Anweisung des Ministeriums zu vermeiden. Nach der Invasion der Briten und Amerikaner an der französischen Atlantikküste wies Hans Fritzsche, nach Goebbels inzwischen der mächtigste Rundfunkverantwortliche, die „Hauptgruppe Musik" an, „keineswegs Programmänderungen" vorzunehmen. Es sollte höchstens eine „leichte Verschiebung" geben, „wenn es sich um eine Nachricht handelt, die das ganze deutsche Volk alarmiert".[10] An solchen Grundsätzen konnten auch gelegentliche scharfe Proteste von Hörern nichts ändern. Selbst 1945 arbeitete der Rundfunk noch unter der Devise „maßvolle Unterhaltung"; die „frische Note" beizubehalten und die „schaffenden Volksgenossen zu beruhigen und zu entspannen", war auch weiterhin Fritzsches Ziel.

Zum Kriegführen brauche man ein Volk, „das seine gute Laune bewahrt", hatte Goebbels wiederholt im Frühjahr 1941 den beschwingten Rundfunk verteidigt.[11] Natürlich ging es ihm auch darum, mit seichten Programmen für die Sendeteile empfänglich zu machen, in denen weiter Propaganda geliefert wurde. Wie wenig Goebbels im Grunde den Hörern, und wie wenig er damit nicht zuletzt auch der eigenen Rundfunkpropaganda traute, hatte er schon 1939 gezeigt, als er seine „Mißtrauenserklärung an das deutsche Volk" (Diller) verfaßte: Seit Kriegsbeginn war das Abhören von Auslandssendern verboten. Entdeckte Verstöße wurden hart geahndet; insgesamt dürften bis Kriegsende zwischen 4000 und 5000 Menschen verurteilt worden sein, einige davon zum Tode. Trotz Androhung von Strafen aber wurden weiter ausländische Programme gehört, zumal Briten und Sowjets ihre Sendernetze ausbauten und die auf reichsdeutscher Seite zur Verfügung stehenden Störsender nicht ausreichten, den Empfang ernstlich zu behindern. Gerade in Krisenzeiten, wenn die Hörer sich über die militärische Situation schlecht informiert fühlten, schalteten sie ausländische Sender ein; eine Tatsache, von der die NS-Propagandisten nur zu gut wußten.

Solange von den Kriegsschauplätzen Erfolge zu vermelden waren, war auch die Rundfunkpropaganda relativ erfolgreich. Wenn Hans Fritzsche in den ersten Monaten nach Kriegsbeginn nahezu täglich in der besten Sendezeit die Frontereignisse und die Propaganda der Alliierten kommentierte, garantierte dies ein Millionenpublikum. Fritzsches Worte unterschieden sich von denen anderer NS-Propagandisten zwar nur im Ton, aber die Hörer registrierten, wenn nicht in lautem Parteijargon, sondern ruhig und scheinbar sachlich berichtet wurde. Bezeichnend für die Situation der Rundfunkpropaganda war, daß selbst Fritzsche seit Anfang 1942 nur noch zweimal pro Woche sprach und seine Auftritte weiter einschränkte; auch sein Publikum war nach den ersten Mißerfolgen an der Front kritischer geworden. „Sie erzählen uns häufig die schönsten Märchen über den Krieg. Glauben tut Ihnen kein Mensch in Deutschland“, hatte ein Hörer geschrieben. „Die größte Lüge (...) ist der Verlust von lediglich 90000 Soldaten in Rußland bis 30. August. Diese faustdicke Lüge schlägt allem den Boden aus.“[12] Mochte solche Kritik auch eine Ausnahme darstellen, so war sie doch in einer Hinsicht charakteristisch für die Kriegszeit: Die Hörer suchten nach harter Information, und weil sie diese nicht bekamen, sank ihr Vertrauen in das Programm. Die abnehmende Glaubwürdigkeit des Rundfunks schlug sich in den Stimmungsberichten des Sicherheitsdienstes (SD) der SS nieder.

Die Öffentlichkeit nehme die Propaganda nicht mehr an, „weil sie in ihrer Ausdrucksweise und im Stile so abgegriffen und schädigend geworden sei, daß sie bei Hörer und Leser ein Gefühl des Überdrusses hervorrufe", gab Goebbels im September 1942 in einer Ministerkonferenz zu Protokoll. Wieder einmal machte man „Ausdruck" und „Stil" für die Schwächen der Propaganda verantwortlich, eine verstärkte Informationsgebung erwog man nicht. Immerhin erteilte Goebbels „verbindliche Weisung, von dieser Methode einer schablonenhaften und geistlosen Wiederholung der Propagandaausdrücke abzurücken und sich von jetzt an mehr anzustrengen, um ein weiteres Absinken des Interesses der Öffentlichkeit an den Informationen, Mitteilungen, Artikeln, Vorträgen usw. zu verhindern".[13]

Diese „Anstrengungen" mochten gelegentlich Erfolge zeitigen; der SD vermerkte immer wieder einmal, daß einzelne Sendungen, Frontberichte oder Vorträge positiv von den Hörern beurteilt wurden, weil „die ruhige und sachliche Art" gefalle. Und Goebbels mochte auch zu Recht davon ausgehen, daß etwas von der Wortpropaganda, die da beständig in die Gehirne träufelte, auch hängenblieb. Aber die Hörer zu „durchtränken mit den geistigen Inhalten", so daß „niemand mehr ausbrechen kann", wie er es 1933 vorgehabt hatte – davon konnte keine Rede sein. Keine Propaganda konnte die niederschmetternde Wirkung der „Luftlagemeldungen" wettmachen, die anrückende gegnerische Bomberverbände ankündigten. Änderungen von „Ausdruck" und „Stil" und noch so muntere Unterhaltungsprogramme vermochten die Lücke zwischen Medienrealität und Kriegswirklichkeit nicht mehr zu schließen.

Vor demselben Dilemma stand Goebbels schließlich bei der Wochenschau. Dabei war ihm in den ersten Kriegsjahren alles noch so positiv erschienen. „Erschütternd", „hinreißend", „filmisches Epos deutschen Heldentums", „ergreifend", „atemberaubend", schwärmte Goebbels im zweiten Kriegsjahr von den Wochenschauen.[14] Mit den Worten, sie sei das „beste Volksführungsmittel, das wir besitzen", rühmte Goebbels wieder einmal seine eigenen Ideen, traf aber auch den Kern der Sache: Die Wochenschauen, schon vor dem Krieg gezielt eingesetzt, waren im Krieg endgültig zu einem erstrangigen Propagandamittel geworden. Bei bis zu 2000 Kopien (1939: 865) konnte 1942 fast jedes dritte Kino im Reich eine Wochenschau in Erstaufführung zeigen; wöchentlich 20 Millionen Zuschauer sahen die jetzt bis zu vierzig Minuten langen Kino-Vorfilme. Rund 300 Filmberichter in Heer, Marine und Luftwaffe steuerten Aufnahmen von den immer zahlreicher werdenden Kriegsschauplätzen bei.

Systematische Planung und wirtschaftliche Konzentration hatten diesen Erfolg ermöglicht. Unmittelbar nach Kriegsbeginn waren die vier bestehenden Wochenschauen *Ufa-Tonwoche, Deulig-Tonwoche, Tobis-Woche* und *Fox Tönende Wochenschau* zur – wie sie dann ab Juni 1940 hieß – *Deutschen Wochenschau* vereinigt worden. Die Kriegsberichterstattung selbst war, um angebliche Fehler aus dem Ersten Weltkrieg nicht zu wiederholen und künftige „Dolchstoßlegenden" zu verhindern, schon vor dem Ausbruch des Krieges generalstabsmäßig vorbereitet worden. Den sogenannten Propagandakompanien (PK) gehörten Experten an: gelernte Kameraleute, Rundfunkreporter und Journalisten. Anders als die zivilen Berichterstatter im Ersten Weltkrieg waren sie als Soldaten zumindest der Form nach Teil der kämpfenden Truppe. In diesem Krieg sollten die Berichte nicht aus der Etappe heraus, sondern von der vordersten Frontlinie und unter der Kontrolle des Heeres erstellt werden. Die Produktion der Filme verantwortete die Wehrmacht, aber die Auswertung besorgte das Propagandaministerium. Im Fall der Wochenschau bedeutete dies: Goebbels persönlich zog die Entscheidungsbefugnisse an sich. Zwei Abende in seinem Wochenprogramm waren reserviert für Vorführungen des Rohschnitts beziehungsweise der vorläufigen Endfassung; oft verlangte der Propagandaminister bis in Details hinein Änderungen von Text oder Schnitt.

Trotz der Kürze der Produktionszeit waren viele Wochenschauen sorgsam inszenierte Filmwerke mit beträchtlicher Propagandawirkung. Gemäß dem Selbstverständnis galt es nicht, politische, militärische oder wirtschaftliche Hintergründe darzustellen, sondern deutsches Denken, Handeln und Wollen zu heroisieren. Die Wochenschauen erweckten den Eindruck, der Kampf an der Front laufe mit der Planmäßigkeit eines lange vorbereiteten Manövers ab. Feindlicher Widerstand war kaum oder gar nicht zu sehen, auch deutsche Verluste und Verwundete wurden nicht genannt und nicht gezeigt. Die einzelnen Einheiten waren meist streng methodisch aufgebaut, steigerten sich jeweils aufs Ende hin, unterstützt durch Kommentar und Musik, die helfen sollte, Gefühle zu wecken und den Siegeswillen zu stärken.

Den SD-Berichten zufolge war die Begeisterung des Publikums über die Wochenschauen auch tatsächlich groß – solange sich das in Bild und Ton hauptsächlich vorherrschende Element des „kämpfenden Vorwärtsstürmens" mit dem tatsächlichen Vormarsch der deutschen Truppen deckte und solange die Bilder noch den Reiz des Sensationellen und Neuen hatten. Wie schwierig manchmal das Neue herzubringen war, zeigte sich noch während des unaufhörlichen „Blitzfeldzuges". Die Propaganda konnte leicht fehlschlagen oder langweilen, wenn das Publikum vergebens auf Sensationen wartete. „Sehr gute Aufnahmen. Aber es fehlt der Krieg für die Darstellung des Krieges", hatte Goebbels selbst schon 1940 verschiedentlich in seinem Tagebuch geklagt. „Diese Zwischenkriegszeiten sind für uns immer am schwersten."

Es wurde noch viel schwieriger, als eigentlich Stillstand, Rückzüge und Niederlagen hätten dokumentiert werden müssen. Je schlechter die Lage wurde, desto mehr informierten sich die Deutschen durch die Auslandssender, durch Feldpostbriefe und bei Fronturlaubern; sie achteten auf die feindlichen Einflüge ins Reich – und wurden wachsamer bei der Wochenschau. „Bei den Bildern von der Bombardierung Leningrads fiel es allgemein auf, daß noch so viele Schornsteine unversehrt waren, auf deren Einsturz man wartete"; solche Aussagen in den Lageberichten des SD nahmen zu, als die Siege auf sich warten ließen. Goebbels erkannte die Probleme sinkender Glaubwürdigkeit auch der Wochenschauen, konnte sich jedoch nicht zu tiefgreifenden Konsequenzen durchringen. Eine zumindest im Ansatz realistischere Darstellung der Kriegslage, die er um die Jahreswende 1941/42 durchaus erwog, hätte er im Fall der Wochenschau freilich alleine auch nicht durchsetzen können. Goebbels belastete die Sorge, Hitler, der sich Wochenschauen vorab vorführen ließ, könne ihm Lob und Anerkennung versagen.

Einige Schwierigkeiten des Feldzuges gegen die Sowjetunion wurden in der Wochenschau genannt; der „erbitterte Widerstand" etwa und widriges Wetter, auch „Entlastungsangriffe" der Sowjets. Aber das sollte die Größe des deutschen Kampfes nur unterstreichen. Die wirkliche militärische Lage wurde verschwiegen, und nie wurde in Frage gestellt, daß der Sieg bevorstehe. Eine Woche vor der Kapitulation der deutschen Truppen bei Stalingrad vertraute Goebbels endlich seinem Tagebuch an: „Das große Thema ist Stalingrad. Wir müssen uns nun allmählich mit dem Gedanken vertraut machen, das deutsche Volk über die dortige Situation zu unterrichten. Das hätte eigentlich schon längst geschehen können, aber bisher war der Führer immer dagegen." Von der Einkesselung der deutschen Verbände war in Wochenschauen nichts berichtet worden. Jetzt wurde der Name Stalingrad in der Wochenschau gar nicht erwähnt, die Kapitulation, von der jeder wußte, nicht konkret angesprochen. Goebbels' Rede im Berliner Sportpalast am 18. Februar 1943, von der die Wochenschau Ausschnitte zeigte, bezweckte allein die Mobilisierung der Bevölkerung („Wollt ihr den totalen Krieg?") und vermittelte den Eindruck, als ob sich die deutschen Truppen immer noch auf dem Vormarsch befänden.

Es war bezeichnend, daß der Propagandaminister für seine Rede einige hundert genau instruierte Claqueure organisiert hatte, um die „Begeisterung" sicherzustellen. Er hätte jetzt eigentlich auch in den Kinos Claqueure gebraucht: Die Kapitulation bei Stalingrad war auch eine Niederlage der Wochenschau, ihre Glaubwürdigkeit endgültig dahin. Gleichwohl hielt man an der Leitidee bis zum Ende fest. Selbst Filmstreifen von der Heimatfront mußten schönfärben, wider besseres Wissen des Publikums. „Die Wochenschaubilder, die mir von Berlin gezeigt werden, sind unter aller Kritik. Man sieht nur schaurige Elendsbilder", diktierte Goebbels im November 1943. Er aber „habe die Absicht, aus der Schlacht um Berlin ein Heldenlied zu machen". Und mit der Wochenschau werde er „beweisen", daß „Befürchtungen keine Begründung haben".[15]

8. Die nationalsozialistische Parteipresse

Er werde jetzt schärfer gegen „die Radaupresse" vorgehen, schrieb Goebbels am 6. Dezember 1936 in sein Tagebuch und dachte dabei keineswegs nur an „bürgerliche", sondern auch an nationalsozialistische Zeitungen – nicht zum ersten Mal. Häufig standen, selbst Mitte der dreißiger Jahre noch, Blätter der NSDAP oder einer ihrer Untergliederungen im Mittelpunkt der Kritik des Propagandaministers. Wiederholt gab Goebbels seinem Ärger energisch Ausdruck: „Die n. s. Presse stänkert zuviel. Daher manchmal die miese Stimmung in der Partei. Das muß aufhören. Da sucht einer den anderen zu überbieten. S.A., S.S. und H.J. Ich werde einschreiten."[1] Goebbels' Tagebuchnotizen deuten an, daß das Ideal der totalen Presselenkung auch bei den Parteiorganen noch weit von der Wirklichkeit entfernt war. Dennoch wäre es verfehlt anzunehmen, irgendeine Zeitung der Partei habe sich generell zum Forum für Auseinandersetzungen entwickelt oder der Presselenkung entzogen.

Ein grundsätzliches Problem war schon in der Zeit vor der Machtergreifung gelegentlich Gegenstand innerparteilicher Diskussion gewesen: Die Frage, wie über den engen Kreis von Parteigenossen hinaus breite Leserschichten durch die nationalsozialistischen Zeitungen erreicht werden könnten. Nur der *Völkische Beobachter*, der *Freiheitskampf* (Dresden) und *Der Angriff* wurden 1932 in einer Auflage von über einhunderttausend Exemplaren gedruckt. Ein verschwindend geringer Teil der damals elf bis zwölf Millionen NSDAP-Wähler las ein Parteiorgan; die verkaufte Gesamtauflage der reichsdeutschen NS-Tagespresse lag bei höchstens 500 000 bis 750 000 Exemplaren.[2] Noch waren die Zeitungen der Partei überwiegend „Kampfpresse", Mittel der innerparteilichen Information, Propaganda und Mitgliederschulung. Ein Ausbruch aus der Stagnation gelang der Parteipresse erst nach der Machtergreifung, als Geld und Macht gewaltige Veränderungen ermöglichten. Viele der vor 1933 nahezu bankrotten „Kampfblätter der Bewegung" entwickelten sich zu auflagestarken Tageszeitungen. Bald verfügte fast jede der großen Parteiorganisationen über eine eigene Zeitung, es entstanden die neuen Organe *Das Schwarze Korps* (der SS), *Der SA-Mann, Der Arbeitsmann, Die Deutsche Arbeitsfront,* ferner die Organe der NS-Frauenschaft und der Jugendorganisationen. Die Wirkungsmöglichkeiten der Propaganda hatten sich damit enorm erweitert, gab es doch schließlich kaum noch einen Deutschen, den nicht mindestens eines dieser Blätter erreichte.

Aber diese „Vielfalt" barg auch Schwierigkeiten für Regime und Parteiführung. Denn manche konkurrierenden Sonderinteressen fanden jetzt eben auch in den Parteiorganen ihren Ausdruck. Auseinandersetzungen der Parteiführung mit Gauleitern und anderen Funktionären, die „eigene" Zeitungen herausgaben, hatten Tradition in der NSDAP, ebenso wie Rivalitäten beispielsweise in Berlin, wo Goebbels gegen die Blätter der Brüder Otto und Gregor Straßer den *Angriff* setzte. Und allein dadurch, daß die NSDAP regierte, waren Auseinandersetzungen keineswegs beendet. Auch mittels Presselenkung war im vielgestaltigen NS-Blätterwald nicht immer ein einheitliches Echo hervorzurufen. Die Gauleiter, die bis 1933 meist nur über kümmerliche Blätter mit niedrigem Niveau und bescheidener Auflage verfügt hatten, unterwarfen ihren plötzlich eminenten Einfluß nicht alle sogleich den Ansprüchen totaler Lenkung. Mehr noch: Vielfach machte sich Selbstbedienungsmentalität breit, suchten größere und kleinere Parteiführer ihre Macht im parteiinternen Gerangel zu stärken, indem sie sich Einfluß auf Presseorgane verschafften oder neue etablierten. So erklärte etwa Hermann Göring, jetzt unter anderem Preußischer Ministerpräsident, die Essener *National-Zeitung* zu seinem „amtlichen Organ". Solchen Aktionen seiner Minister, sich sozusagen Hofzeitungen zu verschaffen, schob Hitler, der seine Funktion als Herausgeber des *Völkischen Beobachters* aufgegeben hatte, im Herbst 1933 einen Riegel vor.

An die Presseanweisungen des Propagandaministeriums fühlten sich die Parteizeitungen in den ersten Jahren nach der Machtergreifung oft nicht gebunden. Auch kam es vor, daß lokale und regionale Parteigrößen ihren Einfluß auszudehnen versuchten, indem sie sich direkt an die Presse wandten, ohne den vorgeschriebenen Weg über die Dienststellen des Propagandaministeriums einzuhalten. Und in einer Reihe von Fällen wurden Parteiblätter auf der Pressekonferenz des Propagandaministeriums zurechtgewiesen.[3]

In der Regel aber funktionierte die Parteipresse als Instrument der Parteileitung und der Regierung, und sie spielte ihren Part eintönig und schrill: schier unaufhörlich die lautstarke Erfolgspropaganda und die Hetze gegen die Feinde des Nationalsozialismus, oft seitenlang die (partei)amtlichen Mitteilungen sowie die wörtlichen Abdrucke von „Führer"-Reden und ihr anschließender Lobpreis im Kommentar. Die bei der bürgerlichen Presse beklagte Uniformierung der Inhalte und Darstellungsformen, die auch nach Goebbels' Meinung die Wirksamkeit der Propaganda gefährden konnte, kennzeichnete die Parteipresse in besonderem Maße. Schließlich hatten die NS-Blätter seit der Machtübernahme eine völlig neue Funktion: Bisher gewohnt, heftige Kritik an den Regierungen zu üben, sollten sie nun die Regierungsmaßnahmen journalistisch unterstützen und popularisieren. Um bei einer solchen Vorgabe und der bis ins Detail gehenden Presselenkung noch eine zumindest scheinbar vielfältige, eigenwillige und nichtuniformierte Berichterstattung zu leisten, hätte es vieler besonders geschickter Federn bedurft. Genau die aber fehlten.

Zur Zeit der Machtübernahme verfügte die Partei nur über wenige gelernte Journalisten, und diese waren oder wurden fast alle – wie Goebbels und Dietrich – auch in anderen Funktionen gebraucht. Die Suche nach qualifizierten Journalisten blieb ein Dauerproblem der Parteipresse, dem auch die Übernahme von Redakteuren aus anderen Zeitungen nur wenig abhelfen konnte. Für die meisten Journalisten der ehemals konservativen und liberalen Presse kam ein Wechsel zu NS-Organen einer Strafversetzung gleich (die sie im Krieg auch war), zumal die Partei ihre Arbeit besonders mißtrauisch beäugte. Mutlosigkeit, Resignation, Fatalismus und schnelle Selbstanpassung wurden damit noch verstärkt. Die Ausbildung von Journalisten an der Reichspresseschule führte ebenfalls nicht zur Behebung des Nachwuchsproblems. Denn solche staatlich inspirierte „Erziehung" bestärkte die jungen Leute kaum, mit Rückgrat und Mut originelle Wege zu gehen. Hinzu kam, daß immer wieder ein Idealtyp des NS-Schriftleiters beschworen wurde, dem die Parteilichkeit als oberste Maxime zu gelten hatte: keineswegs der nur handwerklich perfekte Vermittler von Fakten, sondern der „Propagandist" und „Kämpfer". Professionalität war dafür nicht unbedingt erforderlich.

Die meisten Parteiorgane blieben deshalb eigentümliche Zwittergebilde: Sie sollten „richtige", für breite Leserkreise attraktive Zeitungen sein, gleichzeitig jedoch als engagierte Kampfpresse das Regime und die Parteiorganisationen uneingeschränkt unterstützen. Prototyp einer solchen paradox anmutenden – im Pressesystem des Nationalsozialismus aber durchaus üblichen – Rollenvermengung war der *Völkische Beobachter.*

Seit 1920 im Besitz der Partei und schon vor 1933 deren größtes Blatt, entwickelte sich der VB zur auflagestärksten Tageszeitung im Reich. 1933 bei knapp 130000 Exemplaren Auflage, überschritt die Zeitung 1940 die Millionengrenze und lag 1944 bei rund 1,7 Millionen Exemplaren. Der steile Anstieg war wohl nicht allein darin begründet, daß zahlreiche andere Zeitungen eingestellt wurden und daß neben den Parteigenossen auch Beamte und viele andere aufgefordert wurden, das gleichsam staats- wie parteioffizielle Blatt zu abonnieren. Der *Völkische Beobachter* unternahm auch einiges, um breitere Leserkreise für sich zu gewinnen. Es gab eine Berliner und eine Norddeutsche, eine Münchener und eine Süddeutsche, und nach dem „Anschluß" 1938 auch eine Wiener Ausgabe. Das erleichterte einen zügigen und weiträumigen Vertrieb und ermöglichte den Redaktionen, regionale und lokale Begebenheiten zu berücksichtigen. Die Wirtschafts-, Kultur-

und Sportberichterstattung wurde nach 1933 erweitert; bis zum Kriege, als Papiermangel den Umfang der Zeitung immer mehr beschränkte, suchte man durch Beilagen wie „Die Deutsche Landschaft", „Die deutsche Frau" und „Der Filmbeobachter" das Spektrum der Berichterstattung und den Leserkreis zu vergrößern. Hauptmann a. D. Wilhelm Weiß, bis 1938 als stellvertretender, dann als Hauptschriftleiter und Nachfolger Alfred Rosenbergs auch der Form nach maßgeblicher Redakteur des Blattes, galt als relativ toleranter und angenehmer Vorgesetzter, und manche seiner Artikel zu Kriegsereignissen ließen einen Willen zu vergleichsweise sachlicher Berichterstattung erkennen.[4]

Seine Bemühungen, den journalistischen Standard des *Völkischen Beobachters* zu heben, zeigten insgesamt allerdings wenig Erfolg. Die Zeitung verfügte zum Beispiel über keine eigenen vollbezahlten Auslandskorrespondenten, und auch die Arbeitsbedingungen der Heimatredaktionen galten, verglichen mit der bürgerlichen Großstadtpresse, als eher dürftig und unzureichend. In der formalen Aufmachung des Blattes zeigte sich lange Zeit wenig Neuerungswille: Erst 1941, später als viele andere Zeitungen, wechselte man die einen „altdeutschen" Eindruck hinterlassende Frakturschrift gegen die besser lesbare Antiqua aus. Andere typographische Mittel, mit der sich die Zeitung schon vor 1933 von der seriösen Presse abgehoben hatte – und von denen manche durchaus modern erscheinen mochten –, wurden beibehalten: Die zweite Druckfarbe (Rot), der relativ häufige Einsatz von Illustrationen und Photos, das in Deutschland einmalige – und unhandliche – Großformat (42,5 mal 59,5 Zentimeter) sowie der sechsspaltige Umbruch. Auch bediente man sich weiterhin ungewöhnlich großer und reißerischer Schlagzeilen; nicht selten wirkte die Titelseite des *Völkischen Beobachters* wie ein Plakat.

Seinen Kampfcharakter behielt der VB auch als regierungsoffiziöses Organ nach 1933 bei. Bis Kriegsende lautete der Untertitel: „Kampfblatt der national-sozialistischen Bewegung Großdeutschlands". Das war Programm: Am 29. März 1933 rief die Zeitung auf der Titelseite im Namen der Parteileitung zum Boykott jüdischer Geschäfte, Ärzte und Rechtsanwälte auf („Samstag, Schlag 10 Uhr, wird das Judentum wissen, wem es den Kampf angesagt hat!“). Deutlich zeigte sich, wie wenig das führende Parteiorgan zu grundsätzlichen Änderungen bereit war; den schreienden Jargon schwächte der VB auch in den folgenden Jahren kaum ab. Die überhitzte Idealisierung des Führers, das ständige Feiern innerer wie äußerer Siege, ein Kampf-Stil, der durch die stetige Verwendung von Superlativen, Übersteigerungen und Verzerrungen gekennzeichnet war: Fraglich bleibt, ob eine solche Propaganda dauerhaft wirksam sein konnte oder ob sie, vor allem in den Friedensjahren, Glaubwürdigkeit nicht eher gefährdete als bestärkte. Das professionelle Prestige der Zeitung jedenfalls war gering. Auch wenn es gelegentlich, in der Lokalberichterstattung etwa, Beispiele einer sprachlich relativ neutralen und nüchternen Berichterstattung gab: zum Konzept wurde das offensichtlich nie. Der *Völkische Beobachter* war und blieb eben auch ein Funktionärsblatt, in dem alle Parteigrößen ihre Leistungen und Reden ausführlich gewürdigt sehen wollten. Wenn die Zeitung auf den Pressekonferenzen des Propagandaministeriums recht häufig gerügt wurde, so war dies wohl weniger ein Anzeichen mangelnder Linientreue als vielmehr Ergebnis einer besonders intensiven Lektüre des „obersten Organs“ in Partei und Staat.

Bewußte Abweichungen vom Einerlei der uniformierten Berichterstattung fanden sich eher in anderen Parteiorganen – im *Schwarzen Korps* etwa und im *Stürmer*.

Gunter d’Alquen war einer der wenigen professionell herausragenden Journalisten der Partei. Schon 1933 war er, erst 22 Jahre alt, Leiter des Ressorts Innenpolitik und Chef vom Dienst des *Völkischen Beobachters* geworden. Aber der SS-Hauptsturmführer wollte bald mehr – und das nicht nur der Karriere wegen: Ihm schien die nationalsozialistische Bewegung offenbar gerade hier, in ihrem ureigenen Organ, auf dem Wege in die Erstarrung.[5] Raum für seine Ambitionen bot 1935 die Gründung der Wochenzeitschrift *Das Schwarze Korps*. D’Alquen machte die Zeitschrift, deren Untertitel „Zeitung der Schutzstaffeln der NSDAP" und „Organ der Reichsführung der SS" eher nach Vereinsblatt klangen, zu einem großen Erfolg. Von der ersten Nummer im Februar 1935 wurden 70000 Stück gedruckt, zum Jahresende waren es schon 200000, Mitte 1937 eine halbe Million. 1944 war das *Schwarze Korps* mit einer Auflage von rund einer dreiviertel Million Exemplaren die nach dem *Reich* größte politische Wochenzeitung.[6]

Die Zeitschrift war ein Hetzblatt. Mit Inbrunst beteiligte sie sich an den Kampagnen gegen die katholische Kirche, vulgär wurde über Sittlichkeitsverfehlungen von Klosterinsassen und Pfarrern hergezogen. Der „lüsterne Jude", gegen den der *Stürmer* unentwegt hetzte, war auf den Seiten des *Schwarzen Korps* zwar selten anzutreffen, Antisemitismus aber gab es zuhauf. Schon kurz nach dem Judenpogrom vom November 1938 spekulierten die Redakteure des SS-Organs unter der Schlagzeile „Juden, was nun?" darüber, was geschehen könnte, da die Juden durch die ihnen auferlegten Zwangsmaßnahmen schließlich „allesamt (...) in die Kriminalität absinken" würden: „Im Stadium einer solchen Entwicklung ständen wir daher vor der harten Notwendigkeit, die jüdische Unterwelt genauso auszurotten, wie wir in unserem Ordnungsstaat Verbrecher eben auszurotten pflegen: mit Feuer und Schwert. Das Ergebnis wäre das tatsächliche und endgültige Ende des Judentums in Deutschland, seine restlose Vernichtung."[7]

Verglichen mit anderen Parteiorganen, war das *Schwarze Korps* ein Blatt ungewöhnlicher Professionalität. Es war für damalige Verhältnisse modern und locker umbrochen; die Sprache – nicht selten forsch und frech, ironisch oder sarkastisch – erweckte gegenüber dem Einheitsjargon anderer Zeitungen einen recht lebendigen Eindruck, und manche Schlagzeile verhieß Respektloses („Der Führer hat gehustet!"). Das *Schwarze Korps* nahm, vorsichtig formuliert und meist ohne Namensnennung, auch Vorgänge im Inland aufs Korn. Offenbar galt ausgerechnet die Zeitschrift der elitären SS vielen Lesern bald als eine Art „Reichsbeschwerdestelle": Über manche in Briefen an die Redaktion geschilderte Mißstände – zum

Beispiel Benachteiligungen bei Mieten oder Arbeitsverhältnissen – wurde berichtet. Auch „Erstarrungserscheinungen“ in Partei und Staat waren von Kritik nicht ausgenommen. So kritisierte das Blatt Parteigenossen, die die NSDAP als Versorgungsverein betrachteten oder Stellungen eingenommen hätten, denen sie nicht gewachsen seien.[8] Die Redaktion ging sogar einmal so weit, die gewöhnlich rücksichtslos durchgreifende Obrigkeit vor allzu kleinlicher Anwendung ihrer Machtmittel zu warnen. Der „Führer“ freilich blieb jeder Kritik enthoben.

Besonders forsch war die Kritik an der Verwaltung und der Justiz. Das Blatt brandmarkte angebliche Gefahren der „Bürokratisierung“, „die Verknöcherung mancher Organisationsformen“ und „Scheu vor Initiative und Verantwortung“. In seinen Justizattacken wetterte das *Schwarze Korps* schon mal gegen „hanebüchene Urteile“, bescheinigte Richtern das „geistige Niveau eines Zulukaffers“, bezeichnete richterliche Unabhängigkeit als „Plage eines Freibriefes“ und drohte unverhüllt mit „Selbsthilfe“: „Es gibt bekanntlich auch Konzentrationslager.“ Natürlich handelte sich die Zeitschrift mit ihren Angriffen auch Ärger ein, hauptsächlich mit Standesvertretern. Verboten wurde sie jedoch nie. Denn selbstverständlich stellte sie die NS-Ideologie und das Herrschaftssystem selbst nicht in Frage; ihre Kritik galt eher einem *zu wenig* revolutionären nationalsozialistischen Handeln – und das war durchaus im Sinne Hitlers und Himmlers, beide keine Freunde von Bürokratie und Justiz.

Kritik im *Schwarzen Korps* spiegelte in den meisten Fällen nur wider, was es an Rivalitäten und Meinungsverschiedenheiten eben auch unter den Nationalsozialisten gab. Und wenn die Zeitschrift opponierte, dann nicht gegen das Regime, sondern gegen alles, was diesem abträglich sein konnte. Das *Schwarze Korps* sollte alles angreifen, „was d'Alquens Vorstellung von einem kristallklaren, schneereinen Nationalsozialismus nicht entsprach“.[9] Hauptschriftleiter d'Alquen war publizistisch ein Könner, und er vertrat seine Anliegen gegenüber Parteiinstanzen und Machtträgern geschickt und selbstbewußt. So gab es „zwar Kollisionen, aber keinen Totalschaden", zumal es den vom *Schwarzen Korps* Angegriffenen keineswegs risikolos erscheinen konnte, sich zu wehren: Schließlich war ja unklar, ob es sich „lediglich" um den Angriff von Journalisten handelte oder ob mehr dahinter stand – zum Beispiel die SS.

Der Stürmer hatte, anders als das *Schwarze Korps,* nur ein Thema: den Kampf gegen die Juden. Jedes Verbrechen oder angebliche Übel wurde den Juden angelastet – und wer den *Stürmer* las, mußte den Eindruck bekommen, daß es selbst im Dritten Reich nur so strotzte vor Schmutz und Schund auf allen Ebenen der Gesellschaft: Bordelle, Vergewaltigungen, Mädchenhandel, Verführung Minderjähriger, Homosexualität, Tierquälerei, Unterschlagung, Diebstahl, Devisenvergehen, Wucherpreise, Mord, Todschlag. Kaum eine Ausgabe des Nürnberger Wochenblattes, die nicht ausführlich und im Detail über angebliche jüdische Sexualverbrechen berichtete – eine Tatsache, die selbst den heftigen Antisemiten Goebbels bemerken ließ, das Blatt sei „ja manchmal bloße Pornographie".[10] Kein Parteiorgan im engeren Sinne, sondern Privatbesitz des fränkischen Gauleiters Julius Streicher, betätigte sich der *Stürmer* als Antreiber zu immer neuen antijüdischen Gesetzen, Verordnungen und Maßnahmen, so nicht zuletzt auch des „Blutschutzgesetzes" von 1935, das alle sexuellen Beziehungen zwischen Juden und „Deutschblütigen" zur verbrecherischen „Rassenschande" erklärte. Mit solchen Themen steigerte der *Stürmer* seine Auflage von 1933 etwa 20000 in nur zwei Jahren auf rund 400000 Stück, und etliche davon kamen nicht an die Kioske, sondern in die reichsweit verbreiteten Schaukästen, die „Stürmerkästen".

Mit fatalen Details schuf der *Stürmer* ein Klima der Angst und Einschüchterung. Regelmäßig forderte das Blatt mit fettgedruckten Parolen dazu auf, jüdische Ärzte und Rechtsanwälte zu meiden. Wer sich nicht daran hielt, lief Gefahr, seinen Namen im Blatt wiederzufinden. Praktisch jeder Kontakt zwischen „Ariern" und Juden wurde als Verbrechen gebrandmarkt. Dabei bediente sich der *Stürmer* immer wieder der Denunziation von Lesern. Regelmäßig druckte das Blatt Meldungen, in denen mit vollem Namen, Geburtsdatum und Adresse Personen genannt wurden, die für Juden arbeiteten, bei ihnen einkauften, mit ihnen Karten spielten, spazieren gingen oder Freundschaften aufrechterhielten. Auch Mitglieder von NS-Organisationen waren davon nicht ausgenommen. Da hieß es dann beispielsweise: „Die Volksschullehrerin *Hedemann* ist Mitglied der NS-Frauenschaft. Dessen ungeachtet verkehrt sie mit der Frau und Tochter des *Rabbiners Beer.*"

In Regierung wie Partei war der *Stürmer* keineswegs unumstritten. Die brutalen Attacken auf alles Jüdische riefen negative Reaktionen im Ausland hervor, die das Regime zu manchen Zeiten nicht wünschte: Während der Olympischen Spiele 1936 verschwand der *Stürmer* aus dem Straßenhandel.[11] Außerdem mißfiel, daß die Zeitschrift nicht selten auch Parteigenossen und hohe Beamte angriff. Mindestens zweimal wurde der *Stürmer* (laut Goebbels auf Befehl Hitlers) verboten, Streicher mehrfach von Hitler oder Goebbels persönlich gerügt. Die Verbote zeigten jedoch im Grunde nur, daß sich der *Stürmer* (fast) alles erlauben konnte, denn jedes Mal wurden sie schon nach wenigen Tagen wieder aufgehoben; der *Stürmer* konnte ohne Unterbrechung weitererscheinen.

Dabei befleißigte sich die Zeitschrift auch gegenüber Parteigenossen oder Regierungsämtern eines Stils, den sich wohl keine andere Zeitung hätte erlauben können. So wurde die Reichsstelle für Devisenbewirtschaftung im Januar 1938 mit den Worten kritisiert, ihr Verhalten sei „unglaublich und ungeheuerlich". Anlaß: Noch immer sei es möglich, Devisen „zum Besuch der Schweizer Thora-Lehranstalt und Talmudhochschule Jeschiva-'Ez Chajim'" zu erwerben. „Die *größte Verbrecherschule,* die *schlimmste Räuberhöhle,* die *gefährlichste Mördergrube* ist für die Reichsstelle für Devisenbewirtschaftung ein ‚anerkanntes Lehrinstitut'", wütete der *Stürmer.* Die Reichsstelle gebe „den Juden Devisen, damit sie in der Schweizer Talmudhochschule lernen, wie sie das deutsche Volk besser als bisher *betrügen, bestehlen, berauben* und *bewuchern* können".[12] Die Polemik zog sich in diesem Stil über fast zweieinhalb Zeitungsseiten. Nach Meinung von Goebbels nahm der *Stürmer* damit die Rolle eines „Staat(s) im Staate"[13] ein; der Propagandaminister ließ die Ausgabe beschlagnahmen. Hitler forderte, so notierte Goebbels in seinem Tagebuch, ein „unbefristetes Verbot". Streicher und sein Stellvertreter Karl Holz sollten das Blatt verlassen. Doch es blieb bei Drohungen – wie schon in ähnlichen Fällen zuvor. Der Ärger legte sich, Streicher und Holz konnten weitermachen.

Im Grunde nämlich hatte der *Stürmer* weitgehende Freiheit. Hitler und Goebbels, selbst fanatische Antisemiten, schätzten Streicher; Hitler duzte sich mit ihm, Goebbels hielt ihn für „knorke": „Ein Charakter und Gesinnungsmensch!" Was den Reichskanzler und den Propagandaminister gelegentlich ärgerte, war lediglich Streichers ungenügendes taktisches Gespür, der „Stil" des Blattes. Goebbels forderte mehrfach, die Zeitschrift müsse „den Ton ändern". Obwohl Streicher wegen Beleidigung Görings, zweifelhafter Geschäfte und sexueller Eskapaden 1940 seiner Parteiämter enthoben wurde, durfte er den *Stürmer* weiterhin herausgeben.

Ein beredtes Schweigen über das Judentum in Deutschland kennzeichnet die Ausgaben des *Stürmer* aus der Zeit nach Kriegsbeginn. Mit der Fülle von „Details" über das jüdische Leben war es vorbei. Der *Stürmer* hielt sich an die Anweisungen: Nichts wurde berichtet von Deportationen, Ghettos und Vernichtungslagern. Aber die Leitartikel waren radikale Appelle zur Vernichtung. Gefordert hatte sie Redakteur Karl Holz schon vor dem Krieg. Der Jude sei kein Mensch, sondern ein „Bazillus", hetzte Holz vor dem Judenpogrom im November 1938: „Ein *Schmarotzer,* ein *Schädling,* ein *Tunichtgut,* ein *Krankheitserreger,* der im Interesse der Menschheit beseitigt werden muß."[14] Und Streicher selbst geiferte im Sommer 1941: „Radikale Judenherrschaft ist die Erzeugerin der Hölle auf Erden. Soll diese Hölle auf Erden erlöschen, dann vernichte man die Träger allen Unheils unter den Menschen, dann vernichte man die Keimträger der Entmenschung, den Mörder und Schänder seit Anbeginn: die jüdische Köterrasse." Im Mai 1942, die Massenvergasungen in den Vernichtungslagern im Osten hatten bereits begonnen, schrieb Redakteur Ernst Hiemer in einem Leitartikel („Wann ist die jüdische Gefahr beseitigt?"), Europa sei „heute daran, die Judenfrage einer *endgültigen Lösung* zuzuführen. Gerade deshalb ist es gut, aus vergangenen Fehlern zu lernen (. . .). Das Judentum ist organisiertes *Weltverbrechertum.* Die jüdische Gefahr wird daher erst dann beseitigt sein, wenn das *Judentum der ganzen Welt* aufgehört hat zu bestehen."

„Judenzählung. Ein enthülltes Geheimnis", lautete Streichers Leitartikel, als der Holocaust auf Hochtouren lief. In grausamem Zynismus (und furchtbarem Deutsch) höhnte er, nun sei es nicht mehr nötig, die Juden, wie verschiedentlich in der Geschichte versucht, amtlicher Zählung zu unterwerfen. „Mit der Brechung der Judenherrschaft durch den Nationalsozialismus ist ein Weg bereitet worden, der die Frage einer Judenzählung in künftiger Zeit nicht mehr erforderlich macht. (Der Führer) hat dem Weltjuden prophezeit, daß er sich mit der Herausforderung zu einem zweiten Weltkrieg selbst das Grab grabe: Nicht die nichtjüdische Menschheit geht der Vernichtung entgegen, am Ende dieses zweiten Weltkrieges aber wird ausgerottet sein das, was man bisher Jude hieß."

9. Die Wochenzeitung *Das Reich*

„Daß uns ein derartiges Blatt gegenwärtig noch gefehlt hat, steht außer Zweifel“, schrieb der NS-Reichsleiter für die Presse, Max Amann, am 30. Juni 1940 in einem Rundbrief an die NS-Prominenz. „Die Zeitung soll nicht eine unter vielen Zeitungen und Zeitschriften, sondern sie soll die führende große politische deutsche Wochenzeitung sein, die das Deutsche Reich für In- und Ausland gleich wirksam und eindringlich publizistisch repräsentiert. (...) Diese Wirkung soll durch das Höchstmaß an innerem Gehalt, Gedankenreichtum und Sachsubstanz jeder Nummer erreicht werden. Die Stoffbehandlung soll ernst und gewissenhaft, die Darstellung formal ansprechend und zugleich sachlich korrekt sein.“[1]

Als die Siegesmeldungen vom Frankreichfeldzug die Schlagzeilen beherrschten und das Regime bei den Deutschen auf dem Höhepunkt seines Ansehens stand, wollten auch die NS-Propagandisten eine publizistische Großtat vollbringen. Ende Mai 1940 erschien die Nummer eins einer ambitionierten, dem englischen *Observer* nachempfundenen Wochenzeitung: *Das Reich.* Das Blatt kam in einem modernen, ruhigen Umbruch und in Antiqua daher, und in sachlicherem Ton als die Parteizeitungen. War dies das publizistische Schaufenster der neuen europäischen Vormacht, für das internationale Publikum ebenso gedacht wie für das deutsche Bürgertum?

Was Amann gegenüber Prominenten anpries (auch, weil er den Papierverbrauch rechtfertigen wollte), basierte nicht auf eigenen Einfällen. Idee und Konzeption für das *Reich* stammten von Mitarbeitern aus seiner Stabsabteilung unter der Leitung Rolf Rienhardts. Der gelernte Jurist und auf technokratische Effizienz bedachte Nationalsozialist hielt die Fäden des gewaltigen NS-Presseimperiums zusammen. Rienhardt verfaßte nicht nur Amanns Reden und Artikel, sondern entwarf auch die meisten seiner wichtigeren Direktiven. Mit großem Geschick und unbeirrbarer Zielstrebigkeit hatte der Enddreißiger, unterstützt von Max Winkler, die Übernahme der in privater Hand befindlichen Presse in Parteibesitz betrieben. Aber Rienhardt war gleichzeitig auch Pragmatiker genug, die negativen Folgen der Verlagspolitik nicht ganz aus dem Auge zu verlieren. Die gewaltige Konzentration, verbunden mit der immer intensiveren inhaltlichen Lenkung der Presse, hatten die Zeitungen immer gleichförmiger und langweiliger werden lassen. Rienhardt sah, daß das Ansehen der Presse in der Öffentlichkeit sank; er wußte um die zunehmende Verbitterung unter Journalisten und fürchtete, der Beruf könnte für junge Leute reizlos werden. Schon seit Jahren versuchte er deshalb, das ramponierte Ansehen der Presse und des Journalismus aufzupolieren.

Rienhardt war auch hier ganz Technokrat und Zyniker der Macht: Er wünschte die nationalsozialistische Zeitung von Rang, die begabten Journalisten „Möglichkeit zur Eigenarbeit" lasse; Presseanweisungen und Maßregelungen dürften den Journalisten nicht derart einengen, daß er sich „überwacht" fühle, formulierte er in einer 31seitigen Denkschrift Ende 1937, doch müsse der Journalist sich seiner Verantwortung bewußt sein. Selbst daß „einige Beiträge einmal eine kritische Note tragen", sollte nicht ausgeschlossen sein, weil „ die nationalsozialistische Gesamthaltung der Zeitung jeden Zweifel über die positive Absicht ausschließt".[2]

„Tenor: Mehr Freiheit und Lockerung", faßte Goebbels Rienhardts Denkschrift in seinem Tagebuch zusammen. „Vieles richtig, vieles falsch. Aber es wird zuviel verboten. Ich werde dieses Problem weiter untersuchen."[3] Als das Projekt einer neuen Wochenzeitung nach Kriegsbeginn endlich in konkrete Planungen einmündete, zeigte sich der Propagandaminister einverstanden, und als das *Reich* dann schnell ein Verkaufserfolg mit über einer halben Million Exemplaren wurde, machte er es sich zunutze: „Reichsminister Dr. Goebbels" lautete seit Dezember 1940 regelmäßig die Autorenzeile über dem Leitartikel, für den der Propagandaminister jede Woche

2000 Reichsmark kassierte. Nicht nur befriedigte das fürstliche Honorar seine Eitelkeit, auch verging kaum eine Woche, in der er nicht mit Stolz registrierte, sein Aufsatz habe wieder große Beachtung gefunden (wofür er durch zusätzliche Ausstrahlung im Rundfunk nicht zuletzt selbst sorgte).

Rienhardt hatte einen solchen regelmäßigen Beitrag des Propagandaministers ursprünglich nicht vorgesehen, konnte aber ansonsten zufrieden sein. Das *Reich* war offiziös, ohne in die stupide Langweiligkeit anderer Blätter zu verfallen, und es signalisierte jenes Maß an Liberalität und Offenheit, das es für die Leser wie für die Schreiber interessant machte. Und es wurde ein Dauererfolg: im März 1944 war die Auflage auf 1,4 Millionen gestiegen. Die besten Federn des deutschen Journalismus lieferten die politischen Aufsätze, Kriegsberichte, Kulturbetrachtungen, Feuilletons und Wirtschaftsartikel. Die Liste der Mitarbeiter des *Reichs* liest sich wie ein Gotha des deutschen Journalismus und der Literatur der dreißiger, vierziger, fünfziger und auch noch der sechziger Jahre. Das Blatt zeigte, welch starke Anziehungskraft von einer gutgemachten, erfolgreichen Zeitung auch während des Krieges noch auf Autoren, zumal junge, ausging, die schreiben konnten und schreiben wollten.

Die meisten Redakteure kamen von ehemals bürgerlichen Zeitungen, vor allem von der *Deutschen Allgemeinen Zeitung* und dem *Berliner Tageblatt.* Hauptschriftleiter war Eugen Mündler, *Tageblatt*-Chefredakteur im letzten Jahr vor dessen Einstellung und zwischenzeitlich Leitartikler der DAZ; auf ihn folgte 1943 der *Reich*-Mitbegründer und ehemalige Mitarbeiter Rienhardts, Rudolf Sparing. Stellvertretender Hauptschriftleiter und Leiter der Außenpolitik war Werner Wirths, der von Paul Fechters *Deutscher Zukunft* kam. Die Innenpolitik unterstand dem noch nicht 30 Jahre alten ehemaligen *Tageblatt*-Mitarbeiter Erich Peter Neumann, der zeitweise auch als Chef vom Dienst fungierte. Nach Neumanns Einberufung übernahm die vier Jahre jüngere Elisabeth Noelle, die 1940 bei der DAZ volontiert hatte, das Ressort; zuletzt stand ihm Curt Strohmeyer vor, früher Chefredakteur der Ullsteinschen

Grünen Post. Für den Wirtschaftsteil zeichneten John Brech und Hans Otto Wesemann verantwortlich. Das Feuilleton, das unter dem Titel „Literatur/Kunst/Wissenschaft" zeitweilig fast die Hälfte des Blattes füllte, leiteten nacheinander Karl Korn (früher *Tageblatt* und *Neue Rundschau*), Jürgen Petersen (vormals *Tageblatt* und DAZ), Jürgen Schüddekopf, Ludwig Eberlein und der von der *Frankfurter Zeitung* kommende Carl Linfert. Weitere Redakteure waren: Wilhelm Reetz von der *Berliner Illustrirten* und *Signal,* der 1940 das graphische Gesicht der Zeitung mitgestaltete; Otto Philipp Häfner (Außenpolitik), Hans W. Hagen (Feuilleton), Herbert Hahn (Innenpolitik), Alfred Hüttig als Chef vom Dienst, die ehemalige *Tageblatt*- und DAZ-Redakteurin Ilse Urbach (Rubrik für die Frau, Filmkritiken, Reportagen), Helene Rahms (Feuilleton und Innenpolitik) und Christa Rotzoll (Innenpolitik).

Die häufig wechselnde Redaktion war klein, aber man verfügte über ein dichtes Netz von freien Mitarbeitern. Dabei kam dem Blatt zugute, daß es im Deutschen Verlag erschien und dessen personelle Ressourcen nutzen konnte. So schrieben zahlreiche Mitarbeiter der DAZ auch für das *Reich,* unter anderen die Korrespondenten Heinz Barth (Madrid), Paul Baumgarten (Kopenhagen), Ernst Samhaber (Südamerika), Gerhard Thimm (Moskau), die Feuilletonisten Werner Fiedler, Karl Frahm (d. i. Heinrich Strobel), Fred Hamel und häufig der Musikkritiker Werner Oehlmann sowie der Hamburger Wirtschaftskorrespondent Alfred Frankenfeld. Nach der Schließung der *Frankfurter Zeitung* kamen Hermann Poerzgen und Margret Boveri hinzu, die regelmäßig aus Berlin über amerikanische Politik schrieb. Aus dem Ausland berichteten gelegentlich oder ständig, zum Teil mit wechselndem Standort, die Korrespondenten Martin Bethke, Herbert von Borch, Max Clauss, Fritz von Globig, Alfred Rapp, Heinz Pentzlin, Wilhelm Schulze, Herbert Tichy, Petra Vermehren, Herbert Gross und Paul Scheffer. Die Kriegsberichte stammten teils von früheren Mitarbeitern (Jürgen Petersen, Jürgen Schüddekopf), teils von anderen Mitgliedern der Propagandakompanien, darunter Carl Willy Beer, Helmut Berndt, Jochen Brennecke, Lothar-Günther Buchheim, Wolfgang Frank, Fritz Dettmann, Walter Henkels, Erwin Kirchhof, Benno Wundshammer, Christoph Freiherr von Imhoff, Eberhard Schulz, Joachim Fernau und Felix Lützkendorf. Auch der NS-Starjournalist Hans Schwarz van Berk verfaßte seit Herbst 1940 neben zahlreichen innenpolitischen Artikeln für das *Reich* eine große Zahl von Kriegsberichten.

Für das Feuilleton, besonders unter Karl Korns Leitung in den ersten Monaten von erstaunlicher Liberalität, schrieben viele illustre Geister: Theodor Heuss (und zwar, entgegen späteren „Enthüllungen" von rechtsradikaler Seite, unter vollem Namen), der Psychologe Eduard Spranger, der Germanist Benno von Wiese, der Mathematiker Max Bense, der Biologe Herbert Fritsche, der Physiker Max Planck, die Verfassungsrechtler Ernst Rudolf Huber und Carl Schmitt, der Historiker Egmont Zechlin, die Literaten Will Grohmann und W. E. Süskind, Hans Georg Brenner, Hellmut von Cube, Oskar Loerke, Clemens Graf Podewils, Ernst Schnabel, August Scholtis, Egon Vietta und Wolfgang Weyrauch; auch Wolfgang Koeppen war mit einer Rezension vertreten. Weitere *Reich*-Autoren waren Peter Bamm, Walter Först, Ruth Herrmann, Werner Höfer, Hans Huffzky, Walter Kiaulehn, Erwin Guido Kolbenheyer und Kurt Pritzkoleit.

Dank seiner Mitarbeiter war das *Reich* die neben der FZ und der DAZ bestinformierte Zeitung der Kriegsjahre. Dissidenz oder gar Kritik am Nationalsozialismus fand sich hier nicht, aber in den Kriegsjahren bedeutete es schon einiges, wenn detailliert informiert wurde, wenn Berichte handwerklich solide, in sachlichem Ton verfaßt waren und das üblich lärmende Stakkato der Parteiorgane unterblieb. In den innenpolitischen Berichten machte sich bemerkbar, daß das Blatt über enge Kontakte zu hohen Partei- und Staatsstellen verfügte. Das *Reich* war in der täglichen Ministerkonferenz im Propagandaministerium sowie durch einen Redakteur in der Partei-Kanzlei vertreten, und es hatte unmittelbaren Kontakt zu Speers Rüstungsministerium. Die Auslandsberichterstattung profitierte davon, daß sie im Gegensatz zum Großteil der übrigen Presse nicht auf die offiziellen Nachrichtenagenturen beschränkt war, sondern auf den großen Korrespondenten-Stab bauen konnte. Selbst Tendenzartikel enthielten häufig noch Informationen, die andere Blätter nicht brachten. Die Tatsache, daß Berichte aus dem *Reich* vom Propagandaministerium häufig gerügt und anderen Zeitungen eine Übernahme der entsprechenden Information untersagt wurde, zeigte, daß das Blatt gründlicher und detaillierter als andere informierte – wies aber zugleich auf die auch diesem Blatt gesetzten engen Grenzen hin. Als das *Reich* im August 1941 als einzige Zeitung entgegen der Weisung des Propagandaministeriums, noch dazu im Wortlaut, die acht Punkte der „Atlantik-Charta" veröffentlichte, in denen Roosevelt und Churchill die Grundsätze einer künftigen Weltordnung proklamierten (die zum Teil später Eingang in die Charta der Vereinten Nationen finden sollten), wurde in charakteristischer Weise offensichtlich, daß auch diesem Blatt keineswegs eine Ausnahmestellung zugebilligt wurde. „Es ist nicht die Absicht der Reichsregierung", erklärte Hans Fritzsche auf der Pressekonferenz des Propagandaministeriums, „die deutsche Presse von Veröffentlichungen zurückzuhalten, um dadurch einer einzelnen Zeitschrift das Podest für eine Alleinveröffentlichung zu schaffen. Dem Fall ist nachgegangen worden. Die Zeitschrift wird sich zu verantworten haben. Im übrigen werden Vorkehrungen getroffen, die es ermöglichen, daß auch ‚Das Reich' sich an die Anweisungen hält, die hier gegeben werden."[4] Ob in direkter Folge solcher „Vorkehrungen", ist unklar, aber mit Alfred Hüttig und Hans W. Hagen stießen zwei Nationalsozialisten zum *Reich,* in denen ein Teil der Redakteure Aufpasser erblickte.

Wie schmal die inhaltlichen Freiräume waren, zeigte sich, wenn *Reich*-Redakteure in Schwierigkeiten gerieten. Karl Korn wurde im Oktober 1940 entlassen, weil er in seinem ansonsten eher lobenden, harmlosen Aufsatz „Publikum im Haus der Kunst" zwei kritische Adjektive verwandt hatte: Bei einem naturalistischen Bild des Malers Karl Truppe schrieb er von einer „verbrauchten malerischen Technik", deren Effekt „fragwürdig" sei. Die Wirtschaftsredakteure Brech und Wesemann mußten sich in einem Pressegerichtsverfahren verantworten, weil sie die im Ausland längst bekannten Namen zweier Firmen veröffentlicht hatten, die in der Kriegsproduktion tätig waren; das Verfahren endete mit Freispruch. Elisabeth Noelle schrieb Anfang März 1941 unter dem Titel „Im Hotel Maerkischer Adler" einfühlsam und detailliert über die Dienstverpflichtung von Frauen bei der Arbeitsfront.[5] Heimweh, Fremdheit, „das Gefühl einer provisorischen Existenz" und die Sorge der Frauen, die Dienstverpflichtung könnte verlängert werden, wurden angesprochen, doch enthielt der Artikel nichts Kritisches. Gleichwohl hatte der Bericht offenbar den Ärger von DAF-Chef Robert Ley erregt und wurde noch am Tag des Erscheinens auf der Pressekonferenz des Propagandaministeriums scharf gerügt. Ein Pressegericht erteilte Chefredakteur Mündler und Ressortchef Neumann später einen schweren Verweis, Elisabeth Noelle kam mit einer Verwarnung davon.

Die Fälle zeigen bei aller Engstirnigkeit der Kontrollinstanzen auch, daß sachliche Berichterstattung und selbst Andeutungen von Kritik nicht unbedingt ein Ende der journalistischen Arbeit bedeuten mußten. Keiner der Redakteure wurde aus der Reichspressekammer ausgeschlossen, alle konnten weiterarbeiten; selbst der entlassene Korn veröffentlichte später noch einige Artikel im *Reich.* Aber der latente Druck, die ständige Gefahr erneuter Maßregelungen, hatte natürlich Folgen und prägte nicht nur die Atmosphäre innerhalb der Redaktion, sondern auch den journalistischen Stil: manche bauten gezielt „Rückversicherungen" in ihre Artikel ein, übernahmen rhetorische Muster der Propaganda, verwandten „wasserdichte" Vokabeln und paßten sich auf diese Weise den vermuteten oder wirklichen Anforderungen an. Andere glaubten standhaft zu sein, und wieder andere übernahmen aus innerer Überzeugung die Muster der NS-Propaganda. Ob eher innere Widerspenstigkeit oder Überzeugung im einzelnen die Feder führte, ist häufig schwer zu sagen. Viele Artikel ließen sich damals und lassen sich noch heute unterschiedlich lesen.

Als Elisabeth Noelle im Juni 1941 ihren Artikel „Wer informiert Amerika?" verfaßte, entsprach sie der antijüdischen Propaganda: „Ohne Verzug ins Dunkel zu greifen nach dem Juden, der sich hinter der Chicago Daily News verbergen muß, heißt seine Hand in ein Wespennest stecken. Bei vierzig gleichzeitigen Stichen hört man auf, sich für eine einzelne Wespe zu interessieren. Juden schreiben in den Zeitungen, besitzen sie, haben die Anzeigenagenturen (...) monopolisiert und können daher die Schleusen der Inserateneinnahmen für die einzelnen Zeitungen nach Belieben öffnen und schließen. Sie kontrollieren die Filmindustrie, besitzen die größten Radiostationen und alle Theater. Die jüdischen Journalisten sind, schon aus Klugheit, durchaus nicht die lärmenden Kriegsadvokaten. Im Meinungsgefälle stehen sie nicht als geschlossene Gruppe, sondern vertreten diese oder jene Variation. (...) Rein jüdische Zeitungen sind bekannterweise die New York Times und die New York Post. Aber das läßt sich aus dem Leseeindruck auch nicht ohne weiteres erraten."[6] In anderen Teilen beschrieb der Artikel freilich eine Informationspolitik, die dem deutschen Muster einer einheitlichen Presselenkung deutlich widersprach. Und indirekt hob Noelle, nach einem Studium in den USA und einer Dissertation über die dort entwickelte Meinungsforschung zweifellos kompetent, Amerikas Pressefreiheit ausführlich hervor: „Täglich gehen die Washington-Korrespondenten zur Pressekonferenz ins Weiße Haus. Seit Roosevelt Präsident ist, wird dort viel gelacht, die Journalisten umstehen ihn, fern jedem formellen Verhalten, und feuern ihm Fragen zu. (...) Die Meinungsspalten der führenden Zeitungen aber sind kein Echo der Äußerungen Roosevelts, sondern werden von einer Reihe von Journalisten mit glanzvollen prominenten Namen beherrscht." Auch beim folgenden Satz blieb dem Leser die Möglichkeit, aufschlußreiche Parallelen zu den deutschen Verhältnissen zu ziehen: „Es gehört zu den deutlichsten äußeren Kennzeichen einer tiefer sitzenden Veränderung, daß große Teile der Bevölkerung gegenüber faustdicker Propaganda geradezu bockig geworden sind."

Die Mehrheit der Autoren und Redakteure des *Reichs* war

wohl subjektiv überzeugt, kein nationalsozialistisches Gedankengut zu verbreiten. Freilich mußten auch keineswegs alle Informationen propagandistisch aufgeladen werden. Nationalsozialistisches und bürgerliches Gedankengut war in vielen Fällen nicht klar voneinander abgrenzbar; und ein für das politisch und kulturell interessierte Bürgertum bestimmtes Organ wie das *Reich* hätte seine Wirkung verfehlt, wenn es in jeder Hinsicht als Propagandaprodukt erschienen wäre.

Bei aller stilistischen „Sachlichkeit" schlugen doch gerade in Auslandsberichten die Vorstellungen einer zumindest kulturellen Vorrangstellung des Deutschen Reiches durch. Bei unterschiedlicher Ausprägung im einzelnen war die ideologische Rechtfertigung der Expansionspolitik ein zentrales Thema des *Reichs.* Die propagierte Großmachtpolitik entsprach den Vorstellungen auch vieler „bürgerlicher" Journalisten: ein Deutschland, nach Westen „verständigungsbereit" bei klarer Vorrangstellung, nach Osten „kolonisierend".

Die Amerika-Berichterstattung des *Reichs* gibt Hinweise auf Bewußtseins-Kontinuitäten: Vieles war so oder ähnlich bereits vor 1940 und vor 1933 beschrieben worden, und manches sollte auch nach 1945 wieder ähnlich beschrieben werden. Was im *Reich* zu lesen war, entsprach oft weniger nationalsozialistischem, als vielmehr durchaus bürgerlichem Gedankengut der damaligen Zeit. Wenn beispielsweise ein Mitarbeiter nach der Schließung der Residenz des amerikanischen Botschafters in Vichy von „der amerikanischen Überfremdung" und dem „amerikanischen Bazillus" im ehemals unbesetzten Frankreich schrieb, wenn von der „platten, technischen Zivilisation, der entgeistigten Mechanisierung", dem „seelenlosen Volk", der „verkitschten Massenseele" die Rede war, über abstrakte Kunst und moderne Architektur hergezogen oder wenn eine „Durchdringung der westlichen Hemisphäre" durch den „Kultur-Amerikanismus" beklagt wurde – so waren das Urteile bürgerlich-konservativer Provenienz.

Auch daß das *Reich* in der Berichterstattung über die Kriegs- und Besatzungspolitik im Osten „hemmungslos"[7] verfuhr, entsprang nicht allein nationalsozialistischer Prägekraft oder dem Druck der Presselenkung. Zwar wüteten nicht alle wie der Kriegsberichter Willy Beer, der die Menschen in der Sowjetunion als „erbarmungswürdigste, aber auch gefährlichste Masse" beschrieb, und dem der „Bolschewismus" als „Monstrum" galt, das eine „zu wildester Verteidigungswut angetriebene Masse" befehlige. Aber die Überzeugung, der „Bolschewismus" müsse militärisch wie geistig-kulturell aufs Heftigste bekämpft – und besiegt – werden, schon um „Ordnung" in den „Ostraum" zu bringen, war selbst bei vielen „bürgerlichen" Journalisten offenbar so tief verwurzelt, daß sie ihren ansonsten sachlichen Ton verloren.

Vom Unrecht des Krieges und der Gewalt berichteten die *Reich*-Autoren nicht, es sei denn, die Opfer waren Deutsche. Aber selbst dann war Nachdenklichkeit selten. Wenn Walter Henkels, schon damals ein Stilist, einfühlsam das kurze Leben und den frühen Tod eines Stuka-Fliegers porträtierte, stellte dies eine der wenigen Ausnahmen dar. Von den Morden der Einsatzgruppen der SS stand ebensowenig im *Reich* wie von der fabrikmäßigen Vernichtung der europäischen Juden. Von „vernichten" und „ausrotten" sprach nur Goebbels, der auch das *Reich* wiederholt als Forum übler Hetze gebrauchte. Die Vokabel „ausschalten", schon häufiger zu finden, wurde meistens im Sinne von „Einfluß ausschalten" verwandt.[8] Antijüdische Politik erschien nicht zuletzt als ein Ordnungsvorgang: „Auf sozialem und hygienischem Gebiet hat die deutsche Verwaltung Großes geleistet (...). Die Absonderung der Juden, die als Träger von Krankheitskeimen ganz besonders gefährlich sind, hat hier einen wichtigen Nebenerfolg bewirkt", schrieb der Autor Max Bergemann im Juli 1943. Details über die antijüdischen Maßnahmen aber waren rar. Gelegentlich ließen Kurzmeldungen Ungeheuerliches ahnen, so zum Beispiel in der Ausgabe vom 7. Mai 1944: „In den zum militärischen Operationsgebiet erklärten nordöstlichen und östlichen Landesteilen Ungarns wurden rund 300 000 Juden in Sammellagern interniert." Auch im *Reich* war US-Präsident Roosevelt im Kriege ein „Exponent des Weltjudentums" und seine Politik von „jüdischer Heimtücke". Chefredakteur Mündler, der dies schrieb, benutzte auch in anderen Artikeln eine stark antisemitische Diktion. (Er wurde im Herbst 1943 stellvertretender Hauptschriftleiter des *Völkischen Beobachters.*)

Es ist rückblickend kaum feststellbar, was aus welchen Motiven heraus verfaßt wurde – was aus Pflicht geschah oder aus Furcht, aus Anpassung oder aus Überzeugung. Erich Peter Neumann war keiner, der häufig antisemitische Vokabeln benutzte, und seine Mitgliedschaft in der NSDAP besagte nicht viel (im Juli 1941 schloß ihn seine Ortsgruppe wegen „Interesselosigkeit und Beitragsrückstand" aus). In einem Bericht über Warschau im März 1941 schrieb er auch eine Passage über das dortige Judenghetto: „Es läßt sich nicht exakt angeben, ob in diesem Bezirk vierhundert- oder fünfhunderttausend Juden leben. (...) Man muß sich in den Gassen und Straßen des Ghettos aufgehalten haben – dann kann man ermessen, warum es der Warschauer Verwaltung unumgänglich schien, so rasch als möglich eine Trennung zwischen den Juden und den Stadtbewohnern zu ziehen. Auf den engeren Platz beschränkt, prägt sich die anarchische Lebensweise dieser Hunderttausende mit spukhafter Anschaulichkeit ein; es mag wohl kaum einen Ort des Kontinents geben, der einen so plastischen Querschnitt durch die Disziplinlosigkeit und Verkommenheit der semitischen Rasse vermittelt. Mit einem Blick kann man hier die ungeheure abstoßende Vielfalt aller jüdischen Typen des Ostens überschauen; eine Ansammlung des Asozialen, so flutet es aus schmutzigen Häusern und schmierigen Läden, straßauf und straßab, und hinter den Fenstern setzt sich die Reihe der bärtigen, bebrillten Rabbinergesichter fort – ein grausiges Panorama." Am Ende dieser Passage ließ Neumann die antijüdische Politik wie einen Ordnungsvorgang erscheinen: „Die Abgrenzung der Juden hat dem städtischen Leben viel Unruhe genommen. Die Verwaltungsmaschinerie läuft glatter und störungsloser, seit sie sich nicht mehr mit der Unübersichtlichkeit der jüdischen Familien und Stammeszellen beschäftigen muß. Jetzt ist der Ältestenrat dazwischengeschaltet, dem die praktische Auseinandersetzung mit dieser ungefügen Masse zufällt."[9]

„Der Zweck dieses Artikels", rechtfertigte sich Neumann zwei Jahrzehnte danach, „war es allein, mitzuteilen, daß in der polnischen Hauptstadt die Juden zerniert, in ein mittelalterliches Ghetto gesperrt worden waren. Über diesen Vorgang hatte bis dahin niemand berichtet. Die Alternative für den Journalisten lautete damals in vielen Fragen: schweigen oder schreiben. Entschied man sich dafür zu schreiben, mußte man auf formulierte Empörung, auf formulierten Protest schon deshalb verzichten, weil so Geschriebenes nie hätte gedruckt werden können. Man konnte sich nur in das flüchten, was Ernst Jünger etwa zur gleichen Zeit ‚Sklavensprache' nannte – und das ohne jede ‚moralische' Hemmung, weil man sich zusammen mit der intelligenten Leserschaft des Umstands, Sklave zu sein, ohnehin jederzeit bewußt war."[10]

Andere *Reich*-Autoren kamen nicht in die Situation, über das Ghetto zu berichten. Nicht jeder wurde in die Pflicht genommen, den Antisemitismus zum Hauptthema seiner Berichterstattung zu machen. Wenn doch, kam den individuellen stilistischen Fähigkeiten oft große Bedeutung zu. Gute Stilisten konnten sich leichter entwinden. Ein Musterbeispiel dafür bot Carl Linfert. Der ehemalige FZ-Redakteur war sprachlich so beherrscht, daß seine Artikel praktisch von niemandem mehr angreifbar waren. Ob eher Camouflage oder Anpassung, war bei seinen kunstvoll verklausulierten Sätzen nicht mehr zu erkennen. Völlig „heraushalten" konnte er sich jedoch auch nicht. Im Januar 1945 folgte er der Anweisung, einen Artikel gegen die Juden zu verfassen. Er zog sich aus der Affäre, indem er jüdische Autoren über Juden urteilen ließ, versteckte sich hinter Zitaten von Marx und Rathenau.[11] Später meinte Linfert (selbst-)kritisch, im Grunde habe das *Reich* einen „Nationalsozialismus im Frack" propagiert.

Auch in der letzten Kriegsphase war das *Reich* mitunter noch Fundgrube für Informationen. Wie gering jedoch der Raum für journalistische Eigenleistung geworden war, hat Christa Rotzoll, 1943 Volontärin und dann bis zuletzt Redakteurin für Innenpolitik, rückblickend treffend beschrieben: „Auch damals hat sich der Reporter an einen ihm vorher unvertrauten Ort begeben, sich aufmerksam umgesehen und Leute ausgefragt. Was er so mitbekam, mußte nicht unbedingt bejubelt werden. Doch wenn er auf Mißstände oder gar Untaten gestoßen wäre, dann wäre dabei nichts herausgekommen, weil ja nichts herauszukommen hatte, für die Öffentlichkeit nichts. Daß so viel Eingesammeltes und Aufgeschnapptes nicht verwendet werden durfte, das hielt auch die sachlichsten und fleißigsten Reporter an der Oberfläche fest. Nachzugraben oder nachzuhaken zahlte sich nicht aus. Die Enthüllungsjournalisten, die es einst gegeben hatte und auch wieder geben würde, wurden von Verhüllungsjournalisten abgelöst."[12]

Beispiel eines solchen „Verhüllungsjournalismus" war Rotzolls eigene Reportage über Ostarbeiterinnen unter dem Titel „Im Lager und in der Fabrik" im *Reich* vom 21. November 1943. Die Autorin zeichnete ein freundliches Bild vornehmlich von der Freizeit der Ostarbeiterinnen an einem „Regensonntag". Daß die Frauen „ein wenig traurig" schauten, wurde ihr aus dem Manuskript herausredigiert, erinnerte sie sich später. Und noch etwas anderes kam nicht vor: Ein Lagerführer hatte ihr mit Stolz erklärt, er prügele die Frauen, um für Ordnung zu sorgen. Ihn beschrieb sie in ihrem Artikel nicht. Stattdessen kam die geduldig wirkende Leiterin eines zweiten Lagers vor, und Christa Rotzoll schloß ihren Artikel mit einem vorsichtigen Appell zugunsten der Ostarbeiterinnen: „Wir dürfen erwarten, daß wir ihnen korrekt und gerecht begegnen, bei allem Abstand menschlich und sorgend, wie es dem leicht fallen muß, der zum Führen berufen ist." Damit hatte sie, so meinte sie später, ihren negativen Eindruck nicht mehr völlig verheimlicht. „Die Beteuerung von Selbstverständlichem umhüllte eine Nachricht. Ein Anspruch auf Menschlichkeit wird nur erhoben, wo man Menschlichkeit vermißt. Der scheinbar hohle und dazu mit Sicherungen wie ‚bei allem Abstand' wohlversehene Satz war die geschrumpfte und verpackte Mitteilung eines Zusammentreffens mit dem Unmenschen. Und so wurde es gelesen." Die Verhüllungsjournalisten des *Reichs* hofften auf die Enthüllungsleser.

10. Zwischen den Zeilen

„Am 31. Januar '33 war das Problem nicht, gegen Hitler aufzustehen, sondern: Was schreiben wir morgen in der Zeitung?" *Walter Dirks,* 1985[1]

Ende September 1938, auf dem Höhepunkt der „Sudetenkrise", als Hitler in München mit Chamberlain, Daladier und Mussolini verhandelte und die Welt in Kriegsangst den Atem anhielt, schrieb eine junge Berliner Journalistin in ihr Tagebuch: „Die Gewissensakrobaten unter uns sind der Meinung, daß jeder, der Augen habe, es zwischen den Zeilen lesen müsse, wie sehr ihre Feder sich sträube, die befohlenen Lügen niederzuschreiben. Ich kann mir nicht helfen. Ich lese nichts zwischen den Zeilen."[2] Ruth Andreas-Friedrich war damals Mitarbeiterin der Frauen- und Modezeitschriften des Deutschen Verlags, und ihre 1947 veröffentlichten Aufzeichnungen weisen sie als glühende Nazi-Gegnerin aus, die sich auch in Zorn und Verzweiflung einen nüchternen Blick auf die politische Realität bewahrte. Ihr hartes Urteil wiegt schwer, denn im ehemaligen Ullstein-Haus gab es reichlich Gelegenheit zur kritischen Beobachtung und zum Gespräch mit Kollegen. Demnach wäre alles Aufheben um einen „Widerstand zwischen den Zeilen" nichts weiter als Selbstrechtfertigung wortgewandter Journalisten? Nichts als ein schon seinerzeit sorgsam aufgebautes und seit 1945 vehement verteidigtes Alibi all derer, die 1933 ihre Schreibmaschine nicht beiseite geschoben hatten? Nichts als die Ausrede eines kollektiven schlechten Gewissens?

Die Suche nach Antworten auf diese Fragen muß, will sie sich nicht in historischer Besserwisserei ergehen, früher ansetzen als bei der rückschauenden Bewertung dessen, was nach

Meinung von Betroffenen und Beteiligten „Widerstand zwischen den Zeilen“ war. Das gilt umso mehr, als dazu – was sich aus der riskanten Natur der Sache erklärt – fast nur nachträgliche Äußerungen vorliegen. Vonnöten ist ein kritischer (Rück-)Blick auf die Ausgangslage: Wie nahm sich die journalistische Arbeit vor dem Hintergrund des umfassenden staatlichen Lenkungsanspruchs aus? Wie war es mit dem journalistischen Selbstverständnis vereinbar, unter solchen Bedingungen weiter Zeitung zu machen? Hätte, wer sich nicht zum Nationalsozialismus bekannte und auf sich und seine Arbeit etwas hielt, nicht einfach aufhören müssen?

Abgesehen von jenen Linken, Linksliberalen und Juden, die vom Regime dazu gezwungen wurden, quittierte 1933 kaum ein Journalist seine Arbeit. Einige wenige wichen ins scheinbar Unpolitische aus, so etwa Felix von Eckardt, der spätere langjährige Pressesprecher Adenauers, der sich aufs Drehbuchschreiben verlegte und die Vorlagen für zwei Dutzend Unterhaltungsfilme lieferte, aber auch an einigen Polit-Streifen mitwirkte. Axel Eggebrecht, den Willi Münzenberg, der „rote Hugenberg“, zum Film geholt hatte und der in den zwanziger Jahren für die *Weltbühne* schrieb, fand in der von Goebbels forcierten Unterhaltungsfilm-Produktion ein gutes Unterkommen als Drehbuchautor. Bei allen Unterschieden in ihrer politischen Biographie[3] hatten v. Eckardt und Eggebrecht eines gemeinsam: Sie kamen im weitesten Sinne aus dem Feuilleton und blieben auch nach 1933 in den Randbereichen des Journalismus, in denen die Instrumentalisierungsabsichten des Regimes insgesamt deutlich geringer waren als im Bereich der politischen Publizistik.

Für die übergroße Mehrheit derer, die bisher im „bürgerlichen“ Journalismus gearbeitet hatten, stellte sich 1933 die Frage „Aufgeben oder Weitermachen?“ praktisch nicht. Einen gewissen Aufschluß darüber, wie diese Mehrheit ihre Arbeitsbedingungen eingeschätzt und deren Veränderung wahrgenommen hat, geben die Kommentare zu den pressepolitischen Maßnahmen des Regimes, die in den großen politischen Tageszeitungen anfangs durchaus noch zu finden waren. (Später dann befand ein um die Effizienz des Lenkungssystems besorgter Goebbels, „daß Nabelbetrachtungen – d.h. eine Beschäftigung mit der Problematik der Presse – nicht in die Tageszeitungen gehören".[4]

Die *Vossische Zeitung* erinnerte in einem ambivalenten Leitartikel zur Verkündung des Schriftleitergesetzes an den Zustand „vor der Nationalsozialistischen Revolution", als „im wesentlichen jeder schreiben konnte, was er wollte". Das habe auch zu Mißbrauch geführt. „Künftig ist es grundsätzlich mit dieser Art von Pressefreiheit zu Ende. Die freie Meinungsäußerung ist nicht ein Recht an sich, sondern sie ist ein Recht, das unter bestimmten Voraussetzungen an bestimmte Personen verliehen wird. Wem dieses Recht verliehen wird, steht letzten Endes im Ermessen des Staates." Konnte man in dieser herben Faktenschilderung eine vorsichtige Distanzierung erkennen, so wurde sie durch den Zusatz aufgehoben, das Gesetz dürfe „nicht zu der Auffassung verleiten", die Presse werde „zu einem bloßen staatlichen Propagandainstrument degradiert". Aber auch diese Bemerkung war so formuliert, daß von Wohlwollenden angenommen werden konnte – aber von Übelwollenden nicht zu beweisen war –, ihr Autor meine das genaue Gegenteil des Gesagten. Vor dem Hintergrund des gerade ein halbes Jahr zurückliegenden Verbots der gesamten linken Publizistik ziemlich eindeutig als Befürchtung zu verstehen war schließlich die Bemerkung, man hoffe „zuversichtlich, daß weder bei der Auswahl der zuzulassenden Schriftleiter nach mechanischen prinzipiellen Kategorien verfahren wird, noch daß die Handhabung des neuen Gesetzes überhaupt zu einer Strangulierung der Presse benützt wird".[5]

Offener und doppelsinniger noch äußerte sich Rudolf Kircher in der *Frankfurter Zeitung* während der im Frühjahr 1934 halböffentlich (vor allem im Verbandsorgan des RDP) geführten Debatte um die „Uniformität" der Presse. „Sind wir langweilig? Über die Krisis der Presse", lautete die Überschrift seines Aufsatzes, der neben Nebulösem auch Sätze wie die folgenden enthielt: „Jeder deutsche Journalist wird heute das Bedürfnis haben, um keinen Preis den Anschein zu erwecken, als wolle er der um die deutsche Zukunft schwer ringenden Regierung in den Rücken fallen. Erst recht wird es niemand gelüsten, das Werk bewußt zu stören. (...) Der Zwang zur *Selbstdisziplin* ist nicht bloß für den jeder öffentlichen Kontrolle sehr leicht zugänglichen Journalisten gegeben, sondern ebenso für die glücklicheren Volksgenossen, die ihre Meinung für sich behalten oder in geheimer Abstimmung kundtun können. Wie *diese* darüber denken, hat man am 12. November erfahren! Sie können vom anderen nichts anderes verlangen, als was sie selbst zu tun bereit sind."[6] In der Reichstags-„Wahl" am 12. November 1933 waren (bei einer Wahlbeteiligung von immerhin 95 Prozent) auf die Einheitsliste der NSDAP gut 92 Prozent der Stimmen entfallen; nur knapp acht Prozent der Wähler hatten „ungültige" Zettel abgegeben. Kirchers Botschaft war deutlich: Er und mit ihm die FZ würden sich nicht zum Märtyrer der Meinungsfreiheit machen lassen.

Die Erklärung, auch unter schwierig gewordenen Umständen weiterhin Zeitung machen und damit letztlich der alten Leserschaft dienen zu wollen, zieht sich unterschwellig wie ein roter Faden durch die pressepolitische „Metakommunikation" der überregionalen Blätter. Die *Deutsche Allgemeine Zeitung* unter Karl Silex leistete sich dabei eine Direktheit, wie sie ein weniger konservatives Blatt und ein weniger selbstbewußter Chefredakteur kaum mehr wagen konnten. Allerdings enthielten die Beiträge der DAZ zur Uniformitäts-Debatte auch fatale Formulierungen. So forderte im Mai 1934 ein ungezeichneter Kommentar das „Leserpublikum" im Sperrdruck auf, „nicht ungerecht" zu sein. „Es soll nicht hinter jedem Bericht eine Auflagenachricht wittern. Es gibt ernsthafte und hochgebildete Leute, die da glauben, eine Personalnotiz, oder die Ankündigung einer Veranstaltung sei der Zeitung ‚aufgezwungen' worden, nur weil sie die gleiche Notiz auch in einer anderen Zeitung entdeckt haben. (...) Die meisten Leser werden immerhin recht genau den Unterschied zwischen der eigenen Berichterstattung des Blattes und dem amtlichen Nachrichtenmaterial erkennen, und die eigene Arbeit der Schriftleitung würdigen. Auch wird jeder zugeben, daß die meisten amtlichen Nachrichten für die Öffentlichkeit von großer Wichtigkeit sind. (...) Das Gejammer über die Uniformität hat den Blick gelegentlich sonderbarerweise auch in umgekehrter Richtung getrübt. Mancher sucht zwischen den Zeilen und glaubt mit Behagen eine Kritik gefunden zu haben, wo beim besten Willen nichts zu kritisieren war und auch nichts kritisiert werden sollte."[7]

Ein halbes Jahr später setzte Silex noch einmal nach: Unter der Überschrift „Unser öffentliches Amt" kritisierte er die Kritiker einer zu kritiklosen Presse: „Es gab in Deutschland eine Zeit, etwa vor zwölf bis fünfzehn Monaten, als der Totalitätsgedanke seinen Anspruch mit stürmischen Schritten durchsetzte. (...) Da blieb auf weiter Flur eine ganze Weile die Presse das Freiwild. Wer längst ‚Heil Hitler' rief, längst mitmarschierte, schien doch noch von der Zeitung zu verlangen, aus der Reihe zu treten, wenn nicht grundsätzlich, so doch gelegentlich. Was haben wir in diesen so lange zurückliegenden Monaten nur für grobe Briefe bekommen!" Unter Hinweis auf ungläubige und wißbegierige Gesprächspartner erklärte Silex dann, „daß in der ‚Deutschen Allgemeinen Zeitung' seit dem 30. Januar 1933 noch nie ein Wort gedruckt worden ist, das durch eine Vorzensur gelaufen wäre!" Zwar erfuhren die Leser auch, daß es „eine Pressekonferenz gibt, die für die Verbindung zwischen Regierung und Presse sorgt", aber diese Einrichtung habe schon Monarchie und Parlamentarismus überdauert und sei „nicht etwa zur ‚Knebelung' der Presse im Dritten Reich erfunden worden". „Grenzen" setze sich die Presse im Rahmen des ihr mit dem Schriftleitergesetz übertragenen „öffentlichen Amtes" selbst: „Wir arbeiten in dem nationalsozialistischen Staat Adolf Hitlers, dem wir auch ohne Berufung auf wiederholtes ‚Ja'-Stimmen die Treue halten, dem wir zum Gelingen verhelfen wollen. Und wir arbeiten für den Leser, dem wir das Geschehen in der Welt und zu Hause vermitteln müssen, und der von uns Lob und Kritik des Zeitgeschehens verlangt. Die tägliche Arbeit besteht in der Abstimmung dieser Aufgaben unter Berücksichtigung des Staatsinteresses auch im Einzelfall."[8]

Mit der gleichen widerborstigen Selbstüberschätzung, die sich jedem Eingeständnis verweigert, mißbraucht oder zumindest benutzt worden zu sein, schilderte Silex die Möglichkeiten des Journalismus im Dritten Reich noch drei Jahrzehnte später in seinen Memoiren: „Das Schreiben ‚zwischen den Zeilen' ist gewiß eine Kunst, aber es war nicht die ganze Kunst. Da alles davon abhing, das Vertrauen des Lesers zu behalten, durfte das gegenseitige Erkennungszeichen nicht so versteckt werden, daß es nur ein Eingeweihter finden konnte. (...) Kein vernünftiger Mensch hat damals von mir und der DAZ einen Frontalangriff auf das Nazi-Regime erwartet. Eine absolute Unabhängigkeit im demokratischen Sinne konnte der journalistische Beruf nicht mehr und nicht weniger für sich in Anspruch nehmen als irgendein anderer Beruf. Was es bei der DAZ zu verteidigen galt, und was verteidigt werden konnte, war ihre Eigenart und ihr Ruf. Mit jeder Zeitungsnummer mußte es dem Leser bewußt werden, daß er die DAZ und keine Parteizeitung las. Dafür gab es bei allen Einschränkungen Möglichkeiten genug, Möglichkeiten in jedem Ressort, sie mußten nur ausgeschöpft werden."[9]

Nur wenige Journalisten und Journalistinnen verspürten nach 1945 das Bedürfnis, sich zu ihren Arbeitsbedingungen und den Motiven ihres Weitermachens im Dritten Reich zu äußern, und unter denen, die sich dazu äußerten, verfügten nur wenige über die sich selbst nicht schonende Unbekümmertheit eines Karl Silex. Aber immer wieder klingt an, daß Zensur und Pressionen nicht nur als illegitime Einschränkung, sondern auch als professionelle Herausforderung begriffen wurden, „als Spiel beiderseits mit verdeckten Karten, das zuweilen sogar Spaß machte" (Silex). Walter Dirks, seit 1935 Kulturredakteur bei der *Frankfurter Zeitung:* „Wir waren gewiß überdurchschnittlich besonnene und nüchterne Typen, die das Risiko abgeschätzt haben: (...) Kann ich den Satz riskieren oder streich' ich ihn besser? Und das hat natürlich auch seine Reize gehabt, nicht? Zeiten der Zensur geben der Feder besondere Chancen."[10]

Auch die zitierten zeitgenössischen Kommentare zur NS-

Pressepolitik nähren die Vermutung, daß diese Sichtweise ihre Ursache weniger in den politischen Zeitumständen hatte als im beruflichen Selbstverständnis der Journalisten: Die vielfältigen Ge- und Verbote in der Berichterstattung mit Findigkeit und Cleverness partiell zu umgehen, zu konterkarieren oder wenigstens zu neutralisieren, verschiedene Arme der Lenkungs-Bürokratie und konkurrierende Machtträger gegeneinander auszuspielen, bedeutete in gewisser Weise ja doch nur, ein Grundelement journalistischer Arbeit konzentriert auf einen bestimmten Zweck hin anzuwenden. Für diejenigen, die keine überzeugten Nationalsozialisten waren und nicht als Parteijournalisten gelten wollten – und das wollten die wenigsten –, hörte das journalistische Rollenspiel im Frühjahr 1933 nicht auf. Zwar wurden die Spielräume zunehmend enger, zwar erklärte das Schriftleitergesetz die von ihm Betroffenen zu Dienern des Staates, aber der Gegensatz zwischen Presse und Politik, zwischen Journalisten und Regierenden, verschwand nicht.

Der Blick in die Memoirenliteratur zeigt, daß gerade das scheinbare Fortbestehen dieser „klassischen“ Spannung zum Motiv und zur Rechtfertigung des Weitermachens wurde. Aus einer solchen Perspektive mußten sogar wiederholte Schwierigkeiten mit den Machthabern nicht zur Abkehr vom Journalismus führen. Ein Beispiel dafür war Fritz Sänger: 1935 mußte er sein Pressebüro schließen, und eine Aushilfstätigkeit beim DNB wurde ihm wegen seiner früheren Zugehörigkeit zur SPD bald wieder gekündigt. Noch im selben Jahr nahm er das Angebot an, in die Berliner Redaktion der *Frankfurter Zeitung* einzutreten: „Mir war durchaus klar, daß über eine lange Zeit hin eine Fülle von Kompromissen, von Ausweichmanövern, von gewagten Umwegen notwendig werden würde. Mich reizte die Chance, ein Gegenspiel gegen die Mächtigen mitspielen zu dürfen. (...) Ich glaube nicht, daß ich heute etwas verleugnen müßte von dem, was ich geschrieben habe. Nicht alles was gedruckt wurde, war auch geschrieben worden. In verständigem Einvernehmen sorgte jeder damals dafür, daß er sich nicht beschmutzte, aber auch, daß die Zeitung erhalten blieb und er selbst. Der Tätige ist stets wichtiger als der Tote oder auch nur der Gefesselte." Und Sänger resümiert: „Die Jahre meiner Zugehörigkeit zur Redaktion der alten ‚Frankfurter Zeitung' waren und blieben in Aufgabe, Engagement, Leistung, Gefahr und Erfolg die reichsten meines beruflichen Lebens."[11]

Was Sänger eher zurückhaltend als „Gegenspiel" bezeichnet, wird bei weniger skrupulösen Zeitgenossen unversehens zum „Schreiben zwischen den Zeilen", auf das sich die Erinnerung rasch konzentriert. Den wirklichen grauen Alltag, die durchschnittliche Trostlosigkeit ihrer Arbeitsbedingungen, befinden gerade Journalisten keiner Erwähnung wert. Im Rückblick auf die Katastrophe des Dritten Reiches hervorgehoben werden jene Aspekte der eigenen Tätigkeit, die tatsächlich oder vermeintlich nicht konform mit den postulierten Pflichten und den Erwartungen der Machthaber gingen. Die einzelne Verwarnung in der Reichspressekonferenz (oder gar durch Goebbels persönlich) wird dann zum schnellen „Beweis" der individuellen Unangepaßtheit – statt zum Anlaß, die Bedeutung des pauschal als dissident verstandenen eigenen Tuns selbstkritisch zu überprüfen. Salonfähig gemacht wurde solche Apologetik nach dem Ende des Regimes freilich auch mit Hilfe einer Zeitungswissenschaft, die selbst bescheidene Zeichen politisch-publizistischer Resistenz und Distanzwahrung in überzogener Weise herausstellte und aus durchsichtigen Gründen geradezu heroisierte.

Gleichwohl: Es gab ein moralischen Respekt gebietendes „Schreiben zwischen den Zeilen". Unter dem Druck einer sich ständig verändernden politischen und gesellschaftlichen Situation seinerseits fortwährender Veränderung ausgesetzt, entziehen sich seine Bedeutung wie seine Erscheinungsformen jedoch einer starren Definition. Der Spielraum „zwischen den Zeilen" war keine feststehende Größe, vielmehr abhängig von Zeit und Ort; auch seine Prämissen änderten sich.

Die unverhüllte Äußerung politischer Gegnerschaft, die direkte Kritik an der Regierung oder ihren Maßnahmen, wie sie vor allem die *Frankfurter Zeitung* und vereinzelt auch katholisch-konservative Blätter in den wenigen Wochen zwischen

Machtübernahme und Reichstagsbrand noch gewagt hatten, war angesichts der Massivität, mit der das Regime dann die Möglichkeit der Beschlagnahme und des Zeitungsverbots einsetzte, schnell unrealistisch geworden. Offenes Opponieren schied aus, wenn nicht die Existenz der Zeitung und die persönliche Freiheit des Schreibenden gefährdet werden sollten. Jedoch blieb es in der folgenden Formierungsphase der Diktatur möglich, auf formal kaum angreifbare Weise Distanz zu dokumentieren: durch die Verweigerung des propagandistischen Vokabulars der offiziösen Nachrichtengebung, durch distanzierte Berichterstattung, durch implizit wertende Aufmachung und relativierende Plazierung bestimmter Erfolgsmeldungen des Regimes. Politisch wache Leser registrierten dies – genauso wie, wer dem Regime kritisch gegenüberstand, wußte, warum er trotz des Drucks brauner Werbekolonnen an seiner angestammten Zeitung festhielt und nicht das konkurrierende Parteiblatt abonnierte.

Seit 1934/35, mit zunehmender Konsolidierung des „Führerstaates", gab es auch für Zeitungsredaktionen, in denen nach wie vor ein nicht-nationalsozialistischer Geist wehte, keine Möglichkeit mehr, konsequent auf einer Linie politischer Distanzierung zu bleiben, ganz zu schweigen von konsequenter verdeckter Opposition. Signale der Anpassung, Kompromisse, Zugeständnisse waren unumgänglich geworden, wollte man die Existenz eines Blattes nicht größtem Risiko aussetzen. „Widerstand zwischen den Zeilen" veränderte sich jetzt mehr und mehr zu einem durch massive Zugeständnisse auf breiter Front erkauften Gelegenheitsprodukt, wurde immer versteckter, ambivalenter in seinem Charakter, und auf Nebenschauplätze verschoben.

Es ist symptomatisch, daß, wenn vom „Widerstand" der Presse die Rede ist, fast immer auf Beispiele aus den Feuilletonspalten, aus den Literaturbeilagen oder aus kulturpolitisch-literarischen Zeitschriften wie Rudolf Pechels *Deutscher Rundschau* und Peter Suhrkamps *Neuer Rundschau* verwiesen wird. Eher als in der straff gelenkten und thematisch vorbestimmten politischen Berichterstattung, die sich weitgehend auf die Verarbeitung offizieller Verlautbarungen beschränkte, gab es im Kulturbereich Möglichkeiten, auf Sujets auszuweichen, für die keine Sprachregelungen oder Anweisungen vorlagen. Hier konnten entsprechend talentierte und motivierte Redakteure durchaus publizistische Camouflage praktizieren.

Rudolf Pechel, nach anfänglicher Begeisterung zu einem entschiedenen konservativen Gegner der Nationalsozialisten geworden, machte die getarnte Kritik am Dritten Reich zum eigentlichen Gegenstand seiner Zeitschrift; unter dem Titel „Sibirien" formulierte er 1937 seine aggressivste, freilich nur Eingeweihten als solche erkennbare Abrechnung mit dem Regime. Scheinbar über die Sowjetunion schreibend, charakterisierte er das „Lumpenpack" im eigenen Land: „Sie sind die Un- und Untermenschen schlechthin. Die Auslese erfolgt nach den Merkmalen der moralischen und intellektuellen Stupidität, der Bewährung in Unterdrückung, Ausplünderung und Denunziation und der blinden Ergebenheit gegenüber der Macht, für die gemordet zu haben eine besondere Auszeichnung bedeutet." 1947, fünf Jahre nach dem Verbot der *Deutschen Rundschau* und dem Beginn seiner KZ-Haft, publizierte Pechel ein Buch über den „Deutschen Widerstand", in das er mehrere Passagen aus „Sibirien" wörtlich übernehmen konnte.[12]

Die Wahrung nicht-nationalsozialistischer Geistestraditionen steht im Mittelpunkt der mit wirkungsvoller Rhetorik vorgetragenen, doch ziemlich authentisch klingenden Ratio des Weitermachens, die Karl Korn in seinen Erinnerungen gibt. Korn hatte 1938, vom *Berliner Tageblatt* kommend, als Dreißigjähriger die redaktionelle Verantwortung für die *Neue Rundschau* übernommen: „Was wir meldeten, schrieben und redigierten, hat noch jahrelang so etwas wie ein Gegengewicht gegen den Druck und die verordnete Willkür bedeutet. (...) Wir haben die braune Literatur nur widerwillig und als unvermeidliches Übel zur Kenntnis genommen, wir haben wie die Buchverlage viel Ausländisches hereingeholt, das durch die Maschen ging. Wir haben andere Lebensvorstellungen formuliert, andere Freuden und Leiden artikuliert, andere Musik gespielt und gehört. Die Unterdrückung ist nicht einmal im Kriege vollständig gelungen, als die Machthaber keine Rücksicht mehr nehmen zu müssen glaubten. (...) Wer über Sklavensprache, Konzessionen und Tarnmanöver aburteilt, müßte, um zu einem ausgewogenen Urteil zu kommen, das Ganze ins Auge fassen. Auch ist es wohl angezeigt, nachdem zwar viel zeitlicher Abstand, aber noch immer nicht die sogenannte Bewältigung der Vergangenheit vollzogen bzw. gelungen ist, zur Kenntnis zu nehmen, was in jenen dreißiger Jahren weiter seinen Gang nahm, als ob es keine Nazis gegeben hätte. (...) Das war Existenz aus anderem Geist. Das hat sich behauptet, am Ende unter furchtbaren Opfern. Hätten (...) wir schlagartig kapitulieren sollen? Wir waren alles andere als Helden. Wir haben gelebt, oft voller Bitterkeit, oft leichtfertig und vergessend, oft gleichgültig und abgestumpft, aber uns doch immer wieder aufraffend. Es hat nicht ausgereicht, um die Schrecken und die Greuel zu verhindern. Vor diesem Ende versagt alles."[13]

Kleine Meisterwerke der kritisch-eleganten Anspielung verfaßte Dolf Sternberger in der *Frankfurter Zeitung*. 1936 beispielsweise schrieb er eine Serie von Sprachglossen, die Sprichwörter aus dem Alltag diskutierte. Eines dieser Sprichwörter lautete „Eine Krähe hackt der anderen kein Auge aus". Sternberger brillierte mit süffisanten ornithologischen Erörterungen, die an die Unveränderbarkeit der „räuberischen Natur" der Krähen gemahnen und schließlich in der Frage gipfeln: „Aber warum sollten Krähen gerade auf dem Gipfel ihrer Macht und Sicherheit zu Tauben werden?"[14] Wer desselben Sinnes war wie Sternberger, verstand die Analogie. Wahrscheinlich verstand sie auch mancher, der anderer Meinung war – aber der Text war unangreifbar, ebenso wie Sternbergers Plaudereien über „Wer A sagt, muß auch B sagen", „Ende gut, alles gut" und andere Sprichwörter. Solche Tarnsprache besaß zweifellos ihre eigene Würde, und das anhaltende Bemühen einer Redaktion wie jener der *Frankfurter Zeitung*, die Zeitung sprachlich „sauber" zu halten, nicht der Verrohung preiszugeben, war eine Leistung und ein Zeichen innerer

Distanz – aber eben auch des Rückzugs in die Innerlichkeit. Und hatte sie wirklich noch politische Bedeutung? Benno Reifenberg, der die Fortexistenz der *Frankfurter Zeitung* im Dritten Reich selbstkritisch rückblickend ein „Paradoxon“ nannte, berichtete aus den Kriegsjahren, die Redaktion sei von dem Gefühl gepeinigt worden, „in ihrem Schreiben nichts mehr auszusagen“. „Mit Bitterkeit vernahmen die Journalisten das vermeintliche Lob, sie verständen es, durch Schweigen zu reden. Sie wußten nur zu gut, daß im Grunde nichts mehr zu sagen übrig geblieben war.“[15]

In der Flut propagandistisch zweckbestimmter, verfälschter und lügenhafter Meldungen, die täglich auf die Redaktionen herniederstürzte, veränderte sich fast zwangsläufig die professionelle Wahrnehmung. Das galt besonders während des Krieges, als der Druck auf die Presse durch Militärzensur und Geheimhaltungsvorschriften nochmals wuchs. „Elf Jahre Parteidiktatur, elf Jahre täglicher Befehlsempfang über Artikelausrichtung, ‚Sprachregelung‘ und Themenverbote machen den Menschen mürbe. Selbst wenn er im Grunde noch so guten Willens ist“, notierte Ruth Andreas-Friedrich im Juni 1944. Unter dem Oktroi einer immer absurderen Siegpropaganda ging Sensibilität verloren, schwand das Gefühl für die alltäglichen politischen Zumutungen. Schließlich konnte es schon als viel erscheinen, wenn es etwa gelang, eine Meldung mit besonders unappetitlicher antisemitischer Tendenz sprachlich neutraler zu fassen.

Aber bewirkte, so wird man fragen müssen, das Bemühen um eine nicht völlig nazifizierte Sprache, um die Abschwächung, „Druckbarmachung“ besonders wüster Meldungen, unter Umständen nicht gerade das Gegenteil des Intendierten? Was richtete eine Pflichtrezension des berüchtigten Jud-Süß-Films aus, die nicht die kalkulierten aktuellen Bezüge herstellte und den historischen Stoff so gut es ging historisch besprach? Konnte ein solches Verfahren nicht auch die gefährliche Illusion nähren, es gebe noch so etwas wie eine politisch nicht instrumentalisierte Berichterstattung, auf die man sich zurückziehen könne, ohne das ideologisierte Umfeld zur

Kenntnis zu nehmen? Eindeutig sind solche Fragen wohl nicht mehr zu klären. Gerade deshalb besteht aller Anlaß, in der retrospektiven Einschätzung des „Schreibens zwischen den Zeilen" Vorsicht walten zu lassen. Seine Fragilität, seine Abhängigkeit vom geistigen Gleichklang zwischen Autor und Leser – und von des letzteren Auslegungskunst – ist evident.

Publizistischer „Widerstand" im Dritten Reich war die Sache einer wissenden Minderheit. Nicht die subtilste Form der Camouflage, aber ein besonders eingängiges Beispiel schildert in seinen Erinnerungen der katholische Journalist Josef Hofmann, bis 1941 Redakteur der dann verbotenen *Kölnischen Volkszeitung,* danach der *Kölnischen Zeitung.* An der Berichterstattung über eine Churchill-Rede verdeutlicht er, daß es dabei ebensosehr wie auf die Kunst des Schreibens auf die Kunst des Lesens ankam: „Am liebsten wäre es also Goebbels gewesen, wenn eine Zeitung eine Rede Churchills folgendermaßen wiedergegeben hätte: ‚Der sattsam bekannte Whiskysäufer, den das englische Volk bald absetzen wird, hielt wieder einmal eine seiner Hetzreden, in der er, allen Tatsachen zuwider, sich nicht entblödete zu behaupten, daß . . .' So konnte allerdings eine ‚Kölnische Zeitung' nicht verfahren. Wir waren es unseren Lesern schuldig, so viel wie möglich vom wirklichen Inhalt der Rede zu bringen. Das zu tun und gleichzeitig in eine Auseinandersetzung mit der Rede zu treten, war (. . .) eine Aufgabe, die fast der Quadratur des Kreises glich (. . .). Doch hatten sich unsere Leser schnell an die von uns gehandhabte Behandlung gewöhnt. Sie legten das an, was im Untergrund das Dechiffriergitter genannt wurde, das heißt sie überlasen die Sätze mit den Auseinandersetzungen und lasen nur die Sätze, die den Inhalt einer solchen Rede wiedergaben. Ich habe einmal meiner Frau unter Anwendung des Dechiffriergitters eine solche Churchill-Rede vorgelesen. Sie meinte, ich phantasiere, denn das, was ich vorlese, könne doch unmöglich in der Zeitung stehen. Es stand aber doch in der Zeitung, allerdings immer wieder durch andere Sätze unterbrochen, die ich beim Vorlesen ausgelassen hatte."[16]

Dieses Beispiel bezeugt nicht nur die unvermeidliche Kompromißhaftigkeit und Partikularität allen „Schreibens zwischen den Zeilen". Indirekt beleuchtet es auch, was viele Journalisten übersehen, die 1933 in dem Bewußtsein tätig geblieben sind, ihren Beruf weiterhin als Nicht-Nationalsozialisten ausüben zu wollen: die Tatsache nämlich, daß eine bestimmte „Pluralität" innerhalb der Presse durchaus funktional im Sinne des Regimes gewesen ist. In dem begreiflichen Bemühen, nicht als „Kollaborateur" zu erscheinen und die eigene Position zu rechtfertigen, stellen sie die unter ihrer Mitwirkung und Mitverantwortung entstandene „graubraune" Berichterstattung oder Kommentierung – vielfach unausgesprochen – dem „Tiefbraun" der offiziellen Parteipresse gegenüber. Für das jeweils eigene journalistische Produkt wird dadurch der Eindruck einer Dissidenz und einer politischen Bedeutung erweckt, der ihm tatsächlich oft gar nicht zukam. Durchaus im Widerspruch dazu, wird gleichzeitig die Duldung einer begrenzten publizistischen Bandbreite bestätigt und als Voraussetzung des individuellen Weitermachens unterstellt.

Es sind augenscheinlich mehrere Glieder, die in dieser kurzen Erklärungskette fehlen. Unerwähnt bleibt zum einen meist das kollektive Gefühl der professionellen Unersetzbarkeit; zumal jene Journalisten, deren Zeitungen im Konzert der Presse von jeher eine besondere Rolle spielten, sahen sich keineswegs als leblose Tasten eines Klaviers, auf dem das Regime einem Goebbels-Bild zufolge spielen wollte. Zum anderen kommen in kaum einem Erinnerungstext persönliche Existenzängste und das Bedürfnis nach beruflichem Erfolg zur Sprache. Mitunter findet sich zwar noch ein Hinweis auf die zu ernährende Familie, aber fast nie wird der eigene Ehrgeiz erwähnt, der Wunsch nach Karriere. Letzteres war jedoch ein wichtiges Motiv in einem System, das sich wie kein zweites in der deutschen Geschichte das Aufstiegsbewußtsein und den „rücksichtslosen" Tatendrang der jungen Generation zunutze machte. Am wenigsten schließlich ist – darin unterscheiden sich die Erinnerungen von Journalisten nicht von denen anderer Berufsgruppen – von der Faszination die Rede, die zumindest von bestimmten Aspekten der Politik des Dritten Reiches auch auf jene ausging, die sich selbst nicht als Parteigänger verstanden und keine Nationalsozialisten waren. Immerhin hatte das Regime nach einiger Zeit wirtschaftliche, außen- und sozialpolitische Erfolge vorzuweisen, die in unterschiedlicher Kombination und Stärke unbestreitbar den tatsächlichen Interessen großer Teile der deutschen Gesellschaft entsprachen. Vermutlich ist es das übermächtige Bewußtsein des katastrophalen Endes der NS-Herrschaft, das einer weniger lükkenhaften, aber auch menschlich realistischeren Erinnerung im Wege steht.

Publizistischen Widerstand im strengen Sinne konnte es im Dritten Reich nur in Form von illegalen Druckschriften und Flugblättern geben, nicht in der allgemein zugänglichen Presse. Das unter den Bedingungen des Lenkungs- und Zensursystems allenfalls Mögliche war vorsichtige pauschale Distanzierung und gelegentliche partielle Dissidenz. Paul Scheffer hat in diesem Zusammenhang von einer „Tanzmausexistenz“ gesprochen. Walter Dirks meinte: „Das letzte Wort über die teils klägliche, teils doch wohl auch respektable Affäre lasse ich offen.“[17]

11. Journalisten im Dritten Reich: Acht Beispiele

Margret Boveri

„Wir alle lügen Sie an, und es ist Ihre Sache, aus den verschiedenen Dingen, die Sie hören, die Wahrheit herauszufinden." Mit diesen Worten beschied Margret Boveri in den fünfziger Jahren einen Studenten der Zeitungswissenschaft, der Auskunft über *Das Reich* erbat, für das sie nach dem Verbot der *Frankfurter Zeitung* ab März 1944 gearbeitet hatte. Wer je ein Foto von „der Boveri" gesehen, ein Buch von ihr gelesen hat, kann sich vorstellen, wie diese Antwort in den Ohren des jungen Mannes geklungen haben muß. Aber der apodiktische Satz war gar nicht abweisend gemeint, und noch viel weniger war er apologetisch. Jahre später hat Frau Boveri ihn erläutert, in ihrem großen Buch über das *Berliner Tageblatt* unter der Diktatur: „Wenn ich behauptete: ‚Wir alle lügen Sie an', dachte ich weniger an die Gewichtsverschiebungen, die sich im Erinnerungsbild vieler Hitler-Gegner nach 1945, manchmal stärker, manchmal schwächer vollzogen haben, nachdem es ihnen in der Atmosphäre weltweiten Abscheus möglich wurde, ihren eigenen Abscheu vor den Untaten des Dritten Reichs auszusprechen. (...) Ich dachte vor allem daran, daß die Erinnerung an die äußeren Ereignisse, die einmal zu ‚Geschichte' werden, in jedem Menschen mit den gleichzeitigen persönlichen Erlebnissen aufs engste verknüpft ist. Bestimmte Daten politischer Vorgänge prägen sich ein, weil sie mit einem Geburtstag, einer Reise, einer Operation zusammenfielen, andere entschwinden dem Gedächtnis, weil sie in einer Zeit mangelnder Aufnahmefähigkeit nur gleichgültig registriert wurden."[1]

Zentrale Eigenschaften im Denken von Margret Boveri scheinen in dieser Bemerkung auf: ihre wache Selbstbeobachtung und Detailgenauigkeit, ihre Wahrheitsliebe und intellektuelle Redlichkeit, ihre Skepsis gegenüber der Möglichkeit objektiver, nicht situationsgebundener Erkenntnis und ihre lebenslange Suche danach. Was diese Journalistin außerdem auszeichnete, waren Eigenständigkeit, Offenheit und Mut – und, nur scheinbar im Widerspruch zu ihrem Relativismus: Unbeirrbarkeit.

Das erklärungsbedürftige Faktum des Eintritts von Margret Boveri in die Redaktion des *Berliner Tageblatts* im August 1934 ist damit fast schon erklärt. Ihr leidenschaftliches Interesse an Außenpolitik, das sie nach der Promotion in Geschichte eigentlich auf eine – von Hitlers Politik durchkreuzte – Anstellung beim Völkerbund hoffen ließ, war der Grund für den Entschluß, zu einer Zeit, als andere „bürgerliche" Nicht-Nazis das Rampenlicht der Öffentlichkeit zu meiden suchten und manche emigrierten, das Abenteuer der Mitarbeit an einer „Großstadtzeitung unter Hitler" (so der Untertitel ihres späteren Buches) zu suchen. Die erste Wahl der Professorentochter wäre die *Frankfurter Zeitung* gewesen, aber Rudolf Kircher, bei dem sie sich in den Tagen vor dem 30. Juni deshalb vorstellte, hatte sich nicht interessiert gezeigt. Margret Boveri kam an Paul Scheffer, den Chefredakteur des von ihr bis dahin ignorierten *Tageblatts;* er wurde ihr zum zeitlebens verehrten Lehrer und Freund.

Schon nach wenigen Wochen durfte die frischgebackene Journalistin erste Kommentare schreiben; eigener Anspruch und berufliche Wirklichkeit trafen sich in ihrem Falle recht bald, wenn man bedenkt, daß die 34jährige ohne handwerkliche Vorkenntnisse in die Redaktion gekommen war. Allerdings hatte sie zuvor bereits ein paar Aufsätze und zwei kleine Bücher veröffentlicht, darunter ein Bericht über die Zoologische Station zu Neapel, wo sie Mitte der zwanziger Jahre häufig zu Gast und zeitweise auch als Sekretärin des Stationsleiters tätig gewesen war. Der Kontakt dorthin, wie ihr naturwissenschaftliches Interesse, war über die Eltern, beide Biologen, entstanden, und eine gewisse Verbindung führte von dort auch zu ihrem späteren Faible für Außenpolitik: die Begeisterung für das Reisen, die Neugier auf fremde Länder und Gesellschaften.

Schon nach einem Jahr Redaktionsdienst im Auftrag des *Tageblatts* nach Griechenland, im Jahr darauf nach Malta, Ägypten und in den Sudan reisen zu können, entsprach mithin den Neigungen des „Fräulein Doktor" und berechtigte zu größeren Hoffnungen. Ihre Aufsätze und das Buch über die zweite Reise – der Titel weist auf die für sie charakteristische Kombination ganz unterschiedlicher Blickwinkel hin: „Das Weltgeschehen am Mittelmeer. Ein Buch über Inseln und Küsten, Politik und Strategie, Völker und Imperien" – machten Margret Boveri in der diplomatischen Szene der Reichshauptstadt zunehmend bekannt. Daß sie ihre Leitartikel ab Ende 1935 nur mit abgekürztem Vornamen („Dr. M. Boveri") zeichnen durfte, weil an einer Mittagstafel des „Führers" Anstoß an einer Frau im Geschäft der internationalen Politik genommen worden war, änderte daran nichts. Im Sommer 1936 schickte Scheffer sie, den herrschenden Antifeminismus „nur mit der größten Mühe" überwindend, als Korrespondentin nach Rom. Doch kurz vor Jahresende mußte der bewunderte Chef, ohne daß seine junge Mannschaft die Hintergründe erfuhr, die Leitung des *Tageblatts* an einen Nationalsozialisten abtreten; Scheffer tauchte zunächst unter und gelangte dann als Korrespondent in die USA. Margret Boveri, aus Rom zurück, schilderte später ihre Verzweiflung: „In der Redaktion war ich so rabiat vor Wut darüber, daß die Zeitung, an die wir viel Kraft gewendet hatten, jetzt kaputt gemacht wurde, daß ich versuchte, diesen Vorgang noch zu beschleunigen. Ich nannte Maxim Litwinow ‚Finkelstein', wie es das Propagandaministerium befohlen, Scheffer aber nicht ausgeführt hatte. Ich setzte nicht unsere Korrespondentenmeldungen auf die erste Seite, sondern blutrünstiges DNB aus Spanien, auch Antisemitisches. Nach wenigen Tagen wurde durch Direktive im ganzen Haus verboten, etwas Antisemitisches ins Blatt zu setzen; die Abbestellungen waren zur Lawine geworden, vor allem Juden, aber auch beträchtliche Namen des Landadels und natürlich Leute wie Bernstorff, Breitlings, Eschenburgs."[2]

Nachdem der Mentor weg und ein neuer Ton angesagt ist, gibt es für Margret Boveri kein Halten mehr. Zum 1. April 1937 kündigt sie beim *Tageblatt.* Neue Versuche, bei der *Frankfurter Zeitung* unterzukommen, schlagen fehl. Immerhin beauftragt man sie mit einer Orientreise, die sie nach einer prompt eintretenden gesundheitlichen Krise 1938 unternimmt. Endprodukt sind zwei Bücher (darunter „Vom Minarett zum Bohrturm. Eine politische Biographie Vorderasiens"), die im Atlantis Verlag erscheinen, für den sie mittlerweile in Berlin als Lektorin arbeitet. Im Mai 1939 ist es dann endlich soweit: Zwar nicht in der gegen Frauen abgeschotteten „Inzucht" (Boveri) der Zentralredaktion, aber als Korrespondentin in Stockholm arbeitet sie nun für die FZ. Als der künftige Chefredakteur des in Planung befindlichen *Reichs,* Eugen Mündler, sie im Februar 1940 anheuern will, entwindet sie sich. Im Jahr darauf reist sie mit der Transsibirischen Eisenbahn nach Amerika und berichtet ab Oktober für die *Frankfurter Zeitung* aus New York – sachlich, aber ohne Wohlwollen. Nach Kriegseintritt der USA als „potentiell feindlicher Ausländer" verhaftet, macht Margret Boveri keinerlei Anstalten, um Asyl zu bitten. Im Gegenteil: „Ich bin ein loyaler Deutscher", erklärt sie den erstaunten Vernehmungsbeamten, und vom ersten Moment in der Haft auf Ellis Island bis zu den letzten Tagen im weitaus angenehmeren Internierungshotel Greenbrier kreisen ihre Gedanken um die Rückkehr nach Deutschland. Die Möglichkeit, daß ihre amerikanische Mutter, die 1927, zwölf Jahre nach dem frühen Tod des Vaters, nach den USA zurückgegangen war und die sie jetzt gelegentlich besucht, wohl auch etwas für ihr Verbleiben tun könnte, kommt ihr offenbar gar nicht in den Sinn. Und den komplizierten Knochenbruch, den Paul Scheffer sich in Greenbrier zuzieht, kommentiert sie mit den Worten: „Die Ärzte erklärten, er sei transportunfähig. Das war medizinisch richtig. Aber es war auch sein Wunsch."[3]

Scheffer bleibt in den USA, Frau Boveri trifft im Mai 1942 auf dem überfüllten Internierten-Dampfer in Lissabon ein. Von dort aus berichtet sie sofort wieder für die FZ, über englische und amerikanische Angelegenheiten; Portugal ist mittlerweile einer der wenigen verbliebenen Aussichtspunkte nach Westen. Doch die Arbeit wird zunehmend unbefriedigender. Das erzwungene Ausscheiden von Benno Reifenberg aus der Frankfurter Zentrale und Ärger mit Oskar Stark schmerzen sie, aber bereits im doppelten Sinne aus der Ferne: „da ich seit einigen Monaten in einem wachsenden Konflikt mit der Redaktion stehe, der kulminierte, als man einen Artikel über die Juden in Amerika abänderte, obwohl ich telegrafiert hatte, er dürfe nicht ohne vorherige Rückfrage geändert werden. Seitdem ist für mich die Vertrauensbasis dahin und ich denke an Kündigung, verbunden mit Wechsel des Berufs, um Chauffeur zu werden."[4] Eines solchen Schrittes bedarf es nicht mehr, denn sechs Wochen nach Niederschrift dieser Zeilen muß die FZ ihr Erscheinen einstellen. Margret Boveri, nach einer schweren Operation zu diesem Zeitpunkt auf Erholung in der Schweiz, fährt nach Berlin und richtet sich dort eine Wohnung ein. Nach wenigen Wochen wird sie ausgebombt. Der deutsche Botschafter in Spanien möchte sie nach Madrid holen, wo sie „Americana" sammeln und Berichte für Berlin schreiben soll; sie bleibt skeptisch, erhält ein ähnliches Angebot von der Botschaft in Lissabon und willigt schließlich für eine Probezeit in Madrid ein. Die Unzufriedenheit bei der Vorstellung, daß ihre Berichte nur „zwei oder drei Leser haben, wenn auch hochgestellte", bestärken sie rasch in ihrer Entscheidung, nach Berlin zurückzukehren. Hinzu kam: „so eine schwere Zeit wollte ich in Deutschland miterleben", und andernfalls „ein verstecktes Gefühl, daß ich an irgend etwas Verrat treibe". Im März 1944 war sie wieder in der Reichshauptstadt.

„Es gab nun kein Entrinnen mehr vom Mitverschuldet sein. Das war mir auch damals schon klar." Margret Boveri begann als freie Mitarbeiterin beim *Reich:* „Die Leidenschaft, ‚zum Tag' zu schreiben, war noch nicht ganz erloschen."[5] Wie sehr sie die „Tuchfühlung" brauchte, schildert ihre Kollegin Christa Rotzoll in einer Erinnerung an die „allerletzten Kampftage": „Ich telefoniere mit der verehrten und gut zwanzig Jahre älteren Kollegin Boveri, die in Charlottenburg haust. Wir sind uns nur selten begegnet. Da aber innerhalb des ramponierten Fernsprechnetzes gerade unser Strang noch oder wieder funktioniert, tauschen wir eifrig Gerüchte und Nachrichten aus. (...) auf die Straße traue ich mich fast nie. Sie hingegen kommt gerade aus einem deutschen Panzer, den sie mal von innen sehen wollte, und der Brei der Feldküche, mit dem man sie bewirtet hat, war richtig lecker. Sie hat sich furchtlos umgetan, beschwingt, schon fast berauscht von all dem, was es draußen auch an Grausen mitzukriegen gilt. Sie will das wissen, hören, riechen, sehen. Sie ist Journalistin, Zeugin. Daß sie im Augenblick nichts schreiben muß, daß nichts gedruckt würde, bremst ihre Neugier nicht. Ich staune sehr."[6]

Ein Vierteljahrhundert nach diesen „Tagen des Überlebens" – von Siegen mochte Margret Boveri, mit Rilke, nie sprechen – gab es lange Gespräche mit Uwe Johnson. Ziel war eine Autobiographie, die unvollständig blieb, denn die Zeit der Siebzigjährigen war knapp geworden. Journalistische Brotarbeit, Buchpläne (auch für eine Geschichte der *Frankfurter Zeitung*) und eine Krankheit zum Tode kosteten die meiste Kraft. Zum Teil sind ihre „Verzweigungen" deshalb ein Dialog mit dem Schriftsteller geblieben, der harte Fragen stellte. Aber Frau Boveri ersparte sich auch selber nichts; ihre Antworten waren von größtem Freimut. Nur selten blieb sie unerschütterlich, und fast immer ging es dabei um das „Weitermachen" im Dritten Reich. Johnson war der Ansicht, sie hätte emigrieren müssen, warf ihr vor, sich „kleine Alibis" verschafft zu haben durch „eingeschmuggelte Adjektive oder Nebensätze. Im Zentrum immer Frau Boveri, die ihre nicht genau durchdachten, aber vorhandenen Bedürfnisse in dieser Art befriedigt. Das nenne ich amoralisch." Ihre Antwort: „Gut. Das gestehe ich Ihnen zu. Ich kann es nicht ändern. Ich kann mich nicht nachträglich anders machen, als ich war. (...) Heute ist ein geläufiges Wort ‚Veränderung', ‚veränderbar'. Man will das, was besteht, anders haben. So wie ich aufgewachsen bin, und darauf beziehen Sie sich ja, war die Idee, daß man das Bestehende – ob man es mehr oder weniger billigte oder nicht – selbst durch eigene Einwirkung verändern könnte, nicht vorhanden. (...)

Ich bin noch heute überzeugt, und Sie werden es mir nicht ausreden können, daß wir am Berliner Tageblatt, an der Frankfurter Zeitung etwas Wertvolles geleistet haben für die Gegner des Regimes, auch für die Heranwachsenden, denen wir etwas anderes als das pure Gleichschaltungs- und Irreführungs- und Jubelbild geboten haben. Nicht nur Informationen, was ich für das Wichtigste hielt, auch in der Sprache. Vergleichen Sie einmal die Sprache der NS-Presse mit der unsrigen, auch wenn diese oft anfällig gewesen sein sollte. Dann das Wachhalten von Gedanken, die vergessen werden sollten."[7]

Solches „Wachhalten von Gedanken" beschäftigte Margret Boveri auch nach dem Krieg. Die bürgerliche Patriotin verabscheute den politischen Kleinmut und das bürgerliche Ruhebedürfnis, das sie in der Bereitwilligkeit der Deutschen erkannte, Bundesrepublik und Westintegration hinzunehmen. Bis zuletzt war die Wiedervereinigung ihr Thema, für das sie eine unbequeme Existenz bewußt in Kauf nahm. Materiell bedürfnislos zu leben, war ihr nie ein Problem, und der Gedanke von Theodor Heuss, mit dem sie in kritischer Freundschaft blieb, ihr zu einem Gesandtschaftsposten zu verhelfen, war keine Verlockung. Im Streit um die Wiedervereinigung machte sie dem Bundespräsidenten schwere Vorwürfe, und in einem Brief vom November 1953 klangen ihre persönlichen Motive an: „Sie wissen wohl, daß der Kompromiß, den ich in bezug auf meine Berufsarbeit im Hitlerstaat mit mir selbst geschlossen hatte, schließlich darauf hinauslief, daß ich nicht bereit war, irgend etwas zu schreiben, was ich nicht für wahr hielt, wohl aber vieles nicht zu schreiben, was ich auch für wahr und wichtig hielt. Nachträglich habe ich befunden, daß diese Haltung ungenügend war. In meiner neuerlichen Arbeit in der Tagespresse, wo fast ebensoviel an meinen Artikeln gestrichen oder verändert wird wie unter den Nazis, habe ich diese Haltung zwar wieder eingenommen, wie ich zugebe, aus Bequemlichkeit und um nicht einen andern Beruf wählen zu müssen. Aber ich bin entschlossen, dies nur auf der Ebene des wirklich Journalistischen, das doch in den Papierkorb wandert, zu tun. Bei etwas größeren Arbeiten (...) will ich entweder meine Einstellung zum Ausdruck bringen können oder schweigen."[8]

Zur deutschen Wiedervereinigungs- und Außenpolitik schwieg Frau Boveri nicht wenig. Sie starb am 6. Juli 1975.

Werner Höfer

„Überliefert ist Ihr Wunsch, mit dem Glas in der Hand bei der Arbeit zu sterben. Gilt die Vorstellung weiterhin?" „Selbstverständlich."

Werner Höfer, 1988[1]

Mit dem ersten Radiogerät in den zwanziger Jahren kam „ein Zauberschrein" ins elterliche Haus. „Da saß der Junge denn Abend für Abend, den Homer in der Hand, den Bügel mit dem Kopfhörer übergestülpt, mit Achill vor Troja und mit Jack Hilton in London, weit weg und nah dabei, der Phantasie überlassen, ein kleiner Herr der großen Welt".[2] Mehr Weltgefühl habe er „nie mehr erlebt", erinnerte Werner Höfer sich später: „mit Brechts Lindbergh-Ballade, vom Sender Breslau empfangen, um den Schlaf gebracht, weniger von dem Ozean-Flug als Pionier- und Heldentat hingerissen, als von der Verwandlung dieses Vorganges in Poesie, drahtlos übermittelt". Als Student habe er dann im Cafétrakt eines Kölner Hotels fast täglich stundenlang „Zeitungen aus aller Welt verschlungen". Später als WDR-Fernsehdirektor trieb ihn wiederum nicht allein professionelles Pflichtgefühl, die Medien ausgiebiger als andere zu nutzen: Kaum eine Fernsehsendung sollte ihm entwischen, drei Fernsehapparate standen in seinem Arbeitszimmer und im Halbrund aufgestellt auch in seinem Kölner Privathaus, selbst im Dienstwagen war ein Empfänger eingebaut.[3] Und wenn er aus dem Büro eilte, stets mit einem Packen erlesener internationaler Presseorgane. Reiseberichte hätten ihn seit seiner Jugend mehr fasziniert als das Reisen, schrieb Höfer einmal, und wenn er doch dienstlich reisen müsse, dann am liebsten mit dem Nachtzug „nach der Spätausgabe der Tagesschau". Er sei wohl der „Second-Hand-Informierte", „der Mensch, der nur in und mit den elektronischen Medien eigentlich lebendig ist", urteilte eine Kritikerin.[4]

Das Klischee seiner Medienbesessenheit hat Höfer wiederholt selbst bestärkt. Er hatte unbedingt Journalist werden wollen, und als er es war, wollte er nicht aufhören; und er wollte nicht nur im Hintergrund wirken. Noch als Fernsehdirektor des WDR, der größten deutschen Sendeanstalt, moderierte er seine eigene Sendung, edierte nebenbei zahlreiche Bücher und trat häufig in privaten Talkshows auf. Die Leidenschaft für den Journalismus begann früh. „Der Herr Pastor las die Kölnische Volkszeitung. Ich las mit. Ich wollte zur Zeitung. Zehn Jahre später war ich Volontär bei der Kölnischen Volkszeitung". Das war im Jahr vor der Machtübernahme Hitlers; Höfer war 19 Jahre alt.

Seine Begeisterung für den Journalismus hielt auch während des Dritten Reichs an – bis 1943. Nach dem Studium von Philosophie, Geschichte, Theater- und Zeitungswissenschaft wurde er Redakteur beim *Neuen Tag* in Köln. Der junge Feuilletonist schrieb offensichtlich so begabt über Theater, Kino, Ausstellungen und Kleinkunst, daß man im Deutschen Verlag (früher Ullstein) auf ihn aufmerksam wurde. Sein Entrée in Berlin war das Magazin *Koralle,* „etwas völlig Apolitisches",[5] wie Höfer hervorhob, obwohl auch dieses Blatt zu dieser Zeit keineswegs mehr nur Filmstars, sondern auch Parteigrößen in Bild und Wort präsentierte. Aber er wechselte schon bald zur größten Straßenverkaufszeitung der Hauptstadt. „Tatsächlich habe ich nach kurzer ‚Koralle'-Zeit die mich sehr animierende und sehr interessierende, exponierte Tätigkeit als Theaterkritiker bei der ‚BZ am Mittag' übernommen. Das war, aber das ist den Menschen heute kaum klarzumachen, absolute Spitze, das war das interessanteste Blatt für die gesamte Theaterwelt, nicht nur in Berlin." Er war 28 Jahre alt und an einem ersten Höhepunkt seiner Karriere angelangt. Höfer hatte weiter Glück: bis ins letzte Kriegsjahr wurde er nicht eingezogen. Daß er 1941 bei der Organisation Todt als Pressereferent

„dienstverpflichtet“ wurde, bedauerte er verständlicherweise nicht, denn so mußte er nicht an die Front; ein Umstand, der in diesen Zeiten oft lebensrettend war. Er sei „kein Held und kein Märtyrer“ gewesen, wie er später immer wieder betonte, er habe nur „durchkommen“ wollen. Dafür aber zeigte er einen erstaunlichen Aktivitätsdrang.

Während andere Feierabend machten, legte Höfer zusätzliche Arbeitsschichten ein. „Mit der Organisation gab es eine Übereinkunft: Immer dann, wenn ich nicht dienstlich andernorts war, konnte ich in Berlin an den Abenden ins Theater gehen, darüber schreiben, die Kritik telephonisch durchgeben.“ So verfaßte er regelmäßig bis Frühjahr 1943 für die BZ und danach für das mit der BZ fusionierte *12 Uhr Blatt* Kritiken und Berichte. Als 1943 die meisten Theater geschlossen wurden, schrieb Höfer Kolumnen über Kunst und Alltagsleben. Er war bereits so renommiert, daß die Artikel nicht wie bei vielen anderen anonym, sondern unter seinem Namen veröffentlicht wurden. Sein feuilletonistischer Stil, die Neigung zu griffigen Formulierungen und Wortspielen, kam auch bei Kriegsthemen zum Tragen. „Wenn sie kommen wollen“, schrieb Höfer im April 1943 zur möglichen Invasion der Alliierten an der französischen Atlantik- und belgischen Kanalküste, „so wird ihnen freilich eine ‚gute deutsche Saison‘ bereitet werden. (...) Die verschwiegenen Strandkörbe haben diskret getarnten Betonbunkern Platz machen müssen. Wo einst die Kurkapelle spielte, ist jetzt Flak oder Marineartillerie aufgefahren, um die eventuellen Besucher mit ihrem robusten Konzert zu empfangen.“[6]

Aber solche Arbeiten für das *12 Uhr Blatt* leistete Höfer, so schilderte er es zumindest später, nicht mehr freiwillig. Der Verlag habe ihn „verpflichtet“, als „interessante Feder“ bei dieser Zeitung weiterzuarbeiten. Mit der Begeisterung war es plötzlich vorbei. Nun sei zuhauf in Texte hineinredigiert worden. „Da sind Sachen unter meinem Namen erschienen, von denen ich keine Zeile geschrieben habe, keine Zeile.“

Am 3. September 1943 wurde der bekannte Pianist Karlrobert Kreiten vom Volksgerichtshof wegen „Feindbegünstigung“ und „Wehrkraftzersetzung“ zum Tode verurteilt und vier Tage darauf in Berlin-Plötzensee gehängt. Der Grund: Der eher unpolitische Musiker hatte im privaten Kreise erklärt, der praktisch verlorene Krieg werde zum Untergang Deutschlands und seiner Kultur führen, und war denunziert worden. Am 15. September meldeten die Zeitungen die Vollstreckung des Todesurteils an dem 27jährigen – auch das *12 Uhr Blatt.* Und eben dort erschien dann am 20. September unter der Titelzeile „Künstler – Beispiel und Vorbild“ Werner Höfers fataler, später öffentlich heftig diskutierter Kommentar, der ohne Erwähnung des Namens Kreiten die Hinrichtung rechtfertigte, ja begrüßte: „Wie unnachsichtig jedoch mit einem Künstler verfahren wird, der statt Glauben Zweifel, statt Zuversicht Verleumdung und statt Haltung Verzweiflung stiftet, ging aus einer Meldung der letzten Tage hervor, die von der strengen Bestrafung eines ehrvergessenen Künstlers berichtete. Es dürfte heute niemand Verständnis dafür haben, wenn einem Künstler, der fehlte, eher verziehen würde als dem letzten gestrauchelten Volksgenossen. Das Volk fordert vielmehr, daß gerade der Künstler mit seiner verfeinerten Sensibilität und seiner weithin wirkenden Autorität so ehrlich und tapfer seine Pflicht tut, wie jeder seiner unbekannten Kameraden aus anderen Gebieten der Arbeit. Denn gerade Prominenz verpflichtet!“

Höfer selbst bestritt wiederholt, diese Zeilen geschrieben zu haben. Als der SED-Propagandachef Albert Norden den Artikel 1962 erstmals vor die Öffentlichkeit brachte,[7] gab Höfer sein Ehrenwort, ihm sei in den Artikel „hineinredigiert“ worden. Welche Passagen verändert worden seien, konnte oder wollte er allerdings nicht mehr erinnern; auch Ende 1987 nicht, als er nach erneuten öffentlichen Diskussionen die Leitung des „Internationalen Frühschoppens“ niederlegen mußte. Erneut beteuerte er, den Namen Kreiten habe er „zum ersten Mal gehört im Zusammenhang mit der Norden-Pressekonferenz“.

Auf welche Weise auch immer die furchtbaren Zeilen entstanden waren – Höfer waren sie offenbar nicht merkwürdig erschienen. Jedenfalls hatte er 1943 nicht versucht, deswegen seine Nebentätigkeit für das *12 Uhr Blatt* zu beenden. Schon am 30. September 1943 erschien ein Durchhalteappell Höfers in den *Bremer Nachrichten:* „schweigen und arbeiten", forderte er. Und Woche für Woche schrieb er weiter seine Kolumnen im *12 Uhr Blatt.* Höfer pries die Tugend der Gastfreundschaft in der Not, das Volkslied als eine der „reinsten Schöpfungen deutscher Seele", die vorsorgliche Umquartierung von Städtern aufs Land „als Gesundbad gegen Zivilisationskrankheiten", Disziplin und Einsatzbereitschaft als gemeinsame Tugend von Künstler und Soldat. Er lobte die „nationale Intelligenz" des gesamten deutschen „Volkskörpers" und das trotzige „Sei's drum!" als Reaktion auf Katastrophenmeldungen.

Warum er weiterschrieb, obwohl seine Texte angeblich häufig von der Redaktion geändert wurden, erklärt Höfer mit seinem Überlebenswillen. „Meine Kraft reichte nicht aus, beispielsweise diese Manipulationen beim ‚12 Uhr Blatt' – die für dieses Blatt, diese Zeit, dieses Regime überhaupt nichts Unnatürliches waren – zu verhindern. Das tut mir leid." War es allein fehlende Kraft? War es nicht eher eine Mischung aus partieller Überzeugung, Anpassung, äußerem Druck und manchmal auch einfach Gedankenlosigkeit, die ihm wie vielen Journalisten im Dritten Reich das Weiterschreiben als normalen Vorgang erscheinen ließ?

Von Opportunismus, Karriere- oder Machtstreben, Verführbarkeit oder einer möglichen Faszination durch das Regime sprach Höfer nicht. „Bis zur intensiven Beschäftigung mit dem ‚Internationalen Frühschoppen' bin ich wirklich ein apolitischer Mensch gewesen." Wenn er politisch Flagge zeigte, immer aus Pflicht? Schon im März 1933 war er der NSDAP beigetreten, einer der vielen „Märzgefallenen", wie man sie damals nannte. Ein alter Herr seiner katholischen Studentenverbindung hatte „einen Zettel vorgelegt, den ich doch unterschreiben möchte. Was ist das denn? Ach, irgendein Verein. (. . .) Wenn ein Mann, der für mich eine gewaltige Autorität war, wie mein Vater, mir das hinlegt, mit der Bemerkung, das könne nicht schaden, in dem Verein zu sein, ist das so, als ob ein Vater heute seinem Jungen sagen würde, er solle in den Golfclub eintreten."

Tatsächlich war Höfer kein Parteiaktivist und verfaßte als Journalist im Dritten Reich kaum je politische Analysen. Es war kein Zufall, daß seine späteren buntgescheckten Widersacher unter Rechtsradikalen, DDR-Kommunisten, *Bild*- und *Spiegel*-Redakteuren schließlich neben dem Kreiten-Artikel nur wenige „Stellen" zitieren konnten. Höfer forderte nicht zu Mord und Vernichtung auf, er war kein „Schreibtischtäter". Wenn er Durchhaltefeuilletons verfaßte, dann ohne Elogen auf den „Führer" und ohne antisemitische Diktion. Daß er ausgerechnet von der Organisation Todt „dienstverpflichtet" wurde und eine Zeitlang als Pressereferent in Albert Speers Rüstungsministerium tätig war, paßte zu ihm. Denn hier arbeiteten weniger die Ideologen als die Technokraten des Krieges; Experten für den Bau von Straßen, Eisenbahnlinien und Westwall, für Waffensysteme, Rüstungs- und Kriegsproduktion sowie Rohstoffe. Höfer wurde zu einem gutinformierten Journalisten, denn er nahm an Tagungen und geheimen Waffenvorführungen teil, und ihm waren zusätzlich ausländische Zeitungen und Radiosender zugänglich. „Es war mir schon sehr früh klar", erklärte er später, „daß der Krieg verloren war". Seinen Durchhalteappellen war von dieser „Klarheit" allerdings nichts anzumerken.

Der Experte Höfer publizierte auch in der *Deutschen Allgemeinen Zeitung* und im *Reich*. Er entwickelte Stilgefühl für diese Blätter, schrieb detailliert, in einem gelegentlich leicht ironischen oder trocken-sachlichen Ton. Sein *Reich*-Bericht „Kriegsrat der Konstrukteure" vom Juni 1943 zeichnet das Bild eines sympathisch und äußerst effizient arbeitenden Stabs von Fachleuten, die Probleme der Industrieproduktion, Waffenentwicklung und Rohstoffversorgung auf einer Tagung offen diskutieren. Natürlich mußte Höfer die Organisation der Kriegsmaschinerie positiv darstellen. Er tat es ohne NS-Pathos, aber offenbar mit einiger Bewunderung. Hier herrschte nach seiner Darstellung statt starrem Führerprinzip kameradschaftliches Zusammenwirken vor, Minister Speer nahm „kein Blatt vor den Mund", Fachleute bedienten sich „einer äußersten Objektivität", „schonungsloser und offenherziger" als hier geschehen, lasse sich die Frage der Arbeitszeit nicht behandeln. Der Artikel suggerierte, durch totalen Arbeitseinsatz und in Konstruktion befindliche neue Waffensysteme werde es schließlich doch noch zu einem Umschwung an der Front kommen. Höfer appellierte in Watte verpackt zum Durchhalten und betrieb damit eine für das Regime überaus nützliche Propaganda. Vermutungen über neue, kriegsentscheidende Waffen, die sich auch in der deutschen Intelligenz schließlich so hartnäckig hielten und vielen eine Hoffnung waren, hatten wohl nicht zuletzt in solchen Artikeln ihre Wurzeln.

„Volle Kraftentfaltung" hieß es dann in einer die ganze Zeitungsbreite einnehmenden Oberzeile auf Seite eins des *Reichs* im August 1944. Plaziert zwischen Einspaltern von Goebbels und dem NS-Starjournalisten Schwarz van Berk war ein dreispaltiger Artikel Höfers über die V 1, Titel: „Das Geheimnis einer Geheimwaffe". Daß nicht einmal ein Drittel der V 1-Raketen ihr Ziel erreichten, verschwieg Höfer natürlich. Aber er war auch diesmal der apolitische Journalist, der kein Wort über Politik schrieb, sondern allein über Technik und Leistungen von Konstrukteuren, Ingenieuren und Rüstungsarbeitern. Die V 1 sei „eine echte Erfindertat", lobte Höfer, die Männer der Luftrüstung würden einen „entscheidenden Vorsprung" zu halten wissen. „Dem Können, der Energie und dem Mut der V-1-Konstrukteure ist es gelungen, mit den ersten Entwürfen für die erste Vergeltungswaffe bereits das Richtige zu treffen. Wenn bei diesem Erfolg das Glück mitspielte, dann war es jenes durch Wissen und Mühen errungene Glück, das zuletzt nur dem Tüchtigen zuteil wird."[8] Werner Höfer war selbst ein tüchtiger Technokrat.

„Ich bin doch nicht verrückt", glaubt die Tochter aus gutem Hause dem soignierten Herrn auf die Frage nach ihrer Parteimitgliedschaft geantwortet zu haben. Die Szene spielte Ende 1937 in der Redaktion der *Deutschen Allgemeinen Zeitung* in Berlin: Ursula von Kardorff im Bewerbungsgespräch mit Karl Silex. „Man konnte unerhört offen mit ihm sein." Gut fünf Jahre später – inzwischen hatte die junge Frau ihr Volontariat hinter sich und arbeitete im Feuilleton der *Deutschen Allgemeinen Zeitung* – erlebte sie, wie der Chefredakteur den „ganzen Laden" hinschmiß und erklärte, er gehe zur Marine[1]. Ursula von Kardorff blieb, fast bis zuletzt. Schwäche zu zeigen, war nicht ihre Stärke.

Ursula von Kardorff stammte aus einer weltoffenen Künstlerfamilie. Der Vater war ein bekannter Porträtmaler und Akademieprofessor, die Mutter Inhaberin einer Werkstatt für Kunstgewerbe, und die drei Kinder wuchsen in der Berliner Bohème der Kriegs- und Nachkriegsjahre heran. Zur Politik bestanden wenig Verbindungen; man war liberal, was die Mutter später nicht hinderte, sich für Hitler zu begeistern. Die „goldenen Zwanziger" erlebte Ursula, 1911 geboren, als junges Mädchen, und vom Geist dieser Jahre wurde sie geprägt. Bis weit in den Krieg hinein bestimmten Fêten, Bälle, Flirts und Reisen ihr Leben. Den dumpfen braunen Alltag aus ihrem persönlichen Umkreis fernzuhalten, dabei half ihr das zu Hause erlernte Talent zu Leicht-Sinn und Lebenslust.

Nach ein paar Sommern in Paris und einem mit wenig Ernst betriebenen Studium, aber bereits entdeckter journalistischer Ader, meldete sich Ursula von Kardorff im November 1937 zur Schriftleiteraufnahmeprüfung. In ihrem berühmt gewordenen Buch über die Kriegsjahre in Berlin schildert sie die Situation im „Haus der Presse": „Nach außenpolitischen Fragen kam Innenpolitik an die Reihe, bei der der Leiter es speziell auf mich abgesehen hatte, die einzige Nicht-Parteigenossin, die weder Arbeitsdienst noch BDM, noch Frauenschaft aufzuweisen hatte. Ich versagte total. Welche Worte sagte Hitler in Pasewalk, Bismarcks Sozialistengesetz in der Sicht des Nationalsozialismus, und so weiter. Schließlich wollte er mich endgültig reinlegen und fragte nach den Namen der 16 Toten des 9. November 1923, aber da fiel er nun rein, denn diese Namen hatte ich in den Wäldern von Neuhardenberg auswendig gepaukt. Ich kann sie heute noch, nach dem Alphabet. (...) Ich bekam den Vermerk ‚Bestanden, nur für Unpolitisches'."[2]

Als Abschluß des Volontariats war inzwischen ein dreimonatiger Kurs an der Reichspresseschule vorgeschrieben: „Eine seltsame Zeit, an die ich mich nur nebelhaft erinnere. Wir waren fünf Mädchen, davon zwei von der DAZ, genannt die ‚Dazen', und etwa 20 Männer. Mit ihnen mußten wir beim Frühsport Handgranaten aus Holz werfen. Politisch wurden wir getrimmt und geschult, lernten freilich auch einiges für den Beruf, machten Besichtigungen, hörten Vorträge, gingen ins Theater." Natürlich wurde eine „heimliche Clique" gegründet, und indem man sich „nachts bei Rotwein traf", wurde das halbmilitärische Lagerleben erträglich.

Der spätere Zeitungsalltag spiegelt sich in Ursula von Kardorffs Aufzeichnungen nur gelegentlich. Anfang Mai 1943 hält sie fest, die personell ausgedünnte Redaktion habe „Reportage-Fähigkeiten" an ihr entdeckt und wolle ihr „gräßliche Aufträge" geben; vier Wochen danach schildert sie das Ergebnis: „Mein Artikel über Fabrikarbeiterinnen hat nicht gefallen. Wurde heute früh von einer wütenden Arbeiterin anonym angerufen. Was sie mir eigentlich vorwarf, konnte ich nicht herausbringen. Dabei habe ich mich bemüht, die Lage dieser so schwer arbeitenden Frauen möglichst realistisch zu schildern, was bei den Vorschriften, die uns das Promi macht, ohnehin ein rechter Eiertanz war. Zum Glück gelang es mir wenigstens, einen von höchster Stelle befohlenen antisemitischen Artikel abzudrehen. Von jedem einzelnen in der ganzen Zeitung wird so etwas verlangt, in jedem Ressort, auch im Feuilleton. Ich sagte: ‚Mein Bruder ist gefallen, habe ich nicht genug Opfer gebracht?' Rührenderweise ging der Chefredakteur auf diese Unlogik ein. Frage mich mit Schrecken, wieweit ich standhaft geblieben wäre, wenn man mir mit sofortiger Entlassung gedroht hätte. Ich hätte ganz bestimmt nachgegeben." Die angesprochene Reportage, unter dem Titel „Drei Frauen" auf der Titelseite prominent plaziert, war in der Tat alles andere als begeisterte „Arbeitseinsatz"-Propaganda. „Bedrükkend, freudlos, elend, zermürbend" lauten die Vokabeln, mit denen die Feuilletonistin die Dienstverpflichtung in der Rüstungsfabrik charakterisierte, und das erwartete „Positive", das sie der Sache in der buchstäblich letzten Zeile abzugewinnen vermochte, beschränkte sich auf den Hinweis, eine solche „Probe der harten Bewährung" mache die davon betroffene Frau „wertvoller".[3]

Das Drumherum, ihr immer schon das Eigentliche, trat für Ursula von Kardorff, je länger der Krieg währte desto stärker, in den Vordergrund. Wenn ihre Aufzeichnungen gleichwohl zunehmend politisch wurden, so war dies nicht nur das Ergebnis späterer Ergänzungen, sondern eine Folge ihres großen privaten Bekanntenkreises, der sie fast unversehens in die Umgebung der Verschwörer des 20. Juli 1944 brachte. In dieser Zeit verdichteten sich für sie auch die Informationen über das grauenvolle letzte Kapitel der nationalsozialistischen Judenpolitik, an deren Beginn der noch eher beiläufig bedauerte „Weggang" vieler jüdischer Freunde gestanden hatte. Ihre Freundin „Bärchen", Redaktionssekretärin bei der DAZ, nahm sie jetzt gelegentlich mit zu untergetauchten, von der Deportation bedrohten Berliner Juden. 1961, angestoßen durch eine Fernsehdiskussion, wollte Ursula von Kardorff noch einmal wissen, wieviel sie wußte. Sie suchte in ihrem alten Tagebuch – und wurde fündig: „großer Druck durch Verhaftungen (...) und die Ausrottung aller Juden, wogegen die große Masse allerdings gleichgültig oder auch zustimmend ist", hieß es dort. Und weiter in ihrem daraufhin geschriebenen Artikel: „Also wußte ich es doch! Ich war eine junge Journalistin, die in Berlin lebte und sah, was um sie herum geschah. Weiter nichts. Sage doch keiner, der damals erwachsen war, er habe nichts geahnt."[4]

Den Namen Auschwitz hörte Frau von Kardorff, wie ihren später veröffentlichten Aufzeichnungen zu entnehmen ist, erstmals kurz vor Jahresende 1944: „Bärchen“ hatte ihr eine Schweizer Zeitung zugesteckt, in der zwei entflohene Häftlinge detailliert über die Vergasungsaktionen berichteten. „Der Artikel wirkte seriös, klang nicht nach Greuelpropaganda. Muß ich diesem entsetzlichen Bericht glauben? Er übersteigt die schlimmsten Ahnungen. Das kann einfach nicht möglich sein. So viehisch können selbst die brutalsten Fanatiker nicht sein. Bärchen und ich waren heute abend kaum fähig, über etwas anderes zu sprechen. Das Lager soll in einem Ort namens Auschwitz sein. Wenn es wirklich stimmt, was in der Zeitung stand, dann gibt es nur noch ein Gebet: Herr, befreie uns von den Übeltätern, die unseren Namen mit Schande bedecken.“[5]

Die Eintragungen dieser letzten Kriegsmonate zeichnen das Bild einer Frau, die den sich mehrenden politischen und persönlichen Katastrophen mit elementarem Lebenswillen und einer Hinwendung zur Religion begegnet. Nackte Verzweiflung wechselt ab mit selbstauferlegtem Optimismus – und im Versuch, die Schrecken der Wirklichkeit im Kreis von Freunden für ein paar Stunden zu vergessen, sogar mit einer von innen kommenden Leichtigkeit. Ungeachtet ihres preußisch-nüchternen Temperaments konvertierte die nicht religiös Erzogene kurz nach Kriegsende zum Katholizismus.

Den vorläufigen „Schlußstrich“ unter den Beruf zog Ursula von Kardorff im Februar 1945; „Bärchen“ hatte Bahnfahrkarten ergattert und ein Bekannter eine Unterkunft im Schwäbischen offeriert. Für eine tiefgründige Bilanz blieb vor dem Abschied aus dem zerbombten Berlin keine Zeit, aber die hingeworfenen Zeilen kennzeichneten ihre ambivalente Stimmung: „Mein Gott, ob es richtig war, diesen Schritt zu tun? Ich bin verzweifelt, irgendwie fahnenflüchtig. (...) Dabei, in zwei Wochen werde ich wahrscheinlich meinem Schöpfer danken für diesen Entschluß, der mir gestern wie aus einer puren Eingebung kam. So treibt man dahin, ein Schiffchen, ohne rechtes Steuer, ohne rechtes Ziel, im Strudel, im allesverschlingenden!“[6]

Drei Jahre dauerte es, ehe die Journalistin wieder den Hafen einer festen Redaktion anlief. Nach einer abenteuerlichen Reise ins heimatliche Berlin im Herbst 1945 kehrte Ursula von Kardorff ins ländliche Jettingen zurück, wo sich viele aus dem Berliner Freundeskreis zusammenfanden und vorübergehend „eine Art Kommune" bildeten. Bereits 1946 im Auftrag der *Süddeutschen Zeitung* beim Nürnberger Prozeß, trat Ursula von Kardorff 1950 in die Redaktion ein; daneben schrieb sie für die Münchner *Abendzeitung* viele Jahre lang die Kolumne „Durch meine Brille", die sich, wie alles aus ihrer Feder, durch luftig-duftigen Stil und Mut zur Subjektivität auszeichnete. „Die Kardorff" starb im Januar 1988.

Rudolf Kircher

„Die erste Woche nach dem Wahlsieg Hitlers hat alles gehalten, was die kurze Zeitspanne seit dem Amtsantritt ihres Führers den Nationalsozialisten versprochen hat: vollkommene Beherrschung Deutschlands in allen seinen Teilen." Dies schrieb, am 11. März 1933, der Inhaber einer der prestigeträchtigsten Positionen im deutschen politischen Journalismus, der Berliner Chefkorrespondent der *Frankfurter Zeitung*, Rudolf Kircher. Was klingen mochte wie die ungelenk-bedeutungsschweren Worte eines durchschnittlichen Parteijournalisten, war eines der ersten Beispiele für jenen kalten Sarkasmus, mit dem Kircher in den nächsten Monaten und Jahren viele seiner Kommentare durchwirken sollte. Der wirkliche Sinn des scheinbar ganz affirmativen Eröffnungssatzes erschloß sich erst durch die nachfolgende, noch erstaunlich offene Kritik. Die Zukunft werde zeigen, so Kircher weiter, ob es gelinge, aus dem „Sieg einer Partei" auch den „Sieg eines Volkes" zu machen; derzeit stehe dem „die neue Scheidung zwischen den beglückten und den bedrückten Millionen" entgegen. Dann folgte eine eindrucksvolle Fürsprache zugunsten der verfolgten Sozialdemokraten: „Unzufriedene, Andersgläubige, Opponierende wird es immer geben – Unterdrückte,

Bedrohte, Gefesselte darf es in einer großen Nation, die aus der deutschen Geschichte hervorgegangen ist, nicht geben, es sei denn, es handle sich um Hochverräter und Verbrecher. Die bolschewistischen Arrangeure kann man matt setzen, aber die Gründe, aus denen diese Aufwühler Zulauf hatten, sind damit nicht beseitigt – ebensowenig wie die Herzen der Millionen gutwilliger Arbeiter dadurch für die neue Regierung gewonnen werden können, daß man sozialdemokratische Funktionäre (...) überfällt und terrorisiert."[1]

Der Sonntagsartikel, Kirchers Privileg, war noch aus anderen Gründen bemerkenswert. Ohne Umschweife bekannte der Berliner Korrespondent – in Formulierungen, die nahelegten, er spreche für die Zeitung insgesamt –, schon vor zwei Jahren und noch vor zwei Monaten habe man es als „größte staatspolitische Aufgabe betrachtet, die NSDAP an die Regierung heranzuführen"; dies sei nun zwar erreicht, „aber offensichtlich ohne jene Garantien, die man seinerzeit für unerläßlich gehalten hat". Deshalb gehöre die *Frankfurter Zeitung* zu jenen „48 Prozent oppositioneller Meinung", die „jenseits der Regierungsschranke stehen". Mit diesem Bekenntnis, das den neuen Herren keine Neuigkeit eröffnete, wagte sich Kircher ohne Not weit hervor. Und ziemlich kühn war auch seine „Frage, an welcher Stelle die Regierung selbst der Ausübung der Macht, über die sie nun restlos verfügt, eine politische Grenze setzen und das freie Spiel von Meinung und Gegenmeinung, von Argument und Gegenargument wieder herstellen will. Ihre Machtposition ist stark genug, um zu einem normaleren politischen Leben überzugehen. (...) Die maßvolle Ausnützung der Siege ist noch immer der Prüfstein der Staatskunst gewesen."

Wenn der Aufsatz trotz dieser ungebetenen Ratschläge und Kritik hingenommen wurde, ja als kaum angreifbar erschien, so allein aufgrund von Kirchers Formulierkunst. Die gedankliche und sprachliche Virtuosität dieses Starjournalisten machte die FZ für einige Jahre zur Arena eines atemberaubenden Florettgefechts, in dem, was eben noch wie ein Duell auf Leben und Tod aussah, im nächsten Moment als Schaukampf erschien. Mit wieviel Ernst und Einsatz Kircher gegen die Berliner Sprachregler wirklich focht, blieb letztlich unklar.

Rudolf Kircher (Jahrgang 1885) war über die Jurisprudenz zum Journalismus gekommen. Nach der Promotion in Heidelberg hatte der Sohn des großherzoglich-badischen Generalstaatsanwalts drei Jahre im Staatsdienst absolviert, ehe er 1912 zur *Frankfurter Zeitung* ging.[2] Prominenz nach innen wie nach außen erschrieb sich der auch auf dem gesellschaftlichen Parkett Hochbegabte seit 1920 in seiner Rolle als England-Korrespondent. Nach zehn Jahren in London und drei Büchern über Land und Leute übernahm Kircher die Leitung des Berliner Büros. Die Entscheidung war innerhalb der Redaktion umstritten, denn während der abgelöste Bernhard Guttmann eine dezidiert linksliberale Position vertrat, galt Kircher als Exponent des rechten Flügels; seine Berufung paßte freilich nicht nur in die veränderte politische Landschaft, sondern auch zur wirtschaftlich heiklen Situation der Zeitung, deren Existenz von Industriegeldern abhängig geworden war.

Mit Heinrich Simon, dem Vertreter der Gründerfamilie, verfolgte Kircher eine Politik der Distanzierung von dem im Niedergang begriffenen Parteiliberalismus. Im Falle Kirchers traf sich diese Strategie mit grundsätzlichen Vorbehalten gegen das Parteiensystem, die wohl auch eine Erklärung für seinen brüsken Kommentar darstellen, mit dem er am 6. Juni 1933 „Das Ende der Parteien" begleitete: „Unsere Leser werden während der letzten Jahre bemerkt haben, daß wir mit den alten Parteien nicht mehr viel anzufangen wußten." Zugleich plädierte Kircher dafür, die NSDAP möge sich auch Andersdenkenden öffnen, denn wenn das „national-sozialistische Werk" gelingen solle, müsse eine „neue nationale Gesellschaft" entstehen.

Rudolf Kircher war, das zeigt auch seine Berichterstattung vom ersten NSDAP-Reichsparteitag nach der „Machtergreifung", nicht unbeeindruckbar. Der große Routinier und Zyniker begeisterte sich an dem Aufgebot begeisterter Menschenmassen. „Das Erlebnis von Nürnberg" war sein Aufsatz überschrieben, der eine Menge anerkennender Worte für das

„Volksfest" fand. Aber Kircher versagte sich auch nicht die klare Kritik an dem in Nürnberg erscheinenden *Stürmer* („das erste, was mir hier zu Gesicht kam"). In einem Artikel über einen Fall von „Rassenschande" bediene sich das Blatt einer Sprache, „die wir nicht wiedergeben möchten", schrieb Kircher und bemerkte, „daß eine solche *Übersteigerung* der antisemitischen Attacke für den eigentlichen Zweck der nationalsozialistischen Rassenpolitik durchaus entbehrlich ist". Die Frankfurter Gestapo und das Gaupresseamt registrierten Kirchers Formulierung mit einigem Mißfallen.[3] Politische Kritik, das zeigt dieses Beispiel deutlich, mußte sich inzwischen dem Gewande einer „Konstruktivität" bedienen, das bis zur Unerkennbarkeit verhüllte.

Für Kircher selbst scheinen die Ereignisse des 30. Juni 1934 ein Wendepunkt gewesen zu sein. (Danach ließ das Bemühen, in der innenpolitischen Kommentierung noch vorsichtige Kritik zu äußern, deutlich nach, ohne daß draufgängerische Formulierungen seitdem völlig ausgeschlossen gewesen wären.) Sich offenbar selbst in Gefahr wähnend – Kircher war 1932 in die politische Nähe des jetzt erschossenen Kurt von Schleicher geraten, der die NSDAP über den linken Straßer-Flügel spalten wollte –, flüchtete er sich in verzweifelten Sarkasmus. „Die Aktion Hitlers" lautete am 2. Juli die Überschrift seines Kommentars, und in Anspielung auf den Mord an Edgar Julius Jung, den Ideologen der „Konservativen Revolution" und Autor des Bestsellers „Die Herrschaft der Minderwertigen", höhnte er: „Das Volk von der Herrschaft Minderwertiger zu befreien, ist ein Preis, der einen hohen Einsatz wert ist."

Kirchers Fähigkeit zu Zorn und Emotionen verband sich, je länger das Regime währte desto stärker, mit einem Bewußtsein, zum Nutzen seiner Zeitung eine Aufgabe wahrzunehmen, auf welche die überlieferten Grundsätze liberalen Journalismus nicht mehr anwendbar seien. Hinzu kamen ausgeprägtes Einzelgängertum und Selbstbewußtsein, das durch den Umstand seiner Ernennung zum Hauptschriftleiter ab 1. Januar 1934 zumindest nicht gemildert wurde (wenngleich der nominelle Charakter dieser Bestallung, mit der die kollegial verfaßte Redaktion den Bestimmungen des Schriftleitergesetzes Genüge tat, nach innen immer wieder betont worden ist). Weiter hinzu kam allerdings auch die korrumpierende Wirkung der wechselseitigen Gewöhnung im Zentrum der Macht. Kircher hatte Umgang mit Goebbels, erntete in den täglichen Pressekonferenzen neben Kritik gelegentlich auch Lob und kooperierte mit dem Auswärtigen Amt. Revisionist und Patriot (wie alle Älteren in der Redaktion), verlor er sich in seiner außenpolitischen Kommentierung mitunter in Rabulistik oder übererfüllte die Erwartung der Machthaber;[4] die Trennlinie zwischen nationalen und nationalsozialistischen Positionen wurde unscharf. „Kircher, so verstand es die Frankfurter Redaktion, erkaufte der Zeitung mit seinen scheinbar willigen, fast immer raffiniert-doppeldeutigen Dienstleistungen für das Regime Bewegungsspielraum. (...) Kircher liebte die Gefahr, den Tanz auf dem Hochseil. Er konnte das Schreiben auch nicht lassen und stiller werden, als es immer schwieriger wurde, bewertende Urteile abzugeben, die der Wahrheit entsprechen sollten."[5]

Im Mai 1938 quittierte Kircher seinen Dienst in Berlin. Wachsende Spannungen zwischen den führenden Männern in der Frankfurter Zentrale und dem einsamen Artisten in den Gefilden der Mächtigen waren ein Beweggrund, ein anderer eine homosexuelle Affäre auf dem Reichsparteitag im Vorjahr, die Kircher erpreßbar gemacht hatte. Kircher ging als Korrespondent nach Rom, blieb aber Hauptschriftleiter. Nach Kriegsbeginn nutzte er die dortigen besseren Informationsmöglichkeiten zu „Italienischen Nachrichten", die oft wenig mit Italien, um so mehr aber mit den Entwicklungen auf seiten der Alliierten zu tun hatten. In den letzten Monaten vor Schließung der FZ schrieb er freilich auch einige Kommentare, die der anti-angloamerikanischen Propaganda der durchschnittlichen deutschen Presse in nichts mehr nachstanden.

Das Bewußtsein, sich tiefer als alle anderen seiner FZ-Kollegen mit den nationalsozialistischen Machthabern eingelassen zu haben, verlieh Kircher gegenüber diesen auch eine besondere Form der Souveränität. Als im Mai 1943 die „halbjüdischen“ und mit Jüdinnen verheirateten Redakteure entlassen werden mußten, wurde Kircher zusammen mit Verlagsleiter Wendelin Hecht beim Frankfurter Gauleiter vorstellig. Man wollte wenigstens erreichen, daß die Entlassenen und ihre Ehefrauen nun in Ruhe gelassen würden. Als der Gauleiter auf dieses Ansuchen ausweichend reagierte, sei es aus Kircher herausgebrochen: „Denken Sie, ich mache Euch Euren Scheiß weiter, wenn Sie nicht einmal das fertigbekommen?“[6]

Gegen den Vorwurf mangelnder Charakterfestigkeit, der auch von Kollegen kam, die aufgrund ihrer Funktion innerhalb der Redaktion kaum in die Gefahr gerieten, „Dreckarbeit“ leisten zu müssen, ist Kircher später in Schutz genommen worden. Fritz Sänger, der ihn in der Berliner Redaktion erlebte, meinte, er habe gelegentlich des Nützlichen zuviel getan, aber nur durch seine Arbeit sei die Existenz der Zeitung zu sichern gewesen.[7] Margret Boveri sprach für die Zeit nach 1945 von der „Überheblichkeit der Kollegen, die nur durch die Bereitschaft anderer zu ‚schmutzigen Händen‘ – etwa eines Mannes wie Rudolf Kircher – sich in ihrer Unbelastetheit sonnen konnten“.[8] Ähnlich Franz Taucher: „Es wurde viel über ihn geredet, viel über ihn geurteilt, zumeist aus abgesicherter Position. Fast alles war falsch, schief, ungerecht. Wer (...) wußte von dem Vorfall, da man ihn, kurz nach der Machtübernahme der Nationalsozialisten und nachdem man seine jüdischen Kollegen aus der *Frankfurter Zeitung* hinausgedrängt hatte, aufforderte, mit einem prominenten politischen Funktionär im Rundfunk über die Judenfrage zu diskutieren? Er erwiderte darauf, wenn er kommen müsse, werde er kommen, aber mit einem Revolver in der Hand, um sich damit vor dem Mikrophon zu erschießen.“[9]

Kircher selbst meinte 1944, inzwischen Mitarbeiter einer Projekt gebliebenen Zeitschrift für Schweden *(Tele)*, „keine reine Weste mehr“ zu haben.[10] Nach Kriegsende gründete er in Meran, wo ihn die Kritik weniger erreichte, die Wochenzeitschrift *Der Standpunkt.* Die vier Jahre bis zu seinem Tod 1954 gehörte er der *Deutschen Zeitung* in Stuttgart an, nicht etwa in Frankfurt dem eben gegründeten Nachfolgeblatt.

Otto Knab

Nichts deutete auf Außergewöhnliches hin. Otto Knab, 28jähriger Chefredakteur des *Land- und Seeboten* in Starnberg bei München, paßte sich an. Auf Hitlers Machtantritt reagierte er noch ambivalent. Knab bejubelte die Machtergreifung nicht, meinte aber, der neuen Regierung müsse Gelegenheit gegeben werden zu zeigen, was sie könne.[1] Er kritisierte die durch die ersten Notverordnungen eingeschränkte Pressefreiheit, fügte aber beruhigend hinzu, Hitler habe versichert, eine allgemeine Knebelung der Presse sei keineswegs beabsichtigt. In den Wochen und Monaten nach der Wahl vom 5. März bemühte Knab sich, der neuen Regierung „vorurteilsfrei" zu begegnen. Noch bevor die NSDAP Ende Juni 51 Prozent der Geschäftsanteile des *Seeboten* übernahm, wirkte das Blatt, durchsetzt mit Aufrufen der örtlichen Parteileitung, häufig wie ein NS-Organ. Knab selbst plädierte in der zweiten Jahreshälfte 1933 in vielen Leitartikeln energisch dafür, das Bürgertum solle mit dem Nationalsozialismus seinen Frieden machen. Oberflächlich betrachtet, war er einer der vielen Opportunisten. Aber 1934 dann zog er einen überraschenden Schlußstrich: Obwohl ein unbekannter Schriftleiter mit wenig Aussichten auf berufliches Fortkommen im Ausland, entschied sich Knab für die Emigration – nicht etwa, weil er aus rassischen oder politischen Gründen verfolgt wurde, sondern weil er nicht bereit war, fortgesetzt intellektuelle Kompromisse zu schließen; Kompromisse, die vielleicht die berufliche Existenz gesichert hätten, aber auf Kosten der moralischen und intellektuellen Integrität gegangen wären.

Der 1905 unehelich geborene Otto Knab war in einer Pflegefamilie aufgewachsen. Mit neun Jahren war er ins Franziskus-Waisenhaus nach Altötting gekommen, knapp drei Jahre später ins Kapuzinerseminar Burghausen. Die Zeit im Priesterseminar war kurz, aber sie prägte: In ihr wurzelte sein nie aufgegebenes katholisches Weltbild. Nach einer Ausbildung zum Buchdrucker wurde der inzwischen 18jährige Knab 1924

Setzer und Redaktionsassistent beim Starnberger *Land- und Seeboten.* 1929 war er bereits der verantwortliche Redakteur des Blattes.

Dem Aufstieg der Nationalsozialisten begegnete die Zeitung wenig freundlich. Es sei „ein Käseblatt, schwarz wie die Nacht", meinte der Gründer der NSDAP-Ortsgruppe wütend, weil der *Seebote* zwar über fast alle lokalen Veranstaltungen der zahlreichen Vereine, Verbände und Parteien der Stadt berichtete, NSDAP-Aktivitäten aber weitgehend ignorierte. Der konservativ-katholische *Seebote* verachtete die NSDAP und ihre Exponenten, die dem bürgerlichen Starnberger Milieu zumindest in den zwanziger Jahren als verkrachte Existenzen, „Nazi-Rowdys" und „Hitlernarren" galten, die sich eher durch Schlägereien in Szene setzten als durch ernstzunehmende politische Vorschläge. Anfang der dreißiger Jahre brachte sich Knab nicht nur als Chefredakteur in eine exponiert antinationalsozialistische Stellung. Als die NSDAP in der Juliwahl 1932 erstmals die Bayerische Volkspartei in Starnberg überflügelte, übernahm Knab die Leitung einer von ihm mitbegründeten Abteilung der „Bayernwacht", des paramilitärischen Saal- und Selbstschutzverbandes der BVP.

Daß er sich nach der Machtergreifung dann doch so rasch anpaßte, entsprach einer Mischung aus politischem Realitätssinn, Illusionen, Druck – und vorübergehender Überzeugung. Die Ablehnung jeglicher Art „illegalen" Widerstands durch BVP und Bayernwacht und deren Aufrufe zur Mitarbeit an dem neuen Regime hatten ihn resignieren lassen. Zudem sah Knab bald gewisse Berührungspunkte zwischen dem politischen Katholizismus und dem Nationalsozialismus. Der „Tag von Potsdam" mit der Zurschaustellung einer konservativen Verbrüderung des „alten" mit dem „neuen Deutschland" beeindruckte ihn, zumal jetzt auch in Starnberg die Katholisch-Konservativen einträchtig mit den Mitgliedern von NS-Organisationen und bürgerlichen Vereinen zum Kriegerdenkmal marschierten. Für alle national denkenden Deutschen gebe es keine andere Möglichkeit, als diese Regierung vorbehaltlos zu unterstützen, schrieb Knab; von diesem 21. März an sei „eine völlig neue Epoche deutschen Lebens zu datieren". Nach dem Judenboykott vom 1. April plädierte Knab rechtfertigend für eine „Zurückdämmung" des jüdischen Einflusses. Auch schien er den lokalen Nazis dankbar dafür, nach der Übernahme des *Seeboten* Chefredakteur bleiben zu können. Daß dies Taktik war, weil man den erfahrenen Redakteur gut brauchen konnte, wurde Knab erst später klar. Ehrgeizig und überzeugt, das Regime werde nicht von langer Dauer sein, lag ihm viel an der Erhaltung des erst von ihm selbst zur Tageszeitung umgestalteten Blattes. Vor allem aber sorgte sich Knab um seine Existenz: Er hatte eine kranke Frau und zwei Kinder, und er war verschuldet.

So sehr Knab in der zweiten Jahreshälfte 1933 seine Leser mit Verve und Emotion von den positiven Seiten des Nationalsozialismus zu überzeugen suchte, die eigene Unsicherheit schimmerte in den Leitartikeln doch verschiedentlich durch. Trotz seiner vielfältigen beruflichen Kontakte war er im Grunde ein Einzelgänger. Seine wenigen Freunde, ein liberal eingestellter jüdischer Rechtsanwalt und ein katholischer Kaplan, wurden von den Nationalsozialisten aus der Stadt hinausschikaniert. Knab zweifelte angesichts der zunehmenden antikirchlichen Propaganda immer mehr an der Vereinbarkeit von katholischem Christentum und Nationalsozialismus. Auffällig oft hob er seit Herbst 1933 positive Aussagen führender Repräsentanten des Regimes über die katholische Religion hervor – als wolle er sie auf ihr Wort verpflichten. Knab begann, riskanter zu schreiben; seit Jahresende 1933 testete er häufiger, wie weit er in seiner Kritik gehen konnte. „Ich glaube, daß die Psychologie des Missetäters damals bei mir im Spiel war", erläuterte er später: „Wenn man mit etwas Unerlaubtem gut davongekommen ist, ist der Reiz zunehmend größer, es zu wiederholen, immer ein wenig mehr zu wagen." Knabs Kritik am NS-Regime gipfelte Ende Mai 1934 in einem Artikel, der ein Bekenntnis Hitlers zum „positiven Christentum" als Anlaß nahm, den totalitären Anspruch des Nationalsozialismus zurückzuweisen: „Ja – Christlicher Geist ist Gewalt,

Gewalt, die keinen anderen Geist dulden kann neben sich (...). Und dieser Geist ist der heilige – denn in ihm und von ihm und aus ihm ist das Heil."

Einige Wochen später ging die lokale Parteiführung gegen Knab vor. Nach der Ermordung eines SA-Mannes in Schlesien durch einen Jungkatholiken bezichtigten Nationalsozialisten die katholischen Jugendverbände der Mordhetze. Knab wies die Pauschalangriffe empört zurück: „Ersparen wir unserer jungen Volksgemeinschaft solche Dinge, die jedem katholischen Deutschen die Scham- und Zornesröte ins Gesicht treiben müssen!" Die Starnberger Parteiführung verlangte daraufhin den Nachdruck eines die katholischen Jugendverbände verunglimpfenden Artikels aus dem *Völkischen Beobachter,* den Knab aber nur in stark gekürzter Fassung veröffentlichte. Begleitet von Drohungen mit dem KZ, verlangten der Kreisleiter und der Ortsgruppenleiter, Knab müsse künftig auch von der Partei vorformulierte Artikel im *Land- und Seeboten* mit seinem Namen zeichnen; den VB-Artikel mußte er erneut und diesmal im vollen Wortlaut veröffentlichen. In großer Erregung über die Drohungen und Demütigungen entschloß Knab sich spontan zur Flucht. Am 15. Juli 1934 verließ er Starnberg und emigrierte in die Schweiz, 1939 ging er in die USA.

„Ich kann nach Gewissen und Charakter unter dieser Knebelung unmöglich arbeiten", hieß es in seinem letzten, nicht mehr gedruckten Leitartikel, und er wolle „Arbeiter sein an einem freien Deutschland". Knab hielt sich an diesen Vorsatz. Nach der Flucht verfaßte er in der Schweiz ein Buch, „Kleinstadt unterm Hakenkreuz", in dem er mit den Nationalsozialisten abrechnete. Gemeinsam mit dem Emigranten Waldemar Gurian gab er die religiöse Exilzeitschrift *Deutsche Briefe* heraus. Im Sommer 1936 wurde Knab wegen „staatsfeindlichen Verhaltens" die deutsche Staatsbürgerschaft aberkannt.

Es sei „der erste Berufsfehler" gewesen, daß er 1937 eine Stelle beim *Berliner Tageblatt* angetreten habe, erinnerte sich Jürgen Petersen noch reichlich vierzig Jahre später.[1] Ein Berufsfehler nicht etwa, weil das *Tageblatt* zu dieser Zeit längst alle Liberalität verloren hatte, sondern weil er über der Anziehungskraft Berlins „vergaß, nach dem wirtschaftlichen Zustand der Zeitung zu fragen". Besser wäre es wohl gewesen, gleich zu einem größeren Blatt zu gehen, was er 1939 auch tat: Jürgen Petersen wurde Redakteur der *Deutschen Allgemeinen Zeitung*, ein Jahr darauf, erst 31jährig, Leiter des Kulturressorts im *Reich.* Nach seiner Einberufung schrieb er von 1943 bis 1945 als „Kriegsberichter" einer Propagandakompanie weiterhin für die DAZ und das *Reich.*

So normal es Petersen immer erschien, im Dritten Reich als Journalist Karriere zu machen – ein Nationalsozialist war er keineswegs. Er hielt das Regime für „rüpelhaft und ungebildet".[2] Die Antiintellektualität vieler Nationalsozialisten stieß den über Rilke promovierten Germanisten ab. „Der Gebildete ist seit Nietzsche eine anfechtbare, um nicht zu sagen diffamierte Erscheinung. Daran hat sich bis zur Stunde nichts geändert", schrieb er 1940 im *Reich* und klagte: „Man kann nicht von einer Krise der Bildung sprechen. Denn aus der Krise ist ein Dauerzustand geworden." Auch der Schluß seines Artikels gab viel von seinem Selbstverständnis wieder. „Um den Geist aber und seine Wirklichkeit sollte niemand fürchten; er ist unzerstörbar, ein ‚Wühler', wie Jakob Burckhardt sagt – man kann ihn eine Zeitlang verschütten, aber nicht töten." Solch klare Sätze waren selten. Ob als Feuilletonist in der NS-Zeit oder später, wenn er sich an seine Arbeit im Dritten Reich erinnerte: Petersen kommentierte wenig, beschrieb eher vieldeutig, liebte die „Zwischentöne". Das hatte er schon als Feuilletonist beim *Tageblatt* gelernt. Das von Goebbels erlassene Kritikverbot berührte die Redakteure wenig, denn „ohnehin galt es im ‚Berliner Tageblatt' als unangemessen, eine Sache lauthals zu loben oder zu tadeln. Man hatte zu begründen."

Petersen hielt sich in den meisten seiner Artikel bis 1945 daran, nicht lauthals zu loben oder zu tadeln. Wenn er über Theater, Film, Dichtung oder Musik urteilte, so zumeist in sachlichem Ton und unter Beifügung erheblicher Mengen klassischen Bildungsgutes. Er schrieb für die Gebildeten und glaubte daran, daß die Leser „zwischen den Zeilen" lesen konnten. Bei etlichen seiner Artikel mußten sie es auch können. Wenn er etwa über Albert Speers Parteibauten schrieb oder eine Hitlerrede über „Bildung und Führertum" kommentierte, geschah dies nie ohne gelehrte Anspielungen auf Antike und Mittelalter. Petersen machte es sich, seinen Lesern und den Zensoren nicht leicht. „Hitler, der Autodidakt, hatte erklärt, Wissen und Führungsfähigkeit schlössen sich zwar nicht aus, aber im Zweifelsfall seien Mut, Haltung, Entschlußkraft wichtiger als Bildung. Ich ließ es offen, was in einem solchen Verständnis unter Bildung zu verstehen sei, erinnerte an die ‚Arete' der Griechen, an die ‚Septem artes' des staufischen Ritters, an Humboldts Humanismus. Mit der Erinnerung an das Bildungsideal großer Kulturepochen relativierte sich die besserwisserische These, in der Zitierung lag Widerspruch. Wer es heute liest, wird das nicht deutlich genug finden. Aber der Widerspruch, den der Schreiber zwischen den Zeilen andeutete, kostete ihn viel Anstrengung."

Petersen paßte sich den Anforderungen des Regimes weit genug an, um voranzukommen. Schon als Volontär beim *Darmstädter Tageblatt* hatte er auch über Parteiveranstaltungen berichtet und eine Goebbels-Rede kommentiert. In der Ausbildung an der Reichspresseschule wurde „jeder Satz gewogen", man hatte über Reden von NS-Größen zu schreiben und antikirchliche Artikel zu verfassen, durfte dabei nicht „politisch instinktlos" sein; es war für das Klima der Schule „kennzeichnend", erinnerte er sich später, daß ein Mitschüler nur deshalb entlassen wurde, weil er auf die trickreiche Frage des Schulleiters eine politisch nicht genehme Antwort gab.[3] Petersen passierte das nicht. Als er als Redakteur des *Berliner Tageblatts* im

Sommer 1938 das „Angebot“ des Propagandaministeriums erhielt, nebenher an Wochenenden die Pressefassungen von Goebbels‘ öffentlichen Reden zu erstellen, erschien ihm dies zwar „eher unbehaglich als ehrenvoll“, doch er machte auch das; und „stets unbeanstandet“ gingen seine Pressefassungen an die Redaktionen. Die Nähe zu Goebbels schmeichelte dem jungen Journalisten wohl auch, zumal der Minister ihn schließlich kennenzulernen wünschte, ihm Manuskripte zur Korrektur gab, „so von einer Hitler-Biographie, die nie erschienen ist. Er suchte meine Meinung in den heikelsten Fragen zu erfahren; so wollte er wissen, weshalb das Volk einen Gegensatz zwischen ihm und Göring konstruiere.“

Im Herbst 1938 schien Petersen deutlich beeindruckt; in seinen Berichten vom Nürnberger Reichsparteitag, vor allem vom Höhepunkt der abendlichen Feiern, dem Aufmarsch von 150 000 Parteiführern vor Hitler, schlug Begeisterung durch.[4] Im Kriege hingegen wurden seine Arbeiten zunehmend vieldeutiger und letztlich so kunstvoll überstilisiert beziehungsweise nebulös, daß teilweise gar nicht mehr zu erkennen war, was der Autor gemeint haben könnte. Wer wollte, konnte schwindende Siegeserwartung, allein Hoffnung auf irgendein unbestimmbares baldiges Ende des Krieges herauslesen. „So formt sich das ungewisse Bild der Heimat in jedem Soldaten zu neuer Leuchtkraft und gibt den vielen Gedanken an Deutschland wieder eine feste Richtung“, erläuterte Petersen die Wirkung gelegentlicher Funksprüche und Briefe aus Deutschland auf die Frontsoldaten. Er gehörte zu jenen Kriegsberichtern, die sich aus dem üblichen pathetischen Mobilmachungsjournalismus heraushielten. Gleichwohl ästhetisierte er Krieg und Kampf. „Der Krieg“, schrieb er kurz nach der Kapitulation von Stalingrad im *Reich,* „so furchtbar er den einzelnen treffen mag, kann gesteigertes Dasein bedeuten. Er hebt die verborgensten Kräfte, er scheidet unerbittlich die Rangfolge der Werte. Das ist der Sinn des Heraklitwortes vom Vater aller Dinge.“ Welche Werte aber gesetzt werden sollten, sagte Petersen nicht. Er zog fast stets die nicht-moralisierende, impressionistische Beschreibung vor.

Aus Paris schilderte Petersen 1944 die angreifenden Bomberstaffeln der Alliierten als „silberschimmernde Geschwader“: „Einige Minuten später lassen sie in einem der Außenbezirke ihre Bomben fallen. Dieses Schauspiel unterbricht eine Weile den eiligen Gang der Menschen, die zu Fuß die verlorene Zeit aufholen wollen. Der helle Schweif der abstürzenden Maschine erregt in den sorgfältig geschminkten Gesichtern der Frauen einen Ausdruck, gemischt aus Verwunderung, Grauen und Lust. Hier sind sie gebannt, sodaß man an das elegante Opernpublikum gewisser Länder erinnert wird, das sich während des Spiels in den Logen unterhält, um nur den bekanntesten Arien für einige Augenblicke Gehör zu schenken.“ Ob die Bevölkerung ein Ende der deutschen Herrschaft erwartete oder erhoffte, ließ Petersen offen. In der Luft liege „ein fremder Hauch“, schrieb er abschließend. „In ihm haben Spekulationen ihren Sinn verloren. Jetzt sprechen Tatsachen, kluge Franzosen konstatieren in diesen Tagen das stille Ende des Attentismus. In der Glut der Feuerwalze, die an der Normandieküste steht, können die mittelmäßigen Temperaturen nicht existieren. Entweder geraten sie in den Schmelztiegel oder sie entfliehen in einen Bereich, der außerhalb der Entscheidungen liegt.“ Mit offener Empörung allerdings kommentierte er in einem anderen Artikel die Folgen der alliierten Angriffe für die Zivilbevölkerung. „Was die Engländer und USA-Soldaten in Nordfrankreich tun, ist ein System, das System der ‚terre brûlée‘, der verbrannten Erde. Es ist das Bekenntnis zu einer Kriegsführung, die alles, auch das geringste, zu vernichten sucht: die Frucht auf dem Halm, das Tier auf der Weide, den Bauer hinter dem Pflug.“ Das sei „der rücksichtslose Krieg gegen das Leben in jeder Form“, sei „nichts als kalte Raserei“. Es war eine seiner seltenen eindeutig kommentierenden Aussagen.

Die englischen Presseoffiziere in Hamburg hatten 1946 keine Einwände gegen seine Anstellung beim Rundfunk. Alles verlief so reibungslos wie sieben Jahre zuvor bei der DAZ: Nur ein kurzes Gespräch, „die Engländer hielten nichts von Verträgen, aber sie fragten wenigstens noch, welches Gehalt man sich vorstelle. Davon war in Berlin nicht die Rede." Petersen bekam die Stelle als Abteilungsleiter für Kulturelles Wort beim Nordwestdeutschen Rundfunk, wurde 1955 Hauptabteilungsleiter für Kulturelles Wort im Hessischen Rundfunk und war schließlich von 1961 bis 1974 Direktor für die kulturellen Programme des Deutschlandfunks. Er war und blieb ganz Kulturjournalist.

Hans Schwarz van Berk

„Gefährlich oder ungefährlich – weitermachen!", schrieb er 1934 ins Gästebuch von Werner Fincks Berliner „Katakombe". Nach der Schließung des Kabaretts 1935 mußte er sich dafür wegen „parteischädigenden Verhaltens" vor einem Gaugericht verantworten, kam aber dank Goebbels' Hilfe mit einem Verweis davon. Dem Typus des biederen Parteigenossen entsprach Hans Schwarz van Berk nicht. Absolventen der Reichspresseschule fiel er als Dozent „angenehm" auf, weil man ihm gegenüber auch „offen ketzerische Meinungen äußern" konnte. 1937 trat der 35jährige eine auf vier Jahre angelegte Weltreise an, die er bei Kriegsbeginn abbrach. Von da an war er einer der effektivsten und schillerndsten Journalisten des Regimes.

Er spreche nicht als Propagandist, sagte Schwarz van Berk scheinbar freimütig in einem Radiovortrag über Rüstungsfragen kurz nach der Kapitulation von Stalingrad, um dann geschickt für Vertrauen in die deutsche Kriegsproduktion zu werben. Gegen Kriegsende geriet er mit Goebbels aneinander, weil er eine Sprachregelung ignorierte. Er habe „Narrenfreiheit" gehabt und er sei „ein Mann der Zivilcourage" gewesen, meinte er später zu seiner Tätigkeit im Dritten Reich. Die „Narrenfreiheit" aber basierte nicht auf Zufall oder Courage, denn das Regime profitierte davon in hohem Maße. Hans Schwarz van Berk war einer der professionell herausragenden NS-Propagandisten. Als solcher konnte er sich kleine Eigenwilligkeiten nicht nur erlauben; sie bedingten geradezu seinen

Erfolg. Margret Boveri bezeichnete ihn treffend als „den einzigen wirklich begabten Journalisten, den die Nationalsozialisten besaßen".[1]

Seit seiner Jugend hatte der aus einer rheinischen Handwerker- und Kaufmannsfamilie stammende Schwarz van Berk politischen und militärischen Gruppierungen der nationalen Rechten angehört. Bereits als 18jähriger wurde er 1920 Freikorpskämpfer, später Mitglied des Stahlhelm. 1930 trat er der NSDAP bei, weil er ihren „Elan" bewunderte. Ein Studium in Geschichte und Zeitungswissenschaft brach er ab, da ihn der praktische Journalismus mehr reizte. 1930 übernahm der erst 28jährige in Stettin die Chefredaktion der sich als überparteilich-national betrachtenden *Pommerschen Tagespost,* 1932 gründete er das NSDAP-Organ *Pommersche Zeitung.* Sein erstes Buch, „Preußentum und Nationalsozialismus", war zu diesem Zeitpunkt bereits erschienen; in sieben Briefen „an einen preußischen Junker" suchte er darin den pommerschen Adel für die Nationalsozialisten zu gewinnen. 1935 wurde Schwarz van Berk Chefredakteur des *Angriff.* Ihm gelang es, die auf etwa 70000 Exemplare gesunkene Auflage um rund 50000 zu steigern. Als Schwarz van Berk seine Weltreise antrat, zählte er schon zu den führenden NS-Publizisten, war Mitglied des Präsidialrats der Reichspressekammer und hatte für eine Aufsatzsammlung von Goebbels die Einleitung verfaßt.

Der Kriegsbeginn brachte Schwarz van Berk endgültig in eine Ausnahmestellung. Fast nach freiem Belieben arbeitete er als Auslands- oder Inlandskorrespondent; als Kriegsberichter der Waffen-SS nahm er am Polen- und Frankreichfeldzug teil und berichtete aus Griechenland und der Sowjetunion; wenn verfügbar, vertrat er das *Reich* in den täglichen Konferenzen bei Goebbels und in den Konferenzen von Speers Rüstungsministerium. Außerdem leitete er eine „Sonderredaktion" im Propagandaministerium, die zumindest in den ersten Kriegsjahren Meldungen und Artikel in die Auslandspresse lancierte – mitunter sogar in gegnerischen Staaten.[2]

Als journalistischer Profi, der sich auf unterschiedliche Organe einzustellen weiß, erwies er sich auch in seinen Artikeln für die deutsche Leserschaft. Während des Krieges schrieb Schwarz van Berk vor allem für das *Reich*. Dabei verstand er geschickt, seinen Arbeiten einen objektiven Anstrich zu geben. Sie erweckten den Eindruck, hier werde nicht eindeutig Partei genommen, und sie waren realistische, packende Schilderungen: „Wir haben eine verrückte Nacht hinter uns, aber der Bolschewik nicht minder. Wer hat wen überrascht? – Wo war Feind, wo war Freund?", begann er eine Reportage nach dem Überfall auf die Sowjetunion, und kurz vor der Kapitulation bei Stalingrad eröffnete er einen Aufsatz mit den folgenden Stimmungsbildern: „Wo sind die jungen Männer geblieben, die vor zehn Jahren, am 30. Januar, mit den Fackeln durch das Brandenburger Tor zogen? Sie liegen beim dürftigen Licht eines Kerzenstumpfes in den Erdlöchern der Ostfront, sie stehen im Schneesturm mit verkniffenem Mund, sie lauern in der Düsternis Kareliens, sie bereiten sich zur Erkundung in einem unbekannten tunesischen Tal vor, sie warten, um dieselbe Abendstunde wie damals, auf den lichten Flaktürmen und Beobachtungsständen über unseren Städten. Sie denken an den Feind, aber an keine Feier."[3]

Schwarz van Berks Artikel mit ihren klaren, kurzen Sätzen waren häufig lesbarer und verständlicher als die „bürgerlicher" Autoren, deren Stil – aus Furcht vor möglichen Maßregelungen und aus dem Wunsch, eine allzu offensichtliche Korrumpierung zu vermeiden – oft verkrampft wirkte. Natürlich äußerte er keine Kritik am Nationalsozialismus, im Gegenteil: Er verteidigte das Regime bis Kriegsende, war bis zuletzt überzeugter Nationalsozialist. Aber er war ein Stilist, mied Platitüden, kommentierte selbst wenig, gab vor, die Fakten für sich sprechen zu lassen. Wenn er einmal eine Eloge auf Hitler verfaßte, konnte es vorkommen, daß er diese abmildernd mit einem volkstümlichen „Flüsterwitz" enden ließ. Sein üblicher Schachzug bestand darin, mögliche kritische Fragen oder Einwände der Leser von vornherein offen anzusprechen, bevor er sie als überflüssig und den Kriegserfolg gefährdend erscheinen ließ oder mit „Details" über die unvergleichlich größere Bedrohung von seiten der Kriegsgegner kontrastierte. So schrieb er gelegentlich offen, die Meldungen von der Front seien für viele „bestürzend“, oder warf die Frage auf, ob man die Sowjetunion unterschätzt habe; er befaßte sich mit den Fragen der Geheimhaltung des Rüstungsstandes, der Angriffstermine und der Verlustzahlen. „Zu diesem Krieg gehört die große Einsamkeit“, begann er charakteristisch direkt einen seiner Artikel und zeichnete Bilder der „Verlorenheit des Krieges“, der Einsamkeit und des Leids in der deutschen Zivilbevölkerung. Er deutete sogar an, daß auch die Deutschen in eroberten Gebieten Häuser niedergebrannt und Flüchtlingsnot verursacht hatten. Das waren nicht zuletzt Mittel, um die propagandistische Botschaft wirksamer zu machen. Denn daran anschließend entwarf er ein Bild des Grauens für die Zukunft der Deutschen, das das vorhergehende noch fast als Idylle erscheinen ließ. Kein Vergleich könne trösten, schrieb er, „da es ausgemacht ist unter unseren Feinden, daß der Deutsche nicht mehr beim Deutschen wohnen soll nach freiem Willen“. Für den Fall der Niederlage beschwor Schwarz van Berk jahrzehntelange Vertreibung, Deportationen in die Sowjetunion, Demontagen von Industrieanlagen, einen Nicht-Wiederaufbau der deutschen Städte und eine auf ewig zerstörte deutsche Kultur. Solche Warnungen vor allem vor bolschewistischem Terror durchzogen zahlreiche seiner Artikel; immer wieder zeichnete er hinterhältige, „entseelte“ Russen, deren Kälte, Brutalität, Raserei und Barbarei jeglicher Zivilisation im Falle des Sieges ein Ende machen würden. In seinen in der Regel vorsichtig-milden Schlußsätzen arbeitete er hingegen wenig mit Drohungen, Parteiparolen oder übermäßigem Optimismus, forderte auch keineswegs übermenschliche Anstrengungen, sondern warb um Vertrauen in die Führung und für scheinbar schlicht persönliche, unpolitische Tugenden: Zuversicht, Gemeinschaftsgefühl und Geduld. „Unser Volk hat die Eigenschaft, die meisten Dinge des Lebens zu organisieren, vortrefflich zu organisieren, aber das letzte Wort wird im Kriege nicht in einer Kartei vermerkt, es wird von uns Menschen gesprochen, gelebt und wahrgemacht.

(...) Kein Artikel, kein Flugblatt, kein Bild, kein Buch, keine Predigt ist soviel wert wie das, was einer im Kriege für einen anderen tut und einem anderen als Beispiel gibt." Nicht zuletzt mit solch menschlich klingenden Sätzen schuf sich Schwarz van Berk offenbar eine große Leserschaft – und erzielte Glaubwürdigkeit.

Den SD-Berichten zufolge riefen seine Artikel häufig ein positives Echo in der Bevölkerung hervor.[4] Als Schwarz van Berk, maßgeblich an der Propaganda für die angeblichen Wunderwaffen beteiligt, Anfang Dezember 1943 im *Reich* geheimnisvoll baldige Vergeltung andeutete, wurde dies laut den Berichten des SD als „Sensation" empfunden. Der Artikel werde „immer noch lebhaft besprochen und von Hand zu Hand gereicht", hieß es zwei Wochen nach der Publikation. „Die kühnsten Vermutungen über Konstruktion und Wirkung der Vergeltungswaffen werden unter Bezugnahme auf diesen Aufsatz angestellt. Die Veröffentlichung habe in besonderem Maße dazu beigetragen, daß die Bevölkerung die Vorbereitungen für den Vergeltungsschlag für abgeschlossen hält und mit dem Beginn des Gegenschlages von Tag zu Tag rechnet. Auch die Hoffnungen, daß die Vergeltung kriegsentscheidende Bedeutung haben könnte, sind durch die Ausführungen Schwarz van Berks stark gefördert worden." Mochte der SD-Bericht auch übertreiben, so wirkten Schwarz van Berks fortgesetzte Andeutungen über die Existenz von Vergeltungswaffen am Ende doch kontraproduktiv; schließlich sah er sich selbst zu Einschränkungen veranlaßt. Als im Juni 1944 tatsächlich V 1-Raketen gestartet wurden, suchte er nicht mehr nur Hoffnungen zu bestärken, sondern fügte hinzu, „sehr selten" sei ein Krieg „durch eine einzige neue Waffe entschieden worden".

Selbst in seiner Hetze gegen den Bolschewismus wirkte Schwarz van Berk offenbar glaubwürdig, weil er, den SD-Berichten zufolge, klar und eindringlich schilderte und „gestützt auf nachprüfbares Tatsachenmaterial" überzeugte. Im März 1945 produzierte er ein letztes raffiniertes Hetzstück. Entgegen einer Sprachregelung des Propagandaministeriums schrieb er, russischen Soldaten seien Vergewaltigungen verboten, und steigerte mit diesem Verstoß die Infamie der üblichen Propaganda noch. Denn gleichzeitig zitierte er die angebliche Tagebuchaufzeichnung eines russischen Leutnants, daß Vergewaltigungen „trotz der strengen Befehle der Führung“ fortgesetzt würden.[5] Schwarz van Berk beschrieb, angeblich sowjetische Quellen zitierend, Soldaten, die – saufend, plündernd und vergewaltigend – durch Befehle nicht zu disziplinieren waren. Nach diesem Propagandaartikel setzte er sich, rechtzeitig vor der Einnahme Berlins durch die sowjetischen Truppen, aus der Hauptstadt ab.

Nach dem Krieg machte Schwarz van Berk keinen Versuch mehr, in den Journalismus zurückzukehren. Er schlug sich schließlich eine Weile als Vertreter durch und arbeitete dann in der Werbung.

Giselher Wirsing

> „Nicht dem Könige widersetzt man sich; man stellt sich nur dem Könige entgegen, der einen falschen Weg zu wandeln die ersten unglücklichen Schritte macht.“
> Egmont zu Alba, zitiert von *Giselher Wirsing* im Verhör durch Major Tilley am 18. Januar 1946.

Mit 23 Jahren war er der Jüngste im Kreis um die *Tat*, mit 31 war er Hauptschriftleiter der *Münchner Neuesten Nachrichten*, mit 36 Chef der Auslandszeitschrift *Signal*, mit 47 Chefredakteur von *Christ und Welt*. Max Emanuel Wirsing, geboren am 15. April 1907 als Sproß einer alten fränkischen Patrizierfamilie in Schweinfurt am Main, war ehrgeizig, fleißig, begabt und schnell – und in der Karriere seinen Altersgenossen um etwa eine Dekade voraus. Zwei politische Systemwechsel änderten daran (fast) nichts.

Bereits 1929, nach Aufenthalten an den Universitäten in München, Königsberg, Riga, Berlin und Wien – auf einer dieser Stationen wurde aus dem königlich-bayerischen Max

Emanuel der germanisch-teutsche Giselher –, schloß Wirsing sein Studium der Volkswirtschaft in Heidelberg ab und wurde Assistent des Nationalökonomen Carl Brinkmann. 1931 promovierte er zum Dr. rer. pol.; 1932, nach „ausgedehnten" Reisen durch Osteuropa, erschien sein erstes Buch: „Zwischeneuropa und die deutsche Zukunft"; 1933 folgte „Deutschland in der Weltpolitik". Die beiden Werke reflektieren die außenpolitische Position, die Wirsing in seinen Aufsätzen für das jungkonservative Mode-Blatt *Die Tat* (Auflage 1932: über 30 000) entwickelt hatte. „Richtung Ost-Südost!" war im November 1932 ein Beitrag Wirsings betitelt, der als Programm verstanden werden wollte, wie alles in der von der Viererbande Hans Zehrer, Ferdinand Friedrich Zimmermann, Ernst Wilhelm Eschmann und eben Wirsing bestrittenen Zeitschrift. Die jungen Herren waren dezidierte Antidemokraten, kämpften gegen Versailles, „westlichen Materialismus", Parlamentarismus und Parteien und für ein ständisch-autoritär regiertes, ökonomisch auf Südosteuropa gestütztes Großdeutschland; der in manchen Punkten geistesverwandten NS-Bewegung standen sie ebenso arrogant wie tatenlos gegenüber. Als Zehrer sich 1933 gefährdet glaubte und enttäuscht zurückzog, übernahm Wirsing die Schriftleitung der *Tat*, aus der 1939 die Zeitschrift *Das XX. Jahrhundert* hervorging.

Wirsings Ehrgeiz und Leistungsvermögen war damit freilich längst nicht erschöpft: „im Oktober 1933 wurde ich auf Vorschlag des Reichsführers SS von SS-Sturmbannführer Leo F. Hausleiter zunächst als Chefpolitiker in die ‚Münchner Neuesten Nachrichten' berufen, mit deren Neuaufbau ich dann in den folgenden Jahren befaßt war", heißt es in einem handgeschriebenen Lebenslauf vom Sommer 1938. Die Schönschreibübung diente dazu, den SS-Anwärter und „ehrenamtlichen" SD-Spitzel (Gesamturteil des SD-Oberabschnittführers Süd: ein „williger, fleißiger und außerordentlich wertvoller Mitarbeiter") zum ordentlichen SS-Hauptsturmführer zu befördern.[1]

Was Wirsings Engagement für den Sicherheitsdienst der SS so ergiebig machte, waren offenbar nicht in erster Linie die zahlreichen Auslandsreisen des faktischen Chefs der MNN, als vielmehr die Möglichkeit, über ihn die Südosteuropa-Korrespondenten der Zeitung anzuzapfen.[2] Wie bedeutend oder prosaisch die auf diesem Wege gewonnenen „Erkenntnisse“ waren, muß und kann dahingestellt bleiben; bemerkenswert allerdings ist Wirsings Bereitschaft, sich für solche Aktionen herzugeben. Das gilt umso mehr, als seine Verbindung zum SD offenbar nicht auf besonderer ideologischer Überzeugung beruhte („bejahend“, nicht etwa fanatisch oder rückhaltlos, nannte der SS-Oberführer Wirsings „Einstellung zur nat.-soz. Weltanschauung“). Selbst Karrieregedanken scheinen nicht ausschlaggebend gewesen zu sein. Wirsings eigentliches Motiv war wohl ein zeitlebens ungestilltes Machtbedürfnis, das im journalistischen und publizistischen Wirken letztlich keine Erfüllung fand: Einflußreicher Ratgeber der Herrschenden wollte er sein, nicht Lehrer eines allgemeinen Publikums. Rastlos und selbstbewußt suchte er die Nähe des „Königs“.

Neben einem ausgeprägten Durchsetzungswillen, ohne den sein Aufstieg zum Hauptschriftleiter der MNN am 1. November 1938 wohl nicht möglich gewesen wäre, hatte Wirsing doch auch eine politische Mission: Kampf gegen den „Westen“. Wie ein roter Faden zieht sich durch seine langen, aber nicht langatmigen Leitartikel die Auseinandersetzung mit England und Amerika. Antisemitismus scheint ihn im Grunde nur insoweit interessiert zu haben, als er von einem verhängnisvollen Einfluß des „Weltjudentums“ auf die internationalen Beziehungen und besonders auf die britische und die amerikanische Politik überzeugt war. Am 20. November 1938 beispielsweise, eineinhalb Wochen nach der „Reichskristallnacht, die zu kommentieren der frischgebackene MNN-Chef dem Berliner Korrespondenten Franz Geisler überlassen hatte, veröffentlichte Wirsing unter der über die ganze Titelseite laufenden Schlagzeile „Juden machten britische Regierung ‚unschädlich‘“ das aus unklarer Quelle stammende Faksimile eines sieben Jahre alten Briefes des Präsidenten der Jewish Agency for Palestine. Demzufolge hatte Chaim Weizmann zwei Münchner Bürger um Spenden gebeten und erklärt, es sei gelungen, die britische Regierung wieder stärker für den Gedanken einer „jüdisch-nationalen Heimstätte in Palästina" einzunehmen. Ausführlich suchte Wirsing die vermeintliche Schandbarkeit einer solchen Politik in seinem dritten Buch nachzuweisen, das im gleichen Jahr erschien: „Engländer, Juden, Araber in Palästina".

Trotz aller Voreingenommenheit zeugten Wirsings außenpolitische Kommentare von Kenntnisreichtum, erworben nicht zuletzt durch viele Auslandsreisen – für den SD nach Palästina und im Sommer 1938 sogar in die USA –, und in gewisser Weise auch von eigenständigen Ideen. *Das Volk*, NS-„Kampfblatt für Völkische Kultur und Politik", attackierte Wirsing im August 1936 deshalb nicht zu Unrecht als „Anhänger der längst entschlafenen Rapallopolitik": Ebenso wie der von ihm zum Moskau-Korrespondenten der MNN gemachte, inzwischen aber mit Schreibverbot belegte Klaus Mehnert[3] gehöre Wirsing zu den „Ostideologen", deren „schicksalhafte Bestimmung" das „Wandern zwischen zwei Welten" und deren Absicht es sei, „in durchaus unbefugter Weise in Kompetenzen eingreifen zu wollen, für die sie nicht zuständig sind". „Tragische Gestalten: Wanderer ins Nichts. (...) In einer Zeit, in der vom nationalsozialistischen Reich ein Ordnungsprinzip für die europäische und darüber hinaus für die Weltpolitik geschaffen und erfolgreich verwirklicht wird, bleibt für Ideologien solcher Art kein Platz."

Freilich war es nicht Widerspruchsgeist, der Wirsing gelegentlich wider den Stachel löcken ließ, sondern die Überzeugung vom Besitz der besseren Einsicht. Geschult in und an der *Tat*, begriff Wirsing auch die MNN nicht als schlichtes Sprachrohr des Regimes, sondern als sein und seiner Freunde politisches Forum; nicht Propagandist mochte er sein, nicht einmal Interpret der Politik: Wirsings Leitartikel sind im Blick nach „oben" geschrieben, mit dem Selbstverständnis eines Beraters der Mächtigen. Bewahrte ihn schon diese Rollenauffassung vor verbaler Primitivität, so taten Intelligenz und Stilsicherheit ein übriges. Selbst die Hymne auf den „Führer", selten genug, geriet ihm vergleichsweise verhalten: „Das deutsche Volk bewahrt einen großen, einen köstlichen Schatz: Die Einheit, mit der es hinter dem Führer und Reichskanzler steht. Unserem werdenden nationalen Sozialismus seinen redlichen Platz in der Welt zu ertrotzen und zu behaupten ist ein Ziel, dem jeder verschworen sein muß, der deutsch sein will."[4]

Giselher Wirsing meinte, was er schrieb und konnte schreiben, was er meinte. Für den Kampf gegen England und die USA, sein eigentliches Thema bis weit in den Krieg hinein, benötigte er keinen Freiraum zwischen den Zeilen. „Hundert Familien beherrschen das Empire" lautete der Titel seines Beitrags für die Broschüren-Reihe „England ohne Maske", den die von Goebbels kontrollierte „Deutsche Informationsstelle" 1940 in zehn Sprachen und 120000 Exemplaren verbreitete. Noch um 25000 Stück mehr verteilten Auswärtiges Amt und Propagandaministerium seit 1942 von Wirsings USA-Wälzer. „Der maßlose Kontinent. Roosevelts Kampf um die Weltherrschaft", war eine Abrechnung mit dem „Gift" des „Amerikanismus", dessen Sieg Europa und Asien nach Auffassung des Autors den „Kulturtod" bringen würde.

Inzwischen freilich, die Lage war ernst geworden, verlagerte Wirsing den Schwerpunkt seines Schaffens von West nach Ost. Seit April 1942 als freiwilliger „Kriegsberichter" in der Sowjetunion, traten die anti-angloamerikanischen Töne etwas in den Hintergrund, entwickelte sich der Antibolschewismus zur Raison d'être auch seiner Argumentation. „Nichts als den Sieg" erklärte Wirsing, mit Gelbsucht zurück aus der Ukraine, zu Silvester 1942 auf einer halben Zeitungsseite zum Ziel der deutschen Kriegführung. Alles andere nämlich bedeute „die völlige Vernichtung unseres Volkes in allen seinen Schichten und darüber hinaus die völlige Vernichtung der gesamten europäischen Kultur". Die Katastrophe von Stalingrad vor Augen, schreckte er seine Leser für den Fall einer Niederlage mit der „Zerstreuung unseres Volkes als eine Millionenarmee von Sklaven in die Steppen des Ostens". Immerhin vermochte sich Wirsing an der Schwelle des Jahres 1943 noch mit der Feststellung aufzumuntern, wenigstens sei das britische Empire schon jetzt zerstört.

Ein Dreivierteljahr später, Wirsing leitete mittlerweile in Berlin auch die Auslands-Illustrierte *Signal*, klang es nur noch düster: „Wer in diesem Krieg besiegt wird, wird ausgelöscht.“[5] Mit zunehmendem Zweifel am Ausgang des Krieges steigerte sich Wirsings Aktivismus weiter: Noch immer Herausgeber des *XX. Jahrhunderts,* Leitartikler der MNN, Berater der Kulturpolitischen Abteilung des Auswärtigen Amts und für dieses Verfasser antibolschewistischer Sprachregelungen, fand er zwischen fortgesetzten Reisen Zeit zu zwei neuen Büchern, von denen das kleinere über „Die Politik des Ölflecks. Der Sowjetimperialismus im Zweiten Weltkrieg“ unter dem Pseudonym „Vindex“ erschien. „Das Zeitalter des Ikaros“, eine 1944 bei Diederichs in 30000 Exemplaren erschienene nachdenkliche Bestandsaufnahme, erregte die Aufmerksamkeit des Chefs des Auslands-SD Walter Schellenberg, der Wirsing im Oktober 1944 als Verfasser der geheimen „Egmont“-Berichte anheuerte. Die weltpolitischen Lagebeurteilungen sollten jene Kräfte stärken, die – im Gegensatz zu Hitler – an die Notwendigkeit, aber auch noch an die Möglichkeit einer Kurskorrektur glaubten.

Bereits in seinem MNN-Leitartikel zum Beginn der alliierten Invasion an der Atlantikküste hatte Wirsing den „Führer“ unerwähnt gelassen und in ruhigem Ton seine „feste und heilige Überzeugung“ verkündet, daß „nur mit der Behauptung und dann mit dem Sieg Deutschlands die europäische Lebensform gerettet werden kann“.[6] Kurz darauf, im Juli 1944, erschien das *XX. Jahrhundert* mit einem Aufsatz Wirsings zu einem Bild von Hieronymus Bosch, der zum Verbot der Zeitschrift führte. „Der von der Hybris Geschlagene und Geblendete ist (. . .) ins Zwischenreich der Dämonen hineingerissen“, hieß es dort. Wirsing hatte sein neues Thema gefunden.

Seit Juni 1945 in amerikanischer und britischer Haft, arbeitete Wirsing die Dämonismus-These aus: Sinnigerweise Goethes „Egmont“ und Schillers „Wallenstein“ ebenso bemühend wie Hieronymus Bosch, definierte er den „Hitlerismus“ als eine Erkrankung der Volksseele, gegen die nur noch die katholische Kirche als „Bollwerk“ eingesetzt werden könne.[7] Im Februar 1946, nach einer Studienreise durch die US-Zone im Auftrag des US-Geheimdienstes und etlichen Verhören (die vielen Auslandsreisen hatten ihn der Spionage verdächtig, die Autorschaft an den legendären „Egmont-Berichten" ihn des bewundernden Vergleichs mit Albert Speer würdig erscheinen lassen), war das neunte Buch im Konzept fertig. „The Vigil. Demonism in today's world crisis", lautete der Titel der für seinen britischen Interviewer bereitwillig geschriebenen Zusammenfassung. Etwas breiter in der Anlage und nüchterner der Titel dann beim Erscheinen 1951: „Schritt aus dem Nichts. Perspektiven am Ende der Revolutionen".

Die Lager-Spruchkammer in Garmisch stufte Wirsing 1948 als „Mitläufer" ein und belegte ihn mit 2000 Mark Strafe (seine Parteimitgliedschaft datierte wegen bürokratischer Schlampereien der Münchner NSDAP-Ortsgruppe „Braunes Haus" erst von 1940); die Berufungsinstanz reduzierte die Sühne schließlich auf 500 Mark. „Nach Kriegsende fand W. nach einer den Umständen entsprechenden Pause", so das in Kontinuitätsfragen unnachahmliche Munzinger-Archiv, „zum Journalismus zurück".

Sehr lange dauerte die Pause nicht. Bereits 1948 war Wirsing in Stuttgart Mitgründer und freier Mitarbeiter, ab 1954 als Nachfolger seines alten Freundes Klaus Mehnert dann für 16 Jahre Chefredakteur der evangelisch-konservativen Wochenzeitung *Christ und Welt.* Gelegentliche Proteste ob seiner Vergangenheit schienen Wirsing wenig anzufechten. 1955 mußte er die Mitarbeit als ständiger Kommentator des SFB einstellen, nachdem der heimische SDR schon vorher seine Beschäftigung abgelehnt und der Bayerische Rundfunk sich sogar geweigert hatte, Höfers „Internationalen Frühschoppen" ins Fernsehprogramm zu übernehmen, solange Wirsing dort mitwirke. Als der Unermüdliche 1958 auf Wunsch seines Freundes Hans Zehrer, inzwischen Chefredakteur der *Welt*, in den Nahen Osten reiste, empörte sich der sozialdemokratische *Vorwärts:* „Das ist der publizistische Höhepunkt des deutschen Pressewesens nach dem Kriege! Ein SS-Sturmbannführer berichtet von der ‚Front' in Israel".[8] Danach wurden die kritischen Stimmen seltener, und schließlich konnte sich Wirsing unter Hinweis auf sein liberalkonservativ-demokratisches Nachkriegswirken sogar sanfte Gegenwehr leisten. Wirklich böse auf ihn waren zuletzt nur noch die übriggebliebenen Rechten. Sie ziehen Wirsing, über seinen Tod 1975 hinaus, der „anpasserischen Flinkheit“, wodurch er sich selbst „erpreßbar“ gemacht und *Christ und Welt,* ein ehemals „großes konservatives Wochenblatt“, zugrunde gerichtet habe.[9] Einen Opportunisten schalten sie ihn.

12. Stunde Null der deutschen Presse?

Im Oktober 1948, fast auf den Tag genau zehn Jahre, nachdem er die Chefredaktion der todgeweihten ehemaligen Zentrums-Zeitung *Germania* aufgegeben und einen Auslandspressedienst übernommen hatte, schrieb Walter Hagemann das Vorwort zu seinem Buch „Publizistik im Dritten Reich". Es handelte sich um den ersten Versuch einer umfassenden Darstellung der Methoden und Inhalte der nationalsozialistischen Presselenkung, und außer der eigenen und der Erinnerung einiger Weggenossen diente Hagemann als Quelle vor allem ein Konvolut von über 50000 Anweisungen aus der Reichspressekonferenz, das ihm Fritz Sänger, inzwischen Chefredakteur der Nachrichtenagentur der britischen Zone (DPD), überlassen hatte. In der „gegenwärtigen Notzeit" 500 Seiten über einen Nebenaspekt der gerade in Ansätzen erforschten „jüngst vergangenen Epoche" zu veröffentlichen, hielt Hagemann, seit 1946 Professor für Zeitungswissenschaft in Münster, wohl zu Recht einer Begründung für bedürftig. Er fand sie in der Behauptung, bei seinem Thema wachse „mit den Jahren die Wahrscheinlichkeit einer verfälschenden Umdeutung oder lükkenhaften Beweisführung ins Ungemessene". Das klang nicht sonderlich überzeugend und war in Wirklichkeit wohl auch bestenfalls das halbe Motiv. In erster Linie ging es Hagemann darum, die Totalität und Perfektion des von der NS-Führung oktroyierten „publizistischen Lenkungsapparates" zu enthüllen. Damit führte er zugleich aber auch jeden Gedanken an eine Mitverantwortung der in diesem System tätigen Journalisten ad absurdum. Presseleute aus Fleisch und Blut kommen in seiner Darstellung bezeichnenderweise erst gar nicht vor; allein die nationalsozialistischen Hauptakteure werden beim Namen genannt. Bei einem Autor, der aus eigener Kenntnis von Fakten und Personen schrieb, konnte das kein Zufall sein.

Es war Absicht, und an einer Stelle des Vorworts gibt Hagemann dies auch zu erkennen: „Es erscheint geboten, mit den verantwortlichen publizistischen Steuerleuten des Dritten Reiches streng ins Gericht zu gehen, nicht aber mit denen, die mittelbar oder unmittelbar dieser Steuerung gefolgt oder verfallen sind, gibt es doch niemanden, der von sich behaupten könnte, daß er zu keiner Stunde und in keiner Beziehung, weder bewußt noch unbewußt, den Erfindungen, Tricks oder Lockungen der NS-Lenkung jemals erlegen wäre. Zu stark haben NS-Ideologie und deutsche Lebenswirklichkeit einander durchtränkt, als daß sich überall eine reinliche Scheidung hätte vollziehen lassen."[1]

Gab es einen konkreten Grund für dieses allgemeine Plädoyer? Mußte Hagemann fürchten, seinen ehemaligen Berufskollegen werde der Prozeß gemacht? In welcher Situation befanden sich Journalisten und Journalismus im Vier-Zonen-Deutschland des Jahres 1948? Was war seit 1945 geschehen? Und wie ging es weiter?

Sofort bei Kriegsende hatten die Alliierten die Reste des nationalsozialistischen Kommunikationssystems – einschließlich der als korrumpiert erachteten kümmerlichen Überbleibsel der traditionellen deutschen Presse – zum Schweigen gebracht.[2] Nichts von dem, was bisher gedruckt worden war, durfte weiterhin erscheinen. Auch die meisten Rundfunksender, von SS-Einheiten ohnehin unbrauchbar gemacht, blieben einstweilen stumm. Tiefe strukturelle und personelle Schnitte sollten eine grundlegende Neuordnung bewirken, von deren Notwendigkeit die Experten aller Besatzungsmächte überzeugt waren. Keineswegs wollte man sich mit der vergleichsweise einfach zu lösenden Aufgabe begnügen, Goebbels' Propagandaapparat und den parteieigenen Pressetrust zu zerschlagen. Einigkeit bestand auch über die Bedeutung dieser Tabula rasa für eine Politik der Demokratisierung und Reorientierung, wie immer sie im einzelnen aussehen sollte. Medienpolitik wurde als ein zentraler Aspekt jeder Besatzungspolitik verstanden.

Nach einer Übergangsphase, in der die Bevölkerung durch alliierte Armeegruppen-Blätter mit den notwendigsten Informationen versorgt wurde, begannen im Mai 1945 die Sowjets, zwei Monate später die Amerikaner mit der Einführung sogenannter Lizenzzeitungen. Bis zum Ende der „Lizenzperiode" im September 1949 entstanden in den drei Westzonen insgesamt 156 neue Tageszeitungen, bis 1948 in der sowjetischen Zone 21.

„Lizenzträger" konnte nur werden, wer nicht Mitglied der NSDAP gewesen oder sonstwie politisch belastet war und sich zur Mitarbeit am demokratischen Neuaufbau bereit erklärte. Die höchsten Anforderungen an die politische Sauberkeit der Lizenzträger stellten die amerikanischen Presseoffiziere, die bereits mit einer Liste geeigneter anti-nationalsozialistischer Personen nach Deutschland gekommen waren und alle Bewerber sorgfältigen Prüfungen und anfangs sogar psychologischen Tests unterwarfen. Zwar entwickelten sich die (lizenz-)politischen Konzeptionen und Auswahlkriterien in den vier Zonen im Laufe der Zeit auseinander, aber von seltenen Pannen abgesehen, gelang es überall, die neue Führungsetage der deutschen Presse von ehemaligen Parteigenossen freizuhalten. Zu Verlegern, Herausgebern und Chefredakteuren – für alle diese Funktionen stand der Begriff Lizenzträger – wurden vor allem Personen ernannt, die 1933 oder in den folgenden Jahren als NS-Gegner aus dem Journalismus (und häufig auch aus Deutschland) vertrieben worden waren, vereinzelt auch Fachfremde. Die Bandbreite der in diesem Kreis vertretenen politischen Überzeugungen entsprach dem Spektrum der zugelassenen Parteien, und insoweit hatte das zusätzlich verhängte alliierte Verbot, in den Zeitungen „nationalistische, pangermanistische, militaristische, faschistische oder antidemokratische Ideen" zu verbreiten, im Grunde nur symbolische Bedeutung.

Ausgehend vom Konzept einer westlich-parlamentarischen Demokratie, waren vor allem die Amerikaner bereit, die Entwicklung einer starken, unabhängigen Presse mit besonderem Engagement und einschneidenden Maßnahmen zu fördern – auch gegen wachsenden Unwillen auf deutscher Seite, nicht zuletzt innerhalb der (Lizenz-)Parteien. So bedeutete die Einführung und jahrelange Beibehaltung der Lizenzpflicht praktisch ein pauschales Berufsverbot für alle, die bis 1945 oder bis zu ihrer Ausschaltung durch die Nationalsozialisten verlegerisch tätig gewesen waren. Wo keine parteieigenen Druck- und Verlagshäuser zur Verfügung standen, aber gleichwohl Lizenzzeitungen erscheinen sollten, wurden den sogenannten Altverlegern überdies Zwangspachtverträge auferlegt. Der am Ende der Lizenzperiode erreichte publizistische und wirtschaftliche Vorsprung der Lizenzpresse war von den Altverlegern in den fünfziger Jahren in der Regel nicht mehr aufzuholen. Nach der ökonomisch-strukturellen Flurbereinigung während der NS-Zeit, in der die Zahl der Zeitungen von 3400 (1933) auf knapp 1000 (1945) sank, wurden die Besatzungsjahre deshalb zu einer weiteren politisch ausgelösten – freilich anders motivierten – Ära der Pressekonzentration. Für den nachhaltigen Erfolg der damals angelegten Zeitungsstruktur spricht, daß die heute führenden Blätter fast ausnahmslos im Lizenzgrund wurzeln. Die in der alten Bundesrepublik seit den siebziger Jahren ziemlich konstant gebliebene Zahl der „publizistischen Einheiten" (rund 125) liegt nur um ein Fünftel unter der Zahl der Lizenzzeitungen in den Westzonen.

Auch die von den Militärregierungen gegen die Vorstellungen der meisten deutschen Politiker durchgesetzte Neuordnung des Rundfunks, die als Reaktion auf den in der NS-Zeit betriebenen Mißbrauch vor allem dessen Unabhängigkeit vom Staat zum Ziel hatte, war langfristig prägend; bis zur Einführung des kommerziellen Hörfunks und Fernsehens Mitte der achtziger Jahre blieb die besonders auf Druck der Briten etablierte öffentlich-rechtliche Rundfunkverfassung unangefochten.

Insgesamt waren die von den Westalliierten (und auf andere Weise auch von den Sowjets) zwischen 1945 und 1949 durchgesetzten strukturellen Veränderungen in der deutschen Medienlandschaft so fundamental, daß es zweifellos gerechtfertigt ist, von einer „Stunde Null der Presse"[3] zu sprechen, nach der fast alles anders war als vorher. Die außerordentliche Dauerhaftigkeit der damals geschaffenen Institutionen und

Organisationsformen unterstreicht diese Einschätzung. Weitaus weniger eindeutig ist der Befund allerdings hinsichtlich der personalpolitischen Weichenstellungen und der darauf aufbauenden Entwicklung: Hier verbanden sich „Restauration" – im Sinne einer teilweisen Rückkehr der 1933 Verdrängten –, „Neubeginn" – im Sinne einer Einbeziehung bisher nicht journalistisch Tätiger – und (verzögerte) Kontinuität zu einer komplizierten Mischung, deren Erforschung erst begonnen hat.

Der Versuch einer personellen Säuberung begegnete im Journalismus prinzipiell denselben Problemen wie in anderen Bereichen der deutschen Gesellschaft. Die Karrieren der Spitzenleute des nationalsozialistischen Verlagswesens, der Parteipresse und des Propagandaapparates waren 1945 definitiv zu Ende. Auch für diejenigen, die nicht wie Goebbels Selbstmord begingen oder wie Streicher, der Herausgeber des *Stürmers*, im Nürnberger Kriegsverbrecherprozeß 1946 zum Tode verurteilt und gehängt wurden, gab es keine Rückkehr in den Journalismus. Der Chefkommentator des NS-Rundfunks, Hans Fritzsche, auf Betreiben der Sowjets ebenfalls in Nürnberg der Verbrechen gegen die Menschlichkeit angeklagt, wurde freigesprochen und starb drei Jahre nach seiner Entlassung aus dem Internierungslager Eichstätt 1953 in Köln. Reichspressechef Otto Dietrich, seit 1945 interniert und im Wilhelmstraßen-Prozeß 1949 zu sieben Jahren Gefängnis verurteilt, aber ein Jahr später bereits entlassen, starb 1952 in Düsseldorf. Fritzsche arbeitete bis zu seinem Tod als Werbeleiter, Dietrich als „Mitarbeiter für Verkehrsfragen" der Deutschen Kraftverkehrsgesellschaft; posthum erschienen von beiden Memoiren.[4] Wilhelm Weiß, Leiter des Reichsverbands der deutschen Presse und seit 1938 Hauptschriftleiter des *Völkischen Beobachters*, wurde bei seiner Entnazifizierung zu drei Jahren Arbeitslager und zehn Jahren Berufsverbot verurteilt; er starb 1950 in Wasserburg am Inn. SS-Standartenführer Gunter d'Alquen, der Hauptschriftleiter des *Schwarzen Korps*, wurde 1945 – offenbar zur Auswertung seiner Kontakte als Star unter den „Kriegsberichtern" und als Chef der Propagandaabteilung der Wehrmacht – in die USA gebracht und nach seiner Rückkehr zweimal, 1955 und 1958, wegen antisemitischer Hetze und Anstiftung zum Mord zu hohen Geldstrafen verurteilt. Max Amann, reichgewordener Chef des Eher-Konzerns, wurde interniert und 1948 wegen Beteiligung am SA-Überfall im März 1933 auf Fritz Gerlich, den Herausgeber von *Der gerade Weg,* zu zweieinhalb Jahren Gefängnis verurteilt. Die Spruchkammer stufte Amann als „Hauptschuldigen" ein, verfügte den Einzug seines Vermögens und verurteilte ihn zu zehn Jahren Arbeitslager; Amann starb 1957 in München. Sein ehemaliger Stabschef Rolf Rienhardt, der kurz nach dem Verbot der *Frankfurter Zeitung* seines Amtes enthoben und zur Waffen-SS geschickt worden war, wurde 1948 von der Spruchkammer von dem Vorwurf freigesprochen, dem im Nürnberger Prozeß für verbrecherisch erklärten NS-Führerkorps angehört zu haben; 1951 verteidigte das württemberg-badische Finanzministerium seinen Entschluß, Rienhardt, inzwischen wieder als Rechtsanwalt tätig, in einem Rückerstattungsverfahren wegen eines 1936 auf seine Veranlassung hin enteigneten Verlags zum Gutachter zu bestellen. Max Winkler, der lautlose Manager der Verlags-Arisierungen und -Zwangsverkäufe und seit dem Überfall auf Polen Leiter der „Haupttreuhandstelle Ost", wurde nach seiner Internierung und Anklage in Nürnberg 1949 von der Spruchkammer als „entlastet" eingestuft. Bis zu seinem Tod 1961 war der ehemalige „Reichsbeauftragte für die deutsche Filmwirtschaft" dann mit der Reorganisation des von ihm nach 1933 gebildeten Filmtrusts beschäftigt.

Wie die Fälle Rienhardt und Winkler zeigen, fielen die Strafen bereits unmittelbar unterhalb der politischen Führungsebene ziemlich milde aus. Wer als Journalist oder Verleger im Dritten Reich einer „normalen" Tätigkeit nachgegangen war, wurde dafür im Rahmen der Entnazifizierung nicht in besonderer Weise zur Verantwortung gezogen. Wie es scheint, blieb bei der Urteilsfindung der Spruchkammern die konkrete journalistische Tätigkeit in der Regel im Hintergrund; ausschlaggebend für die Einstufung waren Mitgliedschaft und Rang innerhalb der NSDAP und ihrer Nebenorganisationen, natürlich auch nachweisbare Beteiligung an politischen Straftaten. Berufsverbot erhielten allenfalls jene, die als ausgesprochene Parteijournalisten bekannt waren und/oder einen Rang in der SS bekleideten. Das bedeutete, daß der ganz überwiegende Teil der Journalisten nach überstandener Entnazifizierung ab 1946/47 in den Beruf zurückkehren konnte. Bis dahin allerdings galten die sensiblen politischen Auswahlkriterien der Presseabteilungen der Militärregierungen: Auch Bewerber für Positionen der mittleren Ebene (etwa in der Nachrichtenredaktion oder im Lokalteil) mußten spezielle Fragebogen ausfüllen, wenngleich ihnen gegenüber mildere Maßstäbe angelegt wurden als gegenüber den Kandidaten für eine Lizenz. Die Amerikaner brachten ihre „White, Grey and Black List for Information Control Purposes" mehrfach auf den neuesten Stand, und schon wer dort als „Grauer" verzeichnet war, dessen Name wurde zumindest anfangs in der von ihnen lizenzierten Presse nicht geduldet.

Franzosen und Briten erschienen aus der Perspektive vieler Journalisten weniger puristisch. So war es kein Zufall, daß beispielsweise beim *Südkurier* in Konstanz (französische Zone) Mit-Lizenzträger Johannes Weyl sieben ehemalige Ullstein-Kollegen um sich versammelte, darunter Alfred Gerigk (ab 1952 Chefredakteur des *Südkuriers*), Ludwig Reindl und Carl Jödicke; daß sich um die *Badische Zeitung* in Freiburg und die *Allgemeine Zeitung* in Mainz (beide französische Zone) jeweils ein Teil der alten FZ-Redaktion formierte und Erich Welter nach der Generallizenz 1949 von Mainz aus die bis dahin von den Amerikanern verhinderte *Frankfurter Allgemeine Zeitung* gründete; oder daß sich 1945/46 in Hamburg (britische Zone), wo unter anderem die Gründung von *Zeit* und *Welt* anstand, etliche zusammenfanden, die zwölf Monate zuvor noch in den Spalten des *Reichs* vereint gewesen waren. Oft zog einer den anderen nach.

Eine der Kristallisationsfiguren in Hamburg war zum Beispiel Jürgen Schüddekopf, im Urteil seiner ehemaligen DAZ-Kollegin Ursula von Kardorff „wohl der gebildetste Mensch, der mir je begegnet ist".[5] Bis 1942 bei der DAZ, danach Soldat, dann Redakteur und „Kriegsberichter" für das *Reich*, arbeitete Schüddekopf bereits 1945 für den NWDR und leitete dort ab Herbst 1947 mit großem Erfolg das neugeschaffene literarisch-geistige Nachtprogramm. Schüddekopfs *Reich*-Kollege Jürgen Petersen wurde 1946 NWDR-Abteilungsleiter Kulturelles Wort; Carl Linfert vom Feuilleton der *Frankfurter Zeitung*, ebenfalls Redakteur des *Reichs* und mit Schüddekopf befreundet, übernahm das 1949 eingerichtete Nachtprogramm im Kölner Sender des NWDR.

Auch als die Briten im Winter 1945/46 ein repräsentatives Blatt für ihre gesamte Zone vorbereiteten, war Jürgen Schüddekopf dabei – neben Erwin Topf (früher *Berliner Tageblatt*, später Wirtschaftschef der *Zeit*), Hans Scherer (ehemals *Berliner Börsen-Zeitung*), Josef Ollig, Kurt W. Marek (als C. W. Ceram später Autor des Bestsellers „Götter, Gräber und Gelehrte") und anderen, die im Dritten Reich weitergeschrieben hatten. Auf britischer Seite als „Controller" dabei waren aber auch die deutschen Emigranten Peter de Mendelssohn und Julius Hollos, und als der Hamburger SPD-Politiker und Journalist Erich Klabunde protestierte, wurde nicht Hans Zehrer vom rechten *Tat*-Kreis, sondern Rudolf Küstermeier Chefredakteur der *Welt*. Der Sozialdemokrat Küstermeier hatte fast die gesamte NS-Zeit in Gefängnissen und Konzentrationslagern zugebracht. An ihm, so erinnert sich der damals 26jährige *Welt*-Redakteur Ben Witter, der beim *Hamburger Fremdenblatt* gelernt hatte, 1943 jedoch entlassen worden war, „überzeugten allmählich seine Sachlichkeit und Besonnenheit, seine unmißverständliche Freundlichkeit und sein endgültiger Verzicht auf Haß und Vergeltung".[6]

In dieser Charakterisierung ist ein sozialpsychologisches Phänomen angesprochen, das für die Entwicklung des deutschen Nachkriegsjournalismus – wie für die Gesellschaft insgesamt – offensichtlich von entscheidender Bedeutung war: die Bereitschaft von Individuen und Personengruppen zur Zusammenarbeit über sehr unterschiedliche, ja konträre politische Erfahrungen und „Vergangenheiten" hinweg. Die Stille, in der sich diese Annäherung vollzog, beruhte freilich wohl auch auf der Eindeutigkeit der Relationen: Einer kleinen, auf alliierte Weisung „mächtig“ gewordenen Minderheit der Lizenzträger und Chefredakteure stand die faktische Macht der Mehrheit gegenüber. Den wenigen, die 1933 den Journalismus wegen Berufsverbot oder aus eigenem Entschluß verlassen hatten, zum Teil emigriert und nun als demokratische Gewährsleute zurückgekehrt waren, blieb im Grunde gar keine andere Wahl als zu akzeptieren, daß auch ein „neuer“ Journalismus auf das Gros der „alten“ Profis angewiesen sein würde. Axel Eggebrecht, von 1945 bis 1949 beim NWDR einflußreicher Leiter der Abteilung Wort und mit Peter von Zahn Herausgeber der aus Funkmanuskripten gespeisten *Nordwestdeutschen Hefte,* erklärte die weit über seine eigene linke Position hinausgehende Pluralität des Senders und der Zeitschrift später mit dem Hinweis, „in einer besonderen Lage“ gewesen zu sein: „Ich will gar keinen Hehl daraus machen, daß mir in den Jahren nach 1945 durchaus klar war: Ich gehöre einer Minderheit an.“[7]

Die Macht der Verhältnisse legte leise Überlegungen und Fragen nahe, geeignet zur Selbstberuhigung beider Seiten: Waren nicht die meisten dieser Profis, das traditionelle Bild des „unparteiischen Journalisten“ vor Augen, der NSDAP nie beigetreten? Oder wenn, dann aus Pragmatismus, und erst spät in den dreißiger Jahren? Und waren sie nicht in aller Regel „nominelle Pgs“ geblieben, ideologische Nazis jedenfalls nie geworden? Wer nun zu erkennen gab, daß er mit der Vergangenheit gebrochen hatte – und wer hatte das nach der Erfahrung der Katastrophe nicht? –, für den öffneten sich, persönliche Untadeligkeit vorausgesetzt, bald wieder die Redaktionstüren. Die sie aufhielten, waren häufig die Lizenzträger selbst.

Dieser bemerkenswert früh einsetzende Integrationsprozeß wirkte prägend auf den journalistischen Geist der fünfziger Jahre. Die kollegiale Zwangsgemeinschaft der wenigen Unbefleckten mit den vielen Halbverstrickten und Läuterungswilligen forderte ihren Preis. Innerprofessionelle Selbstkritik, ernsthafte Diskussionen über die gerade erlebte Korrumpierbarkeit des Journalismus und daraus zu ziehende Konsequenzen, konnte es in einer solchen Konstellation schwerlich geben. Fragen stellten, auf den Tagungen der Journalistenverbände, gelegentlich die Jungen, die nach dem Krieg neu hinzugekommen waren und nun sich selbst und ihren Förderern bei der Besatzungsmacht zu beweisen suchten, daß demokratisch-kritisches Engagement auch auf einer Sozialisation in der Hitlerjugend und an der Front aufbauen konnte. Aber diese idealistische Aufbruchsstimmung der Anfangsphase ging wie die Militärregierungszeit vorbei, wurde überlagert von einer Atmosphäre des Schweigens über die Vergangenheit der eigenen Profession. Man ging zur Tagesordnung über, tat, was man immer getan hatte: Man berichtete über andere.

Nur ganz vereinzelt verspürten Journalisten nach 1945 das Bedürfnis, sich und ihren Lesern Rechenschaft zu geben über ihre Rolle im Dritten Reich. Die wenigen, die sich dazu entschlossen, erlagen nicht selten der Gefahr der nachträglichen Heroisierung ihres Tuns. Anerkennenswertes Bemühen, unter dem NS-Regime die eigene Integrität zu wahren und Distanz zu halten, erfuhr dadurch eine übertriebene politische Aufladung. Unterstützt wurde diese Tendenz durch eine sich nach dem Krieg rasch ausbreitende Interpretation der NS-Diktatur als einer totalitären Herrschaft von teuflischer Perfektion, unter welcher dem einzelnen nur die Wahl geblieben sei zwischen völliger Unterwerfung und todesmutigem Widerstand. Gerade die Tatsache der Presselenkung galt als ein Indiz für die totalitäre Präzision des Regimes, dessen Vergleichbarkeit mit dem Sowjetsystem in der Hochzeit des Kalten Krieges auch politisch von besonderer Bedeutung war.

Ein von der damals modernen politikwissenschaftlichen Theoriebildung gleichsam legitimierter Antikommunismus fand zweifellos das Gefallen vieler in der NS-Zeit Gestrauchelter, auch von Journalisten. So lag es nahe, sich rückschauend in den Fängen des Totalitarismus zu sehen und auf kritische Selbstreflexion bald ganz zu verzichten. Das wieder anlaufende Tagesgeschäft und die neuen Karrierechancen ließen für Grübeleien ohnehin keine Zeit. Auch glaubte man, „noch einmal davongekommen", die opferreich gelernte politische Lektion lieber schnell anwenden als lange reflektieren zu sollen.

Man wollte sich für die neue Staats- und Gesellschaftsordnung einsetzen, man identifizierte sich mit der Demokratie, etwas übereifrig vielleicht, aber mit dem heftigen Wunsch, es diesmal richtig zu machen. So schrieb man klare Worte gegen den „braunen Spuk" von ehedem, verdammte Hitler und seine Verbrechen – daß es seine Verbrechen waren und allenfalls noch die einiger fanatischer Nazis, war wichtig auch in der Abwehr des Kollektivschuld-Vorwurfs –, und gefiel sich in der bereitwillig übernommenen Rolle des maß- und verantwortungsvollen Begleiters der im Wachsen und Werden begriffenen Demokratie. Dazu gehörte auch das kritische Kommentieren; es wurde freilich in erster Linie an der sozialdemokratischen Opposition geübt, weniger am Kanzler.

Zutritt zu Adenauers „Teegesprächen" bedeutete so etwas wie den Schlag zum Ritter der neuen Republik. Fast alle, die in diesem Zirkel zusammenkamen, kannten einander nicht erst seit September 1949. Hier wurde notorisch nach vorne geblickt, hier legte man, zumindest rhetorisch, die dunkle Anzugsjacke ab und krempelte die gestärkten Manschetten hoch. Auf Termin beim Kanzler ging es unentwegt um Deutschlands Zukunft, und für dieses harte Geschäft, das lag auf der Hand, brauchte der Mittsiebziger die absoluten Profis im „besten Alter". Natürlich kannte oder ahnte der „Alte" die Vergangenheit der um eine ganze Generation jüngeren Herren; er wußte sie zu beeindrucken und zu benutzen, aber er scharmierte ihnen auch, zog sie ins Vertrauen und verlangte dafür publizistische Unterstützung und Diskretion. Das Bonner Pressekorps, schon zu Anfang der fünfziger Jahre von stattlichem Umfang, wäre schmal gewesen ohne all jene, die auch unter Hitler geschrieben hatten. Mehr noch galt das für des Kanzlers „Teerunde". Die Liste der häufigeren Teilnehmer[8] steht für journalistische Professionalität – und Kontinuität: Hans Baumgarten (Jahrgang 1900, früher Hauptschriftleiter des *Deutschen Volks-*

wirts, jetzt Mitherausgeber der *Frankfurter Allgemeinen Zeitung*), Fritz Brühl (Jahrgang 1909, früher *Kölnische,* jetzt *Süddeutsche Zeitung*), Ludwig von Danwitz (Jahrgang 1910, früher *Westfalen-Kurier,* jetzt Korrespondent der Zentrumspresse), Franz Goeddert (Jahrgang 1893, früher *Kölnische Zeitung,* jetzt *Kölnische Rundschau*), Hans-Joachim Kausch (Jahrgang 1907, früher *Schlesische Zeitung,* jetzt *Welt*), Werner von Lojewski (Jahrgang 1907, früher *Angriff* und *Transocean,* jetzt *Der Abend* und Pressesprecher der CDU), Sigurd Paulsen (Jahrgang 1901, früher DAZ, jetzt *Bonner Außenpolitische Korrespondenz),* Alfred Rapp (Jahrgang 1903, früher *Dresdner Neueste Nachrichten* und *Pariser Zeitung,* jetzt FAZ), Fritz Sänger (Jahrgang 1901, früher *Frankfurter Zeitung,* jetzt dpa-Chefredakteur), Georg Schröder (Jahrgang 1905, früher *Transocean,* jetzt *Welt*), Robert Strobel (Jahrgang 1898, früher *Tagesbote,* Brünn, jetzt *Zeit*), Hans-Georg von Studnitz (Jahrgang 1907, früher Scherl-Auslandskorrespondent, dann in der Presseabteilung des Auswärtigen Amts, jetzt *Hamburger Anzeiger*), Norbert Tönnies (Jahrgang 1914, früher *Transocean,* jetzt Bonner *General-Anzeiger*), Adam Vollhardt (Jahrgang 1910, früher DNB, jetzt *Hamburger Abendblatt*), Erich Wagner (Jahrgang 1906, 1938 Gründer des „Dienstes mittlerer Tageszeitungen“, 1949 wiedergegründet), Hans Wendt (Jahrgang 1903, früher *Deutsche Allgemeine Zeitung,* jetzt NWDR).

Zweifellos wurden aus den meisten dieser journalistischen „alten Hasen“ im Laufe der Zeit gute Demokraten; manche hatten sich stets als solche betrachtet. Aber sicher ist auch, daß bei der Mehrheit eine (nicht unbedingt parteipolitisch zu verstehende) konservative Grundauffassung von Politik erhalten blieb. Und in der Ära Adenauer konnte sich bestätigt fühlen, wer schon immer an die Notwendigkeit eines autoritären Führungs- und Regierungsstils geglaubt hatte. Der eine oder andere vergriff sich in seiner Begeisterung darüber gelegentlich schon noch im Vokabular: „Während die anderen mit ihm sprachen, bald in schwerem Ernst, bald in der Freude an heiteren Anekdoten und am Menschlich-Allzumenschlichen, konnte ich sein Mienenspiel genau beobachten, auf den Klang seiner Stimme aufmerksam hören. Wie noch bei jedem Teilnehmer eines Gesprächs mit ihm wuchs in mir von Stunde zu Stunde die Bewunderung. (...) Der Tag war für ihn anstrengender gewesen als für uns. Aber nun saß er zwischen uns, zwanzig Jahre älter als sein ältester Gast, er erzählte, er scherzte, wie in seinen besten Jahren, er war uns allen gewachsen (...) Wer von seinen Gegnern auf die Ermattung des Kanzlers setzen würde, hat sich verrechnet. Er hat nichts verloren an Tatkraft wie an Instinkt für Macht. Er ist noch immer ein furchtbarer Gegner." Diese Sätze schrieb, im Dezember 1956, nicht irgendwer, sondern einer der Großen im bundesdeutschen Nachkriegsjournalismus: Paul Sethe, als Kritiker von Adenauers Ostpolitik ironischerweise ein Jahr zuvor von seinen Mitherausgebern bei der FAZ, voran von Erich Welter, zum Abschied gezwungen.[9]

Die Verherrlichung der Person Adenauers nahm vor allem nach dem triumphalen Wahlsieg 1953 peinliche Züge an (was des Kanzlers tiefe Überzeugung von der ungenügenden Unterstützung seiner Politik durch die Presse keineswegs minderte), aber sie war nicht das wichtigste Indiz für bedenkliche Kontinuitäten in Presse und Journalismus. Die Art und Weise, in der ein Otto Lenz (Jahrgang 1903), Staatssekretär im Bundeskanzleramt, seit 1951 die „Regierungspropaganda" aufzog, zeugte zwar von Phantasie, Agilität und Aufgeschlossenheit für die Erkenntnisse moderner Massenkommunikationsforschung, nicht jedoch von Sensibilität für die Erfordernisse demokratischer Öffentlichkeitsarbeit und Transparenz eine halbe Dekade nach Goebbels.[10] Unter Lenz' Helfern und Beratern: Die ehemaligen *Reich*-Redakteure Erich Peter Neumann (Jahrgang 1912) und Elisabeth Noelle-Neumann (1916), die in Allensbach am Bodensee ihr Institut für Demoskopie aufgebaut hatten und das Kanzleramt mit Informationen über die Meinung der Öffentlichkeit versorgten, noch ehe die Öffentlichkeit wußte, was Meinungsforschung ist; Carl Willy Beer (Jahrgang 1909), mit Neumann bekannt seit der gemeinsamen Arbeit bei *Berliner Tageblatt* und DAZ und später wie dieser beim *Reich* mit linientreuen Berichten hervorgetreten, jetzt Chefredakteur des Berliner CDU-Organs *Der Tag* und Autor des von Neumann organisierten regierungsnahen Auslands-Artikeldienstes „Deutsche Korrespondenz"; Hans Edgar Jahn (Jahrgang 1914), Parteigenosse seit 1932, mit 24 Jahren Stipendiat der Reichskanzlei an der Hochschule für Politik, NS-Führungsoffizier und 1943 Autor des Buches „Der Steppensturm", in dem er die Sowjetbürger als „Bastarde zwischen Tier und Mensch" bezeichnete, jetzt Chef der monströsen, besonders auf Sicherheits- und Verteidigungspolitik abgestellten Propagandaorganisation „Arbeitsgemeinschaft Demokratischer Kreise", die unter redaktioneller Mitwirkung von Ludwig von Danwitz und anderer Bonner Journalisten eine ominöse Korrespondenz namens „Politische Informationen" herausbrachte und allein 1953 in 2500 Veranstaltungen mit 200000 Besuchern vor der Gefahr aus Moskau warnte;[11] Peter von Zahn (Jahrgang 1913), vor seiner Einberufung als PK-„Berichter" bei *Transocean* und beim Deutschen Verlag, der im gerade entstehenden Fernsehen eine wichtige Rolle übernehmen sollte.

Nicht nur im Kanzleramt, auch im Bundespresse- und Informationsamt sowie im (hochgradig mit „Ehemaligen" durchsetzten) Auswärtigen Amt begegnete man in den fünfziger Jahren und darüber hinaus in offiziellen Funktionen (Ex-) Journalisten, die ihre Feder dem Hitler-Regime geliehen hatten. Im Bundespresseamt, dem, nach einigen schnellen Wechseln am Anfang, für fast zehn Jahre Felix von Eckardt vorstand, konnte mit Hans-Heinrich Welchert sogar ein ehemaliger Mitarbeiter von *Angriff* und VB zum Referatsleiter aufsteigen. Rudolf Fischer, ehemals Mitarbeiter in der Presseabteilung des Auswärtigen Amts und leitender Redakteur der offiziösen (außenpolitischen) Zeitschrift *Volk und Reich*, wurde 1954 Pressesprecher von Bundesverkehrsminister Seebohm.

Personelle Kontinuitäten dieser Art gab es freilich viele (und drastischere) im Bonner Beamtenapparat und in den Regierungsparteien, und vermutlich hing es auch damit zusammen, daß öffentliche Kritik sich eher an der obrigkeitsstaatlichen Attitüde mancher Politiker im Umgang mit den Journalisten entzündete oder an strukturellen Gefährdungen der Pressefreiheit. Als der *Spiegel* im Herbst 1953 Otto Lenz' Pläne für ein „Informationsministerium" ans Tageslicht brachte, zeigte sich deutlich, wo für die öffentliche Meinung die Reizschwelle lag: Ein Sturm der Entrüstung ging durch den Blätterwald, gegen den die Kritik an dem (ebenfalls gescheiterten) Vorhaben eines autoritären Bundespressegesetzes vom Frühjahr 1952 nur ein rauhes Märzlüftchen gewesen war. Was so deutlich nach Goebbels roch, hatte keine Chance mehr.[12]

Auch die *Spiegel*-Affäre ein Jahrzehnt später stärkte das Bewußtsein für die Notwendigkeit einer kritischen öffentlichen Meinung und kräftigte letztlich die Pressefreiheit. Hingegen blieben personelle Enthüllungen in den fünfziger und sechziger Jahren weitgehend folgenlos. So konnte zum Beispiel Giselher Wirsing, als 1962 zum zweitenmal seine unrühmliche SD-Vergangenheit in Rede stand, Chefredakteur von *Christ und Welt* bleiben und Henri Nannen, im Schlagabtausch von Wirsing an seine Tätigkeit bei der Propaganda-Kompanie „Südstern" erinnert, Chefredakteur des *Stern*. Auch die Tatsache, daß bei der von Springer erworbenen *Welt* inzwischen Hans Zehrer die Chefredaktion übernommen und seinen *Tat*-Kreis-Freund Friedrich Zimmermann (Ferdinand Fried) mitgebracht hatte – wie vorher schon zum evangelischen *Deutschen Allgemeinen Sonntagsblatt* – stieß außer in der DDR kaum auf Kritik. Wer in den fünfziger und frühen sechziger Jahren weiterfragte, mußte ein notorischer Querulant sein, ein Kommunist wie Albert Norden, der auf einer Ostberliner Pressekonferenz 1962 unter anderem Werner Höfer (wegen seines Kreiten-Artikels) attackierte, oder ein zu kurz gekommener Ehemaliger wie Kurt Ziesel, der nicht verwinden konnte, daß andere mit braunen Flecken Karriere machten, während ihn schriftstellerische Mittelmäßigkeit und politische Unverbesserlichkeit daran hinderten. Einen Mann wie Ziesel zu ignorieren, dessen Pamphlet „Das verlorene Gewissen" in konfusem Stil und schlechtem Deutsch „Hinter den Kulissen der Presse, der Literatur und ihrer Machtträger von heute" schnüffelte, fiel den arrivierten Stars der Zeitungsfeuilletons leicht – einem W.E.Süskind etwa oder einem Karl Korn, Ziesels Hauptangeklagten.

In der eigentümlich erstarrten Atmosphäre der ersten Hälfte der sechziger Jahre verpuffte Joseph Wulfs umfangreiche Dokumentation über „Presse und Funk im Dritten Reich" (wie alle anderen Bände dieser Reihe) praktisch folgenlos. Im *Spiegel* konnte, ohne etwas zu bewirken, ein großer Aufsatz über die Wochenzeitung *Das Reich* erscheinen, der Dutzende bekannter Namen nannte und Fotos zeigte (übrigens auch das von *Reich*-Mitarbeiter Werner Höfer). Ein paar Leser empörten sich, aber die Betroffenen, mit Ausnahme der Eheleute Neumann, schwiegen.[13] Die inzwischen weitverbreitete Überzeugung, die demokratische Zuverlässigkeit bereits genügend unter Beweis gestellt zu haben, untermischt auch mit zunehmender moralischer Dickfelligkeit, machte das Feld frei für einen alles einebnenden Pragmatismus.

Wenn es richtig ist, daß Pragmatismus eine journalistische Tugend darstellt, daß Flexibilität und Nüchternheit – oder weniger freundlich: Opportunismus und Zynismus – zu den im Journalismus erforderlichen Grundeigenschaften gehören, dann konnte eine solche Entwicklung freilich nicht einmal erstaunen. Mitte der sechziger Jahre hatte sich Walter Hagemanns Auffassung durchgesetzt, wonach die Journalisten lediglich wehrlose, und deshalb auch nicht zur Verantwortung zu ziehende Opfer Goebbels' waren: „Allen gescheiteren Presseleuten (...) war eine Eigenschaft gemeinsam, welche allein die zugemutete geistige Entwürdigung erträglich machte, ein abgrundtiefer Zynismus. Diese Männer, die widerspruchslos einem despotischen Regime dienen mußten, nahmen nichts und niemanden mehr ernst, oft nicht einmal sich selber, viele hatten es längst verlernt, über ihre unwürdige Stellung nachzudenken, die lediglich darin bestand, zu schreiben, was sich andere ausgedacht hatten."[14] Wenn nichts sonst, so erweist die Geschichte des Journalismus im Dritten Reich Zynismus als eine falsche Tugend für dieses Metier.

Anmerkungen

Vorwort

1 Thomas Mann, Tagebücher 1944–1.4. 1946. Hrsg. von Inge Jens. Frankfurt 1986, S. 825f.; der Brief war die Antwort auf eine Rundfrage Pulitzers und datiert vom 4.8. 1945.

1. Die Medien und die „Machtergreifung"

1 Frankfurter Zeitung vom 13.8. 1932.
2 Deutsche Allgemeine Zeitung vom 30.1. 1931.
3 Die Weltbühne vom 14.2. 1932.
4 Elke Fröhlich (Hrsg.), Die Tagebücher von Joseph Goebbels. Sämtliche Fragmente. Teil I. Aufzeichnungen 1924–1941. München usw. 1987, Band 2, S. 158.
5 Stefan Lorant, Ich war Hitlers Gefangener. Ein Tagebuch 1933. München 1987, S. 9.
6 Vgl. Alfred Kantorowicz, Politik und Literatur im Exil. München 1983, S. 12f., S. 82; vgl. besonders auch Hanno Hardt u.a. (Hrsg.), Presse im Exil. Beiträge zur Kommunikationsgeschichte des deutschen Exils 1933–1945. München usw. 1979; Lieselotte Maas, Handbuch der deutschen Exilpresse. 3 Bände. München 1976, 1978, 1981; Hans-Albert Walter, Deutsche Exilliteratur 1933–1950. Band 4: Exilpresse. Stuttgart 1978.
7 Heinz Kühn, Widerstand und Emigration. Die Jahre 1928–1945. Hamburg 1980, S. 171.

2. Nationalsozialistische Medienpolitik

1 Denkschrift Hitlers betr. den „Ausbau der Nationalsozialistischen Deutschen Arbeiterpartei" vom 22.10. 1922; zit. nach Eberhard Jäkkel/Axel Kuhn (Hrsg.), Hitler. Sämtliche Aufzeichnungen 1905–1924. Stuttgart 1980, S. 702–708, hier 705.
2 Vgl. Peter Stein, Die NS-Gaupresse 1925–1933. Forschungsbericht, Quellenkritik, neue Bestandsaufnahme. München usw. 1987.
3 Vgl. Deutschland-Berichte der Sozialdemokratischen Partei Deutschlands (Sopade) 1934–1940. Salzhausen, Frankfurt 1980. Dritter Jahrgang 1936, S. 778.

4 Die in der Literatur häufig genannte Zahl von 4700 Zeitungen greift zu hoch; dazu und zum folgenden Norbert Frei, Nationalsozialistische Eroberung der Provinzpresse. Gleichschaltung, Selbstanpassung und Resistenz in Bayern. Stuttgart 1980, S. 18–27.

5 Vgl. Peter de Mendelssohn, Zeitungsstadt Berlin. Menschen und Mächte in der Geschichte der deutschen Presse. Berlin 1959, S. 306.

6 Zum folgenden Oron J. Hale, Presse in der Zwangsjacke 1933–1945. Düsseldorf 1965, S. 83–91.

7 Deutsche Presse 23 (1933), S. 131–138; dort auch die folgenden Zit.

8 Vgl. Walter Hagemann (Hrsg.), Die soziale Lage des deutschen Journalistenstandes, insbesondere ihre Entwicklung seit 1945. O. O. 1956, S. 30.

9 Vgl. Norbert Frei, Die nationalsozialistischen Berufsgerichte der Presse, in: Vierteljahrshefte für Zeitgeschichte 32 (1984), S. 122–162.

10 Vgl. Frei, Provinzpresse, S. 57.

11 Zeitungsverlag 34 (1933), S. 172.

12 Goebbels-Tagebücher Band I/2, S. 393 (nach der 1934 unter dem Titel „Vom Kaiserhof zur Reichskanzlei" veröffentlichten Fassung).

13 Schwerdtfeger kam erst 1945 frei; IfZ, Ms 361.

14 Die folgenden Zit. nach Jürgen Hagemann, Die Presselenkung im Dritten Reich. Bonn 1970, passim, und Joseph Wulf, Presse und Funk im Dritten Reich. Eine Dokumentation. Gütersloh 1964, S. 87–105.

15 Deutsche Presse 25 (1935), S. 467.

16 Deutsche Presse 24 (1934), Nr. 16, S. 4–10.

17 Goebbels-Rede zur Verkündung des Schriftleitergesetzes am 4. 10. 1933, in: Deutsche Presse 23 (1933), S. 278.

18 Vgl. Deutschland-Berichte 1936, S. 825.

19 Vgl. Hale, S. 25.

3. Die großen demokratischen Zeitungen

1 Adolf Hitler, Mein Kampf. Zwei Bände in einem Band. 60. Auflage München 1933, S. 268.

2 Berliner Tageblatt vom 20. 7. 1930.

3 Vossische Zeitung vom 10. 12. 1932.

4 Vgl. Werner Wirthle, Frankfurter Zeitung und Frankfurter Societäts-Druckerei GmbH. Die wirtschaftlichen Verhältnisse 1927–1939. Frankfurt 1977.

5 Zum folgenden Margret Boveri, Wir lügen alle. Eine Hauptstadtzeitung unter Hitler. Olten und Freiburg im Breisgau 1965.

6 Exakter als viele Angaben in der Sekundärliteratur: Deutschland-Berichte 1935, S. 232 und 1936, S. 805 f.

7 Vgl. die nicht vollständige, gleichwohl instruktive Auszählung bei Kurt Koszyk, Deutsche Presse 1914–1945. Geschichte der deutschen Presse Teil III. Berlin 1972, S. 375 f.

8 Zit. und Angaben nach NS-Presseanweisungen der Vorkriegszeit. Edition und Dokumentation, bearb. von Gabriele Toepser-Ziegert. Band 3/II: 1935. München usw. 1987.
9 Weltbühne vom 18.3. 1930, zit. nach Boveri, Wir lügen alle, S. 156.
10 Goebbels-Tagebücher Band I/2, S. 464.
11 Boveri, Wir lügen alle, S. 163.
12 Goebbels-Tagebücher Band I/2, S. 756 f.
13 Vgl. Goebbels-Tagebücher Band 3, S. 543.
14 Goebbels-Tagebücher Band I/3, S. 415 bzw. 417; vgl. auch S. 426.
15 Anweisung vom 4.3. 1937, zit. nach Hagemann, Presselenkung, S. 309.
16 Zit. nach Günter Gillessen, Auf verlorenem Posten. Die Frankfurter Zeitung im Dritten Reich. Berlin 1987, S. 220 f.
17 Zum folgenden ebenda, S. 181–191.
18 Vgl. ebenda, S. 487.

4. Die bürgerlich-konservative Presse

1 Vgl. Heidrun Holzbach, Das System Hugenberg. Die Organisation bürgerlicher Sammlungspolitik vor dem Aufstieg der NSDAP. Stuttgart 1981; Hale, S. 310.
2 Vgl. Hale, S. 215 ff.; Anton Betz, Die Tragödie der „Münchner Neuesten Nachrichten“ 1932/33, in: Journalismus. Band 2. Düsseldorf 1961, S. 22–46; Kurt Koszyk, Paul Reusch und die „Münchner Neuesten Nachrichten“. Zum Problem Industrie und Presse in der Endphase der Weimarer Republik, in: Vierteljahrshefte für Zeitgeschichte 20 (1972), S. 75–103.
3 Vgl. Wulf, S. 31.
4 Vgl. Hale, S. 194–218.
5 Karl Silex, Mit Kommentar. Lebensbericht eines Journalisten. Frankfurt 1968, S. 141.
6 Goebbels-Tagebücher Band 3, S. 82.
7 Deutschland-Berichte 1936, S. 813.
8 Ursula von Kardorff, Berliner Aufzeichnungen 1942–1945. Neuausgabe München 1992, S. 83; im Original-Tagebuch ist diese Überlegung nicht zu finden.
9 Goebbels-Tagebücher Band II/8, S. 101.
10 Silex, S. 141 f.

5. Konfessionelle Zeitungen und Zeitschriften

1 Goebbels-Tagebücher Band I/3, S. 156, das folgende Zit. S. 157.
2 Die folgenden Zit. nach Frei, Provinzpresse, S. 201 f.
3 Vgl. Deutschland-Berichte 1936, S. 813.
4 Zit. nach Frei, Provinzpresse, S. 246.
5 Ebenda, S. 202.
6 Vgl. Karl Aloys Altmeyer, Katholische Presse unter NS-Diktatur. Die katholischen Zeitungen und Zeitschriften Deutschlands in den Jahren 1933 bis 1945. Dokumentation. Berlin 1962, S. 96.
7 Zit. nach Frei, Provinzpresse, S. 314.
8 Zum folgenden Gerhard E. Stoll, Evangelische Presse und nationalsozialistische Ideologie 1933, in: Publizistik 8 (1963), S. 380–389, Zit. S. 383.
9 Vgl. Ino Arndt, Machtübernahme und Judenboykott in der Sicht evangelischer Sonntagsblätter, in: Miscellanea. Festschrift für Helmut Krausnick. München 1980, S. 15.

6. Die illustrierte Massenpresse

1 Der Zeitschriften-Verleger vom 12. Juni 1935 bzw. 21. April 1937. Zit. nach Sylvia Lott, Die Frauenzeitschriften von Hans Huffzky und John Jahr. Zur Geschichte der deutschen Frauenzeitschrift zwischen 1933 und 1970. Berlin 1985, S. 182. Zum folgenden vgl. außerdem Sylvia Lott-Almstadt, Brigitte 1886–1986. Die ersten hundert Jahre. Chronik einer Frauenzeitschrift. München 1986, bes. S. 123–155; ferner Christian Ferber (Hrsg.), Die Dame. Ein deutsches Journal für den verwöhnten Geschmack 1912 bis 1943. Berlin 1980.
2 Vgl. Eva-Maria Unger, Illustrierte als Mittel der Kriegsvorbereitung in Deutschland. Köln 1984, S. 93.
3 Zur BIZ vgl. Christian Ferber (Hrsg.), Berliner Illustrirte Zeitung. Zeitbild, Chronik, Moritat für Jedermann 1892–1945. Berlin 1982; ferner die Arbeit von Unger und Friedrich Luft (Hrsg.), Facsimile Querschnitt durch die Berliner Illustrirte. München usw. 1965.
4 Zit. nach Willi A. Boelcke (Hrsg.), Wollt Ihr den totalen Krieg? Die geheimen Goebbels-Konferenzen 1939–1943. München 1969, S. 436.
5 Zit. nach Lott, S. 51; die folgenden Zit. dort S. 294, S. 268 bzw. Lott-Almstadt, S. 154.
6 Koszyk, Deutsche Presse Band III, S. 421; folgende Zit. dort S. 422.
7 Vgl. Lott, S. 230; zum folgenden S. 166.

7. Rundfunk und Wochenschau

1 Zit. nach Ansgar Diller, Rundfunkpolitik im Dritten Reich. München 1980, S. 144.

2 Vgl. Ansgar Diller, Der Volksempfänger. Propaganda und Wirtschaftsfaktor, in: Mitteilungen Studienkreis Rundfunk und Geschichte 3 (1983), S. 140–156.

3 Deutschland-Berichte 1934, S. 294; 1938, S. 1326.

4 Zit. nach Diller, Rundfunkpolitik, S. 144.

5 Zit. nach Diller, Rundfunkpolitik, S. 147. Zum Programm vgl. Hans Pohle, Der Rundfunk als Instrument der Politik. Zur Geschichte des Rundfunks von 1923/38. Hamburg 1955, S. 273–329.

6 Zit. nach Joachim-Ernst Berendt, Der Jazz als Indiz, Teil I, in: Mitteilungen 5 (1974/75), S. 30.

7 Sonderdienst der Nationalsozialistischen Rundfunk-Korrespondenz vom 30. Juni 1937, zit. nach Erwin Reiss, „Wir senden Frohsinn". Fernsehen unterm Faschismus. Berlin 1979, S. 82; vgl. auch Pohle, S. 281 f.

8 Zum folgenden bes. Pohle, S. 227–229; vgl. zum weiteren Harald Heckmann, Die Institution „Wunschkonzert", in: Mitteilungen 2 (1979), S. 90–97.

9 Walter Klingler, Nationalsozialistische Rundfunkpolitik 1942–1945. Organisation, Programm und die Hörer. Diss. Baden-Baden 1983, S. 62–75. Klinglers Studie gibt einen informationsreichen Überblick für die Kriegsjahre.

10 Zit. nach Klingler, S. 201.

11 Das Reich vom 15. Juni 1941. Vgl. auch Goebbels, Der treue Helfer, in: Das Archiv, März 1943, S. 1093–1095.

12 BDC, Brief vom 28. Oktober 1941; vgl. auch Michael Groth, Hans Fritzsche – Karriere eines Publizisten, in: Mitteilungen 1 (1980), S. 42–50.

13 Zit. nach Klingler, S. 82.

14 Zit. nach Peter Bucher, Goebbels und die Deutsche Wochenschau, in: Militärgeschichtliche Mitteilungen 2 (1986), S. 55; zum folgenden S. 53–69, Zit. ebd.

15 Zit. nach Hans Barkhausen, Filmpropaganda für Deutschland im Ersten und Zweiten Weltkrieg. Hildesheim usw. 1982, S. 238.

8. Die nationalsozialistische Parteipresse

1 Goebbels-Tagebücher Band I/2, S. 700.

2 Vgl. Stein, S. 159.

3 Vgl. NS-Presseanweisungen Band 2, bes. S. 27 f; Band 1, S. 115 f.

4 Vgl. Sonja Noller/Hildegard von Kotze (Hrsg.), Facsimile Querschnitt durch den Völkischen Beobachter. München usw. 1967, S. 11;

zum folgenden auch Margarete Plewnia, Völkischer Beobachter (1887–1945), in: Heinz-Dietrich Fischer (Hrsg.), Deutsche Zeitungen des 17. bis 20. Jahrhunderts. Pullach 1972, S. 386 f.

5 Vgl. Helmut Heiber/Hildegard von Kotze (Hrsg.), Facsimile Querschnitt durch das Schwarze Korps. München usw. 1968, S. 8; William L. Combs, The Voice of the SS Journal ‚Das Schwarze Korps'. New York usw. 1986.

6 Vgl. Verlag Archiv und Kartei (Hrsg.), Presse in Fesseln. Eine Schilderung des NS-Pressetrusts. Berlin 1947, S. 218.

7 Das Schwarze Korps vom 24. 11. 1938, S. 1.

8 Vgl. Das Schwarze Korps vom 7. 5., 28. 5. und 27. 8. 1936, jeweils S. 1; die folgenden Zit. nach Schwarzes Korps vom 12. Juni 1941, S. 4 und Heiber/Kotze, S. 15.

9 Heiber/Kotze, S. 20, das folgende Zit. S. 13.

10 Goebbels-Tagebücher Band I/2, S. 511.

11 Vgl. Pohle, S. 414.

12 Der Stürmer Nr. 3 (1938), S. 3–5; Hervorhebungen im Original.

13 Goebbels-Tagebücher Band I/3, S. 408; die folgenden Zit. Band 3, S. 410, Band 2, S. 408, 513, 579, 591.

14 Der Stürmer Nr. 38/September 1938; die folgenden Zit. nach Der Stürmer vom 7. 8. 1941, 7. 5. 1942 und 24. 9. 1942; Hervorhebungen im Original.

9. Die Wochenzeitung *Das Reich*

1 Zit. nach Wulf, S. 159 f.

2 Zit. nach Erika Martens, Zum Beispiel Das Reich. Köln 1972, S. 45 f. Vgl. zur Gründung des Reichs und zum folgenden außerdem: Hans Dieter Müller (Hrsg.), Facsimile Querschnitt durch Das Reich, eingeleitet von Harry Pross. München usw. 1964, bes. S. 9 f.; zum folgenden das Porträt von Müller, S. 7–19.

3 Goebbels-Tagebücher Band I/3, S. 414.

4 Zit. nach Martens, S. 261; dort auch das folgende; vgl. auch Müller, S. 14.

5 Das Reich vom 9. März 1941, S. 10.

6 Das Reich vom 8. Juni 1941, S. 6–7.

7 Müller, S. 16; die folgenden Zit. dort bzw. Das Reich vom 11. Oktober 1943.

8 Müller, S. 16; die folgenden Zit. ebd. bzw. S. 17.

9 Das Reich vom 9. März 1941, S. 3 und 6.

10 Erich Peter Neumann, Der Umstand, Sklave zu sein, in: Der Spiegel Nr. 42/1964, S. 140.

11 Vgl. Martens, S. 159–166 und S. 213.

12 Christa Rotzoll, Frauen und Zeiten. Stuttgart 1987, S. 172; die folgenden Zit. dort S. 172 f. bzw. Das Reich vom 21. November 1943.

10. Zwischen den Zeilen

1 Zit. nach Volker Lilienthal, Balanceakt. Beispiele publizistischer Opposition im „Dritten Reich", in: medium Heft 2 (1988), S. 44.
2 Ruth Andreas-Friedrich, Der Schattenmann. Tagebuchaufzeichnungen 1938–1945. (Neuauflage) Frankfurt 1983, S. 16.
3 Vgl. Axel Eggebrecht, Der halbe Weg. Zwischenbilanz einer Epoche. Reinbek 1975; Felix von Eckardt, Ein unordentliches Leben. Lebenserinnerungen. Düsseldorf, Wien 1967.
4 Anweisung vom 12. 11. 1937, zit. nach Walter Hagemann, Publizistik im Dritten Reich. Ein Beitrag zur Methodik der Massenführung. Hamburg 1948, S. 204.
5 Vossische Zeitung vom 5. 10. 1933, S. 1 f.
6 Frankfurter Zeitung vom 25. 3. 1934, S. 1; Hervorhebungen im Original.
7 Deutsche Allgemeine Zeitung vom 5. 5. 1934, S. 1.
8 Deutsche Allgemeine Zeitung vom 29. 10. 34, S. 1.
9 Silex, S. 160 f.
10 Zit. nach Lilienthal, S. 42.
11 Fritz Sänger, Verborgene Fäden. Erinnerungen und Bemerkungen eines Journalisten. Bonn 1978, S. 49 f.
12 Vgl. Karl-Wolfgang Mirbt, Theorie und Technik der Camouflage. Die „Deutsche Rundschau" im Dritten Reich als Beispiel publizistischer Opposition unter totalitärer Gewalt, in: Publizistik 9 (1964), S. 3–16, Zit. S. 13.
13 Karl Korn, Lange Lehrzeit. Ein deutsches Leben. Frankfurt 1975, S. 249 ff.
14 Zit. nach Gillessen, S. 351.
15 Benno Reifenberg, Die zehn Jahre 1933–1943, in: Gegenwart, Sonderheft „Ein Jahrhundert Frankfurter Zeitung" vom 29. 10. 1956, S. 41 bzw. 53.
16 Josef Hofmann, Journalist in Republik, Diktatur und Besatzungszeit. Erinnerungen 1916–1947, bearb. von Rudolf Morsey. Mainz 1977, S. 107 f.
17 Walter Dirks, Journalisten unter Hitler. Das Abenteuer der „Frankfurter Zeitung", in: medium Heft 2 (1988), S. 47.

11. Journalisten im Dritten Reich: Acht Beispiele

Margret Boveri

1 Boveri, Wir lügen alle; zum folgenden auch weitere ihrer eigenen Werke: Verzweigungen. Eine Autobiographie. Herausgegeben und mit einem Nachwort von Uwe Johnson. München, Zürich 1977; Tage des Überlebens. Berlin 1945. München, Zürich 1968; außerdem Niko-

las Benckiser, Über Margret Boveri, in: Hans Jürgen Schultz (Hrsg.), Journalisten über Journalisten. München 1980, S.273–282.
2 Boveri, Wir lügen alle, S.596f.
3 Boveri, Verzweigungen, S.398.
4 Ebenda, S.405.
5 Boveri, Tage des Überlebens, S.14.
6 Rotzoll, S.118f.
7 Boveri, Verzweigungen, S.294 bzw. 301.
8 Margret Boveri, Die Deutschen und der Status Quo. München 1974, S.157.

Werner Höfer

1 epd/Kirche und Rundfunk vom 13. Januar 1988, Interview von Uwe Kammann mit Werner Höfer, S.5–10, hier 5f.
2 Werner Höfer, Mein Radio, in: Der Monat, März 1971, S.56. Die folgenden Zit. nach ders., Unlust am Reisen, in: Die Zeit vom 21.2. 1975, S.49, und ders., Bin ich ‚Imi' bin ich Kölner. Skizzen eines Überlebenslaufs, in: Köln 4 (1976), S.11.
3 Vgl. Arnulf Kutsch, Werner Höfer 70 Jahre, in: Mitteilungen Studienkreis Rundfunk und Geschichte 3 (1983), S.101.
4 Cordula Zytur, Wer kommt nach Höfer, in: Der Journalist 1 (1977), S.12.
5 epd, S.7.
6 12 Uhr Blatt vom 13. April 1943. Die folgenden Zit. nach epd und Frankfurter Allgemeine Zeitung vom 23. Dezember 1987.
7 Vgl. Der Spiegel Nr.51/1987, S.156–170, bes. S.166; folgende Zit. dort S.162f. bzw. epd.
8 Das Reich vom 13. August 1944; zum vorherigen Das Reich vom 20. Juni 1943.

Ursula von Kardorff

1 Vgl. Kardorff, Aufzeichnungen, S.74f.
2 Ebenda, S.378; das folgende Zit. S.379.
3 Ebenda, S.79 bzw. 87; der angesprochene Artikel in der Deutschen Allgemeinen Zeitung (Reichsausgabe) vom 2.6. 1943, S.1f. (die Datierung der veröffentlichten Aufzeichnungen ist in diesem Punkt im veröffentlichten Tagebuch nicht korrekt, der Text gegenüber der Eintragung im Original erweitert.)
4 Kardorff, Aufzeichnungen, S.52, Fußnote 3 (Original-Tagebuch), bzw. Ursula von Kardorff, Schön wie eine Seifenblase. Basel/Frankfurt 1987, S.15f.; dort ist die Eintragung irrtümlich auf den 2. Januar 1944 (statt 1943) datiert.
5 Kardorff, Aufzeichnungen, S.272.
6 Ebenda, S.290, Fußnote 1 (Original-Tagebuch).

Rudolf Kircher

1 Frankfurter Zeitung vom 12.3. 1933, S.1.
2 Zum folgenden Frankfurter Allgemeine Zeitung vom 28.9. 1954, S.2; Deutsche Zeitung vom 29.9., S.2, und vom 9.10. 1954, S.3 (Grabrede von Benno Reifenberg); Gillessen, S.70 ff.
3 Vgl. Gillessen, S.143; dort S.141 f. auch das Faksimile von Kirchers Artikel in der Frankfurter Zeitung vom 4.9. 1933; Hervorhebung im Original.
4 Ein Beispiel dafür ist Kirchers Kommentar vom 3.10. 1935 zum Abessinienkonflikt; vgl. NS-Presseanweisungen Band 3/II, S.637 f.
5 Gillessen, S.289 f.
6 Zit. nach Gillessen, S.482.
7 Vgl. Fritz Sänger, Politik der Täuschungen. Mißbrauch der Presse im Dritten Reich. Weisungen, Informationen, Notizen 1933–1939. Wien 1975, S.175 f.
8 Boveri, Wir lügen alle, S.182.
9 Franz Taucher, Frankfurter Jahre. Wien 1977, S.185.
10 Zit. nach Gillessen, S.534.

Otto Knab

1 Das folgende nach Elke Fröhlich, Die Herausforderung des Einzelnen: Geschichten über Widerstand und Verfolgung. Bayern in der NS-Zeit, Band 6. München 1983, S.115–137.

Jürgen Petersen

1 Jürgen Petersen, Journalist im Dritten Reich, Teil I bzw. Teil II, in: Frankfurter Hefte 3 (1981), S.41–49 und 4 (1981), S.41–48; Zit. hier Teil I, S.44.
2 Petersen Teil I, S.42; das folgende Zit. nach Das Reich vom 13.10. 1940, S.17.
3 Vgl. Petersen Teil I, S.43 f.; zum folgenden auch S.47 f.
4 Vgl. Berliner Tageblatt vom 11.9. 1938, S.4. Die folgenden Zit. nach Müller, Das Reich, S.15; Deutsche Allgemeine Zeitung vom 21.1. 1945 und 5.7. 1944, jeweils S.1; 28.6. 1944, S.4.

Hans Schwarz van Berk

1 Boveri, Wir lügen alle, S.9 und 569 f.; vgl. außerdem Willi A. Boelcke (Hrsg.), Kriegspropaganda 1939–1941. Geheime Ministerkonferenzen im Reichspropagandaministerium. Stuttgart 1966, S.110–114; ferner Martens, Das Reich, S.112–119; BDC Personalakte Schwarz van Berk; Wulf, S.110, 135 f.; Müller, Das Reich, S.14; IfZ, ZS 1846.

2 Vgl. Boelcke, Kriegspropaganda, S. 111.
3 Das Reich vom 20.7. 1941 und 31.1. 1943; die folgenden Zit. nach Das Reich vom 17.12. 1944, 3.5. 1942, 25.6. 1944.
4 Vgl. Martens, S. 265–269; das folgende Zit. S. 268.
5 Das Reich vom 4.3. 1945.

Giselher Wirsing

1 BDC Personalakte Wirsing; den Unterlagen zu seiner Beförderung zum SS-Sturmbannführer ist zu entnehmen, daß Wirsing offenbar seit Mai 1936 für den SD tätig war; vgl. auch Wulf, S. 26f.; Léon Poliakov/Josef Wulf, Das Dritte Reich und seine Denker. Dokumente. Berlin 1959, S. 477f.
2 Vgl. Der Spiegel vom 30.4. 1952, S. 31 ff.
3 Vorgang in HStA München, MA 106 688/2468; ich danke Herrn Peter Hartl für diesen Hinweis; vgl. auch Klaus Mehnert, Ein Deutscher in der Welt. Erinnerungen 1906–1981, Stuttgart 1981, S. 209.
4 Münchner Neueste Nachrichten vom 1.1. 1935, S. 1 f.
5 Münchner Neueste Nachrichten vom 18./19.9. 1943, S. 1 f.
6 Münchner Neueste Nachrichten vom 17./18.6. 1944, S. 1 f.
7 Vorgang in IfZ, POLAD 753/29.
8 Vgl. Vorwärts vom 11.5. 1956.
9 Armin Mohler, Deutsche Nachkriegspresse u. Vergangenheitsbewältigung. Erinnerungen an Giselher Wirsing, in: Criticón 5 (1975), S. 245–250.

12. Stunde Null der deutschen Presse?

1 Hagemann, Publizistik, S. 10.
2 Zum folgenden Kurt Koszyk, Pressepolitik für Deutsche 1945–1949. Geschichte der deutschen Presse Teil IV. Berlin 1986; Norbert Frei, Amerikanische Lizenzpolitik und deutsche Pressetradition. Die Geschichte der Nachkriegszeitung Südost-Kurier. München 1986; ders., Die Presse, in: W. Benz (Hrsg.), Die Bundesrepublik Deutschland. Band 3: Kultur. Frankfurt 1983 (Neuauflage 1989 als Band 4).
3 In Anlehnung an den Titel der ersten großen Untersuchung zur Lizenzära von Harold Hurwitz, Die Stunde Null der deutschen Presse. Die amerikanische Pressepolitik in Deutschland 1945–1949. Köln 1972.
4 Vgl. Hans Fritzsche, Hier spricht Hans Fritzsche. Zürich 1948; Otto Dietrich, 12 Jahre mit Hitler. München 1955; vgl. auch seinen Erstling: Mit Hitler in die Macht. Persönliche Erlebnisse mit meinem Führer. München 1934.
5 Kardorff, Aufzeichnungen, S. 379.
6 Ben Witter, Verhöre im Plauderton. Wie die „Welt“ zwischen Frage-

bögen und Schutt entstand, in: Die Zeit vom 25.3. 1988; in zeitlicher Hinsicht enthält der „atmosphärisch“ aufschlußreiche Beitrag einige Irrtümer.

7 Charles Schüddekopf (Hrsg.), Vor den Toren der Wirklichkeit. Deutschland 1946–47 im Spiegel der Nordwestdeutschen Hefte. Berlin und Bonn 1980, S.26.

8 Vgl. Adenauer Teegespräche 1950–1954, bearb. von Hanns-Jürgen Küsters. Berlin 1984; bei den Angaben zur Tätigkeit der in der folgenden Liste Genannten liegt der Schwerpunkt auf den ersten Jahren nach 1949.

9 Allgemeine Zeitung (Mainz) vom 5.12. 1956, S.1f.; zu Sethes Entlassung vgl. Arnulf Baring, Außenpolitik in Adenauers Kanzlerdemokratie. Westdeutsche Innenpolitik im Zeichen der Europäischen Verteidigungsgemeinschaft. Band 1, München 1971, S.259–268.

10 Vgl. Baring, Band 1, S.30–38; Im Zentrum der Macht. Das Tagebuch von Staatssekretär Lenz 1951–1953, bearb. von Klaus Gotto, Hans-Otto Kleinmann und Reinhard Schreiner. Düsseldorf 1989.

11 Vgl. als aufschlußreiche Apologie: Hans Edgar Jahn, An Adenauers Seite. Sein Berater erinnert sich. München/Wien 1987.

12 Vgl. Norbert Frei, „Was ist Wahrheit?“. Der Versuch einer Bundespressegesetzgebung 1951/52, in: H. Wagner (Hrsg.), Idee und Wirklichkeit des Journalismus. München 1988, S.75–91.

13 Vgl. Der Spiegel Nr. 34/1964, S. 32–49 (gekürzte Einleitung von Müller, Facsimile Querschnitt Das Reich); in einem Leserbrief in Nr. 37 wies Elisabeth Noelle-Neumann darauf hin, daß ein „Pressegerichtsverfahren wegen eines Artikels über dienstverpflichtete Arbeiterinnen“ und „Krach wegen einer Doppelbilderseite über Roosevelt“ ihre Tätigkeit als Redakteurin „beendete“; Erich Peter Neumann rezensierte in Nr. 42 Müllers Einleitung.

14 Hagemann, Publizistik, S.327.

Medienchronik Drittes Reich

1933

30.1. Hitler wird Reichskanzler einer Koalitionsregierung aus NSDAP, DNVP und Stahlhelm.

3.2. SPD-Organ *Vorwärts* für vier Tage verboten; am 15.2. erneut für eine Woche; KPD-Organ *Rote Fahne* wiederholt beschlagnahmt. In den folgenden Wochen zahlreiche Verbote von SPD- und KPD-Blättern auch in der Provinz.

4.2. Verordnung des Reichspräsidenten „Zum Schutze des deutschen Volkes" ermöglicht Eingriffe in die Presse- und Versammlungsfreiheit und bietet Handhabe für erste Verfolgungen politischer Gegner.

11.2. *Rote Fahne* für 14 Tage verboten; am 26./27. letzte Ausgabe vor dem endgültigen Verbot.

16.2. Einwöchiges Verbot des liberalen *Tempo* wegen „bewußt falscher Darstellung der Börsentendenz"; am 5.8. stellt der Ullstein-Verlag das Boulevardblatt ein.

27.2. Der ehemalige holländische Kommunist Marinus van der Lubbe setzt am Abend Teile des Reichstags in Brand.

28.2. Verordnung des Reichspräsidenten „Zum Schutz von Volk und Staat" (Reichstagsbrandverordnung) setzt Grundrechte außer Kraft, darunter auch die Meinungs- und Pressefreiheit: Verhaftung der KPD-Abgeordneten und wichtiger Funktionäre, Verbot der KPD-Presse auf unbestimmte Dauer, zunächst 14tägiges Verbot der SPD-Zeitungen.

5.3. Bei der Reichstagswahl erreicht die NSDAP 43,9 Prozent der Stimmen, die Regierungskoalition eine knappe absolute Mehrheit.

7.3. Letzte Ausgabe der *Weltbühne;* Carl von Ossietzky bereits unmittelbar nach dem Reichstagsbrand verhaftet.

10.3 *Berliner Tageblatt* für drei Tage verboten.

13.3. Der Reichspropagandaleiter der NSDAP, Gauleiter von Berlin und Herausgeber des *Angriffs,* Joseph Goebbels, wird Chef des neugegründeten Reichsministeriums für Volksaufklärung und Propaganda (RMVP).

16.3. RMVP wird zuständig für Programm- und Personalpolitik der Reichsrundfunkgesellschaft.

März/April Zahlreiche Zeitungsverbote im gesamten Reichsgebiet; SA und NS-Funktionäre gehen auf lokaler Ebene gegen mißliebige Zeitungen, Verleger und Journalisten vor. Personelle „Säuberung“ des Rundfunks.

1.4. Boykottaktion der NSDAP gegen jüdische Geschäfte.

6.4. Goebbels vor Vertretern der Provinzpresse: Pressefreiheit im Sinne der Freiheit zur Kritik an der Regierung wird nicht geduldet.

30.4. Otto Dietrich, Reichspressechef der NSDAP, neuer Vorsitzender des Reichsverbands der Deutschen Presse.

10.5. Bücherverbrennung in mehreren Universitätsstädten.

10.5. Beschlagnahme des SPD-Parteivermögens, darunter auch die sozialdemokratischen Druckereien und Verlage, die häufig der NS-Presse zur Verfügung gestellt werden.

23.5. „Gesetz über die Einziehung kommunistischen Vermögens“ legalisiert die Enteignung der KPD-Presse und in der auf das „volks- und staatsfeindliche Vermögen“ erweiterten Fassung vom 14.7. auch die der SPD-Presse.

31.5. *Deutsche Allgemeine Zeitung* für drei Monate verboten; nach Ablösung von Chefredakteur Fritz Klein am 17.6. vorzeitig aufgehoben.

22.6. Verbot der SPD, danach rasche Selbstauflösung der übrigen Parteien.

27.6. Auf Druck der NSDAP Rücktritt von Medienzar Alfred Hugenberg als Reichsminister für Wirtschaft, Ernährung und Landwirtschaft.

28.6. Rede Hitlers vor den Zeitungsverlegern; Max Amann, NSDAP-Reichsleiter für die Presse, neuer Präsident des Vereins Deutscher Zeitungs-Verleger.

30.6. Verordnung über die Aufgaben des RMVP.

1.7. Umwandlung der Berliner Reichspressekonferenz in eine staatlich-offizielle Veranstaltung.

5.7. Einrichtung einer Fachpressekonferenz (Wirtschaft, Finanzen) der Reichsregierung.

20.7. Abschluß des Reichskonkordats schwächt auch die Presse des politischen Katholizismus.

22.9. Gesetz zur Errichtung einer Reichskulturkammer (Präsident: Goebbels, Vizepräsident: Walther Funk), die der ideologisch-politischen, sozialen und wirtschaftlichen Kontrolle des gesamten kulturellen Lebens dient. Folgende Einzelkammern: Reichspressekammer (Max Amann), Reichsrundfunkkammer (Horst Dreßler-Andreß), Reichsschrifttumskammer (Hans Friedrich Blunck), Reichsfilmkammer (Fritz Scheuermann), Reichstheaterkammer (Otto Laubinger), Reichsmusikkammer (Richard Strauß), Reichskammer der bildenden

Künste (Eugen Hönig). Aufgrund von Durchführungsverordnungen ab November Eingliederung der Verleger in die Reichspressekammer (Zwangsmitgliedschaft).

4.10 Schriftleitergesetz regelt Ausbildung und Zulassung zu Presseberufen.

15.11. Rede Goebbels' zur Eröffnung der Reichskulturkammer.

5.12. Zusammenlegung des Wolffschen Telegraphen-Büros und der Telegraphen-Union (Hugenberg) zum offiziellen Deutschen Nachrichtenbüro (DNB).

12.12. Zusammenfassung der konfessionellen Presse in einer Hauptfachschaft der Reichspressekammer (Reichsverband der evangelischen Presse, Fachschaft der katholisch-kirchlichen Presse).

13.12. Reichspressekammer verhängt Gründungssperre für Zeitschriften; nach Verlängerung bis März 1935.

1934

1.1. Fusion von *Berliner Börsen-Zeitung* und *Berliner Börsen-Courier.*

18.2. Eingliederung des Vereins deutscher Zeitungsverleger in die Reichspressekammer (als Reichsverband).

20.3. Arbeitstagung des Reichsverbands der deutschen Presse.

31.3. *Vossische Zeitung* stellt ihr Erscheinen ein.

1.4. Herabstufung der regionalen Rundfunkgesellschaften zu „Reichssendern" der RRG. Deutsche Reichspost startet regelmäßigen Fernseh-Versuchsbetrieb; ab 1935 Fernsehstuben in Berlin.

Mai Versuche zur Lockerung der Presselenkung: u.a. Ermutigung zur Berichterstattung über öffentliche Veranstaltungen.

8.5. Reichspressetagung der NSDAP in Berlin.

7.6. Zwangsverkauf des Ullstein-Verlags an eine Holdinggesellschaft des NSDAP-eigenen Eher-Verlags.

Juni Konstituierung des Deutschen PEN-Clubs im Exil.

17./18.11. Erster Reichspressetag in Berlin.

15.12. Jahreskundgebung der Reichskulturkammer.

1935

Januar Eröffnung der Reichspresseschule in Berlin.

24.4. (Amann-)Anordnungen des Präsidenten der Reichspressekammer zur „Beseitigung der Skandalpresse", „Über Schließung von Zeitungsverlagen zwecks Beseitigung ungesunder Wettbewerbsverhältnisse", und „Zur Wahrung der Unabhängigkeit des Zeitungsverlagswesens" ermöglichen einschneidende Maßnahmen zur Pressekonzentration.

25.4. Anordnung der Reichsschrifttumskammer über „schädliches und unerwünschtes Schrifttum".

6.9. „Anordnung über den Vertrieb jüdischer Zeitungen und Zeitschriften" verbietet deren öffentliches Anbieten.

29./30.11. Reichspressetag in Köln.

1936

19.–26.1. „Leistungswoche" der NS-Parteipresse.

17.2. Reichspressekammer untersagt kirchlichen Zeitschriften politische Berichterstattung.

1.4. SS-Standartenführer Alfred-Ingemar Berndt löst Kurt Jahncke als Leiter der Abteilung Deutsche Presse im RMVP und Chef der Reichspressekonferenz ab.

30.4. (Amann-)Anordnung zur Wahrung der Unabhängigkeit des Zeitschriftenverlagswesens.

21.7. Volksgerichtshof verurteilt einen Wirtschaftsredakteur der *Berliner Börsen-Zeitung* wegen Weitergabe von Presseanweisungen als Landesverräter zu lebenslänglicher Zuchthausstrafe.

24.7. Einführung einer „Kulturpolitischen Pressekonferenz" der Reichsregierung.

23.11. Friedensnobelpreis für Carl von Ossietzky (seit 1933 in Konzentrationslagerhaft).

26.11. Goebbels verbietet Kunstkritik, an deren Stelle die vorsichtige „Kunstbetrachtung" treten soll.

Nov./Dez. Geplantes Reichspressegesetz scheitert an Differenzen innerhalb der NS-Führung; Reichspressetag abgesagt.

1937

Beginn der Papierkontingentierung, die auch zur politischen Steuerung der Auflagenhöhe benutzt wird.

19.3. Heinrich Glasmeier erster Reichsintendant des deutschen Rundfunks.

19.7. Eröffnung der Ausstellung „Entartete Kunst" in München.

9.9. Landesstellen des Propagandaministeriums werden umbenannt in Reichspropagandaämter.

26.11. Walter Funk, Pressechef der Reichsregierung und Staatssekretär im RMVP, wird Reichswirtschaftsminister; Otto Dietrich, Reichspressechef der NSDAP, wird Pressechef der Reichsregierung und (neben Karl Hanke) Staatssekretär im RMVP.

1938

4.3.	Grundsteinlegung für die „Deutsche Filmakademie“ in Babelsberg durch Goebbels.
12.3.	Deutscher Einmarsch in Österreich; im Sommer Anschluß Österreichs an die Reichskulturkammergesetzgebung und Einrichtung von Reichspropagandaämtern.
5.8.	Berliner Funkausstellung; Goebbels propagiert Deutschen Kleinempfänger.
8.–13.11.	„Reichskristallnacht“: Pogrome gegen Juden; danach Verbot der letzten jüdischen Publikationsorgane.
10.11.	Rede Hitlers vor Journalisten und Verlegern: Die deutsche Presse sei eine „wirksame Waffe“ der außenpolitischen Propaganda.
31.12.	*Neue Preußische (Kreuz-) Zeitung* und *Germania* stellen Erscheinen ein.

1939

14.1.	Anweisung an die Presse, Hitler nur noch als „Führer“, nicht mehr als „Führer und Reichskanzler“ zu bezeichnen.
31.1.	*Berliner Tageblatt* stellt Erscheinen ein.
9.5.	Gründung des Zeitschriften-Dienstes zur Lenkung der Zeitschriftenpresse.
5.7.	Die Reichssender Königsberg und Breslau verbreiten erstmals Nachrichten in polnischer, der Reichssender Wien in ukrainischer Sprache.
Sommer	Eher-Verlag kontrolliert rund 200 Tageszeitungen mit einer Gesamtauflage von 13,2 Millionen; noch 2200 Zeitungen mit insgesamt 6,6 Millionen Auflage sind in privater Hand.
8.7.	Goebbels und Dietrich auf der Biennale in Venedig: Vereinbarungen über deutsch-italienische Zusammenarbeit in Presse, Propaganda, Rundfunk und Film.
14.8.	Die Reichssender Frankfurt, Saarbrücken und Stuttgart verbreiten erstmals Nachrichten in französischer Sprache.
26.8.	Einführung der Militärzensur.
1.9.	Deutscher Angriff auf Polen, Beginn des Zweiten Weltkriegs. Kriegsmaßnahmen: Das Abhören ausländischer Rundfunksender wird unter Strafe gestellt; Umfangsbeschränkungen für Zeitungen 12, Illustrierte 28 Seiten; Einführung einer geheimen Ministerkonferenz im RMVP zur schnellen Weitergabe wichtiger Weisungen an ausgewählte Journalisten.
20.9.	Juden müssen ihre Radiogeräte abliefern.

1940

6.2. Reichspressekammer verbietet Abonnentenwerbung für die Kriegszeit.

26.5. Erstausgabe der Wochenzeitung *Das Reich.*

November Einführung der „Tagesparole“ des Reichspressechefs.

1941

19.3. Reichspressekammer verbietet Steigerung der Auflage von Zeitungen über den Stand von Januar 1941, von Wochenzeitungen und Zeitschriften über den Stand von November 1940 hinaus.

Mai Erste Stillegungsaktion der Reichspressekammer trifft 550 Zeitungen, darunter die ehemalige Zentrumspresse *(Kölnische* und *Essener Volkszeitung).*

1942

17.2. Juden dürfen keine Zeitungen und Zeitschriften mehr abonnieren.

10./11.5. Erster Kongress nationaler Journalistenverbände in Venedig.

22.7. Helmut Sündermann wird Stellvertreter von Reichspressechef Dietrich.

1943

16./17.1. Kriegsarbeitstagung der deutschen Presse in Berlin.

18.2. Goebbels-Rede im Sportpalast: „Wollt Ihr den totalen Krieg?“

Frühjahr Zweite Stillegungsaktion trifft rund 950 private Zeitungen.

21.–25.6. Internationaler Journalistenkongress in Wien.

31.8. Letzte Ausgabe der *Frankfurter Zeitung.*

23.11. Rolf Rienhardt als Amanns Stableiter entlassen; Nachfolger Wilhelm Baur.

4.12. Kriegsarbeitstagung der deutschen Presse in Weimar.

1944

25.7. Goebbels „Reichsbevollmächtigter für den totalen Kriegseinsatz“.

12.8. Reichspressekammer beschränkt Zeitungsumfänge auf maximal vier Seiten.

August Dritte Stillegungsaktion bei den Tageszeitungen; Eher-Verlag kontrolliert danach 82,5 Prozent der Gesamtauflage.

Oktober	Drastische Reduzierung und Vereinheitlichung der Zeitschriftenpresse.
	1945
24.1.	*Aachener Nachrichten* erste amerikanisch-britisch kontrollierte Zeitung.
30.1.	Letzte Rundfunkrede Hitlers. In Berlin und in der „Atlantikfestung“ La Rochelle Uraufführung des Durchhaltefilms „Kolberg“.
März	Reichspressekammer reduziert Zeitungsumfänge auf zwei Seiten.
23.4.	Letzte Meldung des DNB aus Berlin.
29.4.	Letzte Ausgabe des *Panzerbärs* in Berlin.
30.4.	Selbstmord Hitlers.
1.5.	Rundfunk verkündet Hitlers „Heldentod“; Selbstmord Goebbels’.
7.5.	Kapitulation der deutschen Wehrmacht.

Auswahlbibliographie

Diese Übersicht ist für die Neuausgabe deutlich erweitert worden, kann aber gleichwohl nur als Einstieg dienen. Der erste Abschnitt führt die wichtigsten edierten Quellentexte und Faksimile-Editionen an, allerdings nicht die – breite – einschlägige Literatur aus der NS-Zeit. Im zweiten Abschnitt liegt der Schwerpunkt auf wissenschaftlichen Monographien; Zeitschriftenbeiträge sind nur in Ausnahmefällen genannt. Der dritte Abschnitt versammelt Tagebücher und Memoiren von Journalisten und medienpolitischen Akteuren. Ausführliche Verzeichnisse, insbesondere der älteren Forschungsliteratur, finden sich in vielen der im zweiten Abschnitt angeführten Darstellungen.

1. Gedruckte Quellen und Dokumentationen

Altmeyer, Karl Aloys: Katholische Presse unter NS-Diktatur. Die katholischen Zeitungen und Zeitschriften Deutschlands in den Jahren 1933 bis 1945. Dokumentation. Berlin 1962.

Boelcke, Willi A. (Hrsg.): Kriegspropaganda 1939–1941. Geheime Ministerkonferenzen im Reichspropagandaministerium. Stuttgart 1966.

Boelcke, Willi A. (Hrsg.): Wollt Ihr den totalen Krieg? Die geheimen Goebbels-Konferenzen 1939–1943. Stuttgart 1967 (München 1969).

Ferber, Christian (Hrsg.): Die Dame. Ein deutsches Journal für den verwöhnten Geschmack 1912 bis 1943. Berlin 1980.

Ferber, Christian (Hrsg.): Berliner Illustrirte Zeitung. Zeitbild, Chronik, Moritat für jedermann, 1892–1945. Berlin 1982 (Nachdruck Frankfurt am Main 1989).

Frei, Norbert: Die nationalsozialistischen Berufsgerichte der Presse. In: Vierteljahrshefte für Zeitgeschichte 32 (1984), S. 122–162.

Heiber, Helmut/*Kotze*, Hildegard von (Hrsg.): Facsimile Querschnitt durch das Schwarze Korps. München usw. 1968.

Langenbucher, Wolfgang R./*Hausjell*, Fritz (Hrsg.): Vertriebene Wahrheit. Journalismus aus dem Exil. Wien 1995.

Müller, Hans Dieter (Hrsg.): Facsimile-Querschnitt durch Das Reich. Eingeleitet von Harry Pross. München usw. 1964.

Noller, Sonja/*Kotze*, Hildegard von (Hrsg.): Facsimile Querschnitt durch den Völkischen Beobachter. München 1967.

NS-Presseanweisungen der Vorkriegszeit. Edition und Dokumentation. Hrsg. von Hans Bohrmann, bearb. von Gabriele Toepser-Ziegert. 6 Bände. München usw. 1984–1999.

Sänger, Fritz: Politik der Täuschungen. Mißbrauch der Presse im Dritten Reich. Weisungen, Informationen, Notizen 1933–1939. Wien 1975.
Sösemann, Bernd (Hrsg.): Theodor Wolff. Der Journalist. Berichte und Leitartikel. Düsseldorf 1993.
Stoop, Paul (Hrsg.): Geheimberichte aus dem Dritten Reich. Der Journalist H.J. Noordewier als politischer Beobachter. Berlin 1990.
Sündermann, Helmut: Tagesparolen. Deutsche Presseweisungen 1939–1945. Hitlers Propaganda und Kriegsführung. Leoni 1973.
Unger, Eva-Maria/*Luft*, Friedrich (Hrsg.): Facsimile Querschnitt durch die Berliner Illustrirte. München usw. 1965.
Wulf, Joseph: Presse und Funk im Dritten Reich. Eine Dokumentation. Gütersloh 1964 (Frankfurt am Main, Berlin 1989).

2. Darstellungen

Abel, Karl-Dietrich: Presselenkung im NS-Staat. Eine Studie zur Geschichte der Publizistik in der nationalsozialistischen Zeit. Berlin 1968 (^{2}1990).
Asmussen, Nils: Hans-Georg von Studnitz – ein konservativer Journalist im Dritten Reich und in der Bundesrepublik. In: Vierteljahrshefte für Zeitgeschichte 45 (1997), S. 75–120.
Barkhausen, Hans: Filmpropaganda für Deutschland im Ersten und Zweiten Weltkrieg. Hildesheim usw. 1982.
Biller, Marita: Exilstationen. Eine empirische Untersuchung zur Emigration und Remigration deutschsprachiger Journalisten und Publizisten. Münster usw. 1994.
Boveri, Margret: Wir lügen alle. Eine Hauptstadtzeitung unter Hitler. Olten, Freiburg im Breisgau 1965.
Bramstedt, Ernest Kohn: Goebbels und die nationalsozialistische Propaganda. 1925–1945. Frankfurt am Main 1971.
Bucher, Peter: Goebbels und die Deutsche Wochenschau. In: Militärgeschichtliche Mitteilungen 2 (1986), S. 53–69.
Combs, William L.: The Voice of the SS. A history of the SS journal „Das Schwarze Korps“. New York usw. 1986.
Diller, Ansgar: Rundfunkpolitik im Dritten Reich. München 1980.
Diller, Ansgar: Der Volksempfänger. Propaganda und Wirtschaftsfaktor. In: Mitteilungen Studienkreis Rundfunk und Geschichte H. 3 (1983), S. 140–156.
Döhl, Reinhard: Das Hörspiel zur NS-Zeit. Geschichte und Typologie des Hörspiels. Darmstadt 1992.
Ecksteins, Modris: The Limits of Reason. The German Democratic Press and the Collapse of Weimar Democracy. Oxford 1975.
Freeden, Herbert: Die jüdische Presse im Dritten Reich. Frankfurt am Main 1987.
Frei, Norbert: Nationalsozialistische Eroberung der Provinzpresse. Gleichschaltung, Selbstanpassung und Resistenz in Bayern. Stuttgart 1980.

Gillessen, Günter: Auf verlorenem Posten. Die Frankfurter Zeitung im Dritten Reich. Berlin 1987.

Gotto, Klaus: Die Wochenzeitung Junge Front, Michael. Eine Studie zum katholischen Selbstverständnis und zum Verhalten der jungen Kirche gegenüber dem Nationalsozialismus. Mainz 1970.

Groth, Michael: Hans Fritzsche – Karriere eines Publizisten. In: Mitteilungen Studienkreis Rundfunk und Geschichte H. 1 (1980), S. 42–50.

Günsche, Karl-Ludwig: Phasen der Gleichschaltung. Stichtags-Analysen deutscher Zeitungen 1933–1938. Osnabrück 1970.

Hachmeister, Lutz: Der Gegnerforscher. Die Karriere des SS-Führers Franz Alfred Six. München 1998.

Hagemann, Jürgen: Die Presselenkung im Dritten Reich. Bonn 1970.

Hagemann, Walter: Publizistik im Dritten Reich. Ein Beitrag zur Methodik der Massenführung. Hamburg 1948.

Hale, Oron J.: Presse in der Zwangsjacke 1933–1945. Düsseldorf 1965.

Heckmann, Harald: Die Institution „Wunschkonzert". In: Mitteilungen Studienkreis Rundfunk und Geschichte H. 2 (1979), S. 90–97.

Hempel, Wolfgang: Der braune Kanal. Die Entstehung und Entwicklung des Fernsehens in Deutschland bis zur Zerschlagung des Hitlerregimes. Leipzig 1969.

Hesslein, Bernd C. (Hrsg.): Fritz Sänger. Ein Mutiger – kein Held. Darstellung einer Kontroverse. Hamburg 1991.

Holzbach, Heidrun: Das System Hugenberg. Die Organisation bürgerlicher Sammlungspolitik vor dem Aufstieg der NSDAP. Stuttgart 1981.

Kantorowicz, Alfred: Politik und Literatur im Exil. Deutschsprachige Schriftsteller im Kampf gegen den Nationalsozialismus. Hamburg 1978 (TB München 1983).

Kapitza, Arne: Zwischen Anpassung und Opposition. Die „Frankfurter Zeitung" und die nationalsozialistische Machtergreifung. In: Jahrbuch zur Liberalismus-Forschung 5 (1993), S. 69–103.

Klingler, Walter: Nationalsozialistische Rundfunkpolitik 1942–1945. Organisation, Programm und die Hörer. Mannheim 1983.

Koebner, Thomas u. a. (Hrsg.): Publizistik im Exil und andere Themen. München 1989.

Köhler, Otto: Wir Schreibmaschinentäter. Journalisten unter Hitler – und danach. Köln 1989.

Kohlmann-Viand, Doris: Die NS-Pressepolitik im Zweiten Weltkrieg. Die „Vertraulichen Informationen" als Mittel der Presselenkung. München 1991.

Koszyk, Kurt: Deutsche Presse. 1914–1945. Berlin 1972.

Lambart, Friedrich (Hrsg.): Tod eines Pianisten. Karlrobert Kreiten und der Fall Werner Höfer. Berlin 1988.

Longerich, Peter: Propagandisten im Krieg. Die Presseabteilung des Auswärtigen Amtes unter Ribbentrop. München 1987.

Lott, Sylvia: Die Frauenzeitschriften von Hans Huffzky und John Jahr. Zur Geschichte der deutschen Frauenzeitschrift zwischen 1933 und 1970. Berlin 1985.

Lott-Almstadt, Sylvia: Brigitte 1886–1986. Die ersten hundert Jahre. Chronik einer Frauenzeitschrift. München 1986.

Maas, Lieselotte: Handbuch der deutschen Exilpresse. 3 Bände. München 1976, 1978, 1981.

Marßolek, Inge/*Saldern*, Adelheid von (Hrsg.): Radio im Nationalsozialismus. Zwischen Lenkung und Ablenkung. Tübingen 1998.

Martens, Erika: Zum Beispiel „Das Reich". Zur Phänomenologie der Presse im totalitären Regime. Köln 1972.

Mendelssohn, Peter de: Zeitungsstadt Berlin. Menschen und Mächte in der Geschichte der deutschen Presse. Berlin 1959.

Müsse, Wolfgang: Die Reichspresseschule – Journalisten für die Diktatur? Ein Beitrag zur Geschichte des Journalismus im Dritten Reich. München usw. 1995.

Paul, Gerhard: Aufstand der Bilder. Die NS-Propaganda vor 1933. Bonn 1990.

Pohle, Hans: Der Rundfunk als Instrument der Politik. Zur Geschichte des Rundfunks von 1923 bis 1938. Hamburg 1955.

Propaganda im Nationalsozialismus – Vorbereitung, Methoden, Nachklänge. medium. Zeitschrift für Hörfunk, Fernsehen, Film, Presse, H. 3 (1988).

Publizistik unter Hitler. Lenkung, Anpassung, Widerstand, Opfer. medium. Zeitschrift für Hörfunk, Fernsehen, Film, Presse, H. 2 (1988).

Rätsch, Birgit: Hinter Gittern. Schriftsteller und Journalisten vor dem Volksgerichtshof 1934–1945. Bonn, Berlin 1992.

Reiss, Erwin: „Wir senden Frohsinn". Fernsehen unterm Faschismus. Das unbekannteste Kapitel deutscher Mediengeschichte. Berlin 1979.

Schmeer, Karlheinz: Die Regie des öffentlichen Lebens im Dritten Reich. München 1956.

Sösemann, Bernd: Das Ende der Weimarer Republik in der Kritik demokratischer Publizisten. Theodor Wolff, Ernst Feder, Julius Elbau, Leopold Schwarzschild. Berlin 1976.

Stein, Peter: Die NS-Gaupresse 1925–1933. Forschungsbericht, Quellenkritik, neue Bestandsaufnahme. München usw. 1987.

Storek, Henning: Dirigierte Öffentlichkeit. Die Zeitung als Herrschaftsmittel in den Anfangsjahren der nationalsozialistischen Regierung. Opladen 1972.

Sywottek, Jutta: Mobilmachung für den totalen Krieg. Die propagandistische Vorbereitung der deutschen Bevölkerung auf den Zweiten Weltkrieg. Opladen 1976.

Unger, Eva-Maria: Illustrierte als Mittel der Kriegsvorbereitung in Deutschland 1933 bis 1939. Köln 1984.

Uricchio, William (Hrsg.): Die Anfänge des deutschen Fernsehens. Kritische Annäherungen an die Entwicklung bis 1945. Tübingen 1991.

Uzulis, André: Nachrichtenagenturen im Nationalsozialismus. Propagandainstrumente und Mittel der Presselenkung. Frankfurt am Main 1995.
Verlag Archiv und Kartei (Hrsg.): Presse in Fesseln. Eine Schilderung des NS-Pressetrusts. Berlin 1947.
Winker, Klaus: Fernsehen unterm Hakenkreuz. Organisation, Programm, Personal. Köln usw. 1994.
Zeman, Zybnek A.B.: Nazi Propaganda. Oxford 1964.
Zeutschner, Heiko: Die braune Mattscheibe. Fernsehen im Nationalsozialismus. Hamburg 1995.

3. Tagebücher und Memoiren

Andreas-Friedrich, Ruth: Der Schattenmann. Tagebuchaufzeichnungen 1938–1945. Berlin 1947 (TB Frankfurt am Main [4]1996).
Boveri, Margret: Verzweigungen. Eine Autobiographie. Hrsg. von Uwe Johnson. München, Zürich 1977 (TB Frankfurt am Main 1996).
Dietrich, Otto: Zwölf Jahre mit Hitler. München 1955.
Dirks, Walter: Feuilleton im Nationalsozialismus. Aufsätze 1934–1943 (Gesammelte Schriften Bd. 3). Zürich 1990.
Eckardt, Felix von: Ein unordentliches Leben. Lebenserinnerungen. Düsseldorf, Wien 1967.
Eggebrecht, Axel: Der halbe Weg. Zwischenbilanz einer Epoche. Reinbek 1975.
Fritzsche, Hans: Hier spricht Hans Fritzsche. Zürich 1948.
Fröhlich, Elke (Hrsg.): Die Tagebücher von Joseph Goebbels. Sämtliche Fragmente. Teil I: Aufzeichnungen 1924–1941. 4 Bände. München usw. 1987. (Erweiterte Neuausgabe: Dies. (Hrsg.): Die Tagebücher von Joseph Goebbels. Teil I: Aufzeichnungen 1923–1941. 9 Bände. Bisher erschienen: Bände 6–9. München usw. 1998.)
Fröhlich, Elke (Hrsg.): Die Tagebücher von Joseph Goebbels. Teil II: Diktate 1941–1945. 15 Bände. München usw. 1993–1996.
Hofmann, Josef: Journalist in Republik, Diktatur und Besatzungszeit. Erinnerungen 1916–1947. Bearb. von Rudolf Morsey. Mainz 1977.
Kardorff, Ursula von: Berliner Aufzeichnungen 1942–1945. (Neuausgabe unter Verwendung der Orginal-Tagebücher, hrsg. von Peter Hartl) München 1992 (TB [2]1997).
Kogon, Eugen: Ideologie und Praxis der Unmenschlichkeit. Erfahrungen mit dem Nationalsozialismus (Gesammelte Schriften Bd. 1). Weinheim usw. 1995.
Korn, Karl: Lange Lehrzeit. Ein deutsches Leben. Frankfurt am Main 1975.
Kühn, Heinz: Widerstand und Emigration. Die Jahre 1928–1945. Hamburg 1980.
Lochner, Louis P.: Stets das Unerwartete. Erinnerungen aus Deutschland. 1921–1953. Übersetzt von Günther Birkenfeld. Darmstadt 1955.

Lojewski, Werner von: Tausend Jahre – durch meine Brille. Ein Journalistenleben im Dritten Reich. Freiburg usw. 1985.

Lorant, Stefan: Ich war Hitlers Gefangener. Ein Tagebuch 1933. München 1987.

Mehnert, Klaus: Ein Deutscher in der Welt. Erinnerungen 1906–1981. Stuttgart usw. 1981 (TB Frankfurt am Main 1988).

Mehnert, Klaus: Ein Deutscher auf Hawaii. 1936–1941. Stuttgart usw. 1983.

Petersen, Jürgen: Journalist im Dritten Reich. Teil I und II. In: Frankfurter Hefte 3 (1981), S. 41–49 und 4 (1981), S. 41–48.

Rotzoll, Christa: Frauen und Zeiten. Stuttgart 1987 (^{2}1988).

Sänger, Fritz: Verborgene Fäden. Erinnerungen und Bemerkungen eines Journalisten. Bonn 1978.

Schäferdiek, Willi: Lebens-Echo. Erinnerungen eines Schriftstellers. Düsseldorf 1985.

Shirer, William L.: Berliner Tagebuch. Aufzeichnungen 1934–1941. Leipzig 1991.

Silex, Karl: Mit Kommentar. Lebensbericht eines Journalisten. Frankfurt am Main 1968.

Smith, Howard K.: Feind schreibt mit. Ein amerikanischer Korrespondent erlebt Nazi-Deutschland. Berlin 1982 (TB Frankfurt am Main 1986).

Taucher, Franz: Frankfurter Jahre. Wien 1977.

Witter, Ben: Angst auf weiße Zettel schreiben und andere Texte. Hamburg 1993.

Zahn, Peter von: Stimme der ersten Stunde. Erinnerungen 1913–1951. Stuttgart 1991.

Abkürzungen

BIZ	Berliner Illustrirte Zeitung
BDC	Berlin Document Center
BT	Berliner Tageblatt
BVP	Bayerische Volkspartei
DAF	Deutsche Arbeitsfront
DNVP	Deutschnationale Volkspartei
DAZ	Deutsche Allgemeine Zeitung, Berlin
DNB	Deutsches Nachrichtenbüro
FZ	Frankfurter Zeitung
Gestapo	Geheime Staatspolizei
HJ	Hitlerjugend
IfZ	Institut für Zeitgeschichte
KdF	Kraft durch Freude
MNN	Münchner Neueste Nachrichten
NSDAP	Nationalsozialistische Deutsche Arbeiterpartei
Pg	Parteigenosse
PK	Propaganda-Kompanie
RDP	Reichsverband der Deutschen Presse
RMVP	Reichsministerium für Volksaufklärung und Propaganda
RRG	Reichsrundfunkgesellschaft
SA	Sturmabteilung
SD	Sicherheitsdienst der SS
SPD	Sozialdemokratische Partei Deutschlands
SS	Schutzstaffel
RVDZV	Reichsverband der deutschen Zeitungsverleger
TU	Telegraphen-Union
VB	Völkischer Beobachter
VDZV	Verein Deutscher Zeitungsverleger
WTB	Wolffsches Telegraphen-Büro
Zit.	Zitat, zitiert

Presseregister

Personenregister